LES CARNETS DU CONGO

"Lettres scandinaves"

DU MÊME AUTEUR

*LE VALET DE SADE*, Actes Sud, 1998 ; Babel n° 419.
*LE PORNOGRAPHE TIMIDE*, Actes Sud, 2000 ; Babel n° 687.
*JE EST AILLEURS*, Actes Sud, 2004.
*JE VOUS APPRENDRAI LA PEUR*, Actes Sud, 2011.
*BRANCHES OBSCURES*, Actes Sud, 2016.

Ouvrage traduit avec le concours de NORLA

NORLA
Norwegian
Literature Abroad

Titre original :
*Kongonotatene*
Éditeur original :
Gyldendal Norsk Forlag AS, Oslo, 2018

ISBN 978-2-330-19804-6

NIKOLAJ FROBENIUS

# Les Carnets du Congo

roman traduit du norvégien
par Françoise Heide

*ACTES SUD*

*L'écriture d'un roman est une épreuve affreuse. Il arrive souvent qu'on y laisse des cheveux et des dents. Je suis toujours agacée quand j'entends des gens affirmer qu'écrire de la fiction est une manière de fuir la réalité. C'est une plongée dans le réel, qui ébranle des pieds à la tête.*

FLANNERY O'CONNOR

## OSLO, FÉVRIER 2018
## LA REMISE EN LIBERTÉ

Il était trois heures et demie du matin, et je regardais fixement à l'écran le texte que je venais d'écrire. Les phrases faisaient des nœuds, le malaise montait à mesure que je m'efforçais de comprendre les mots. Le doute peut finir par donner une espèce de folie. Vilde dormait dans la chambre, j'avais l'impression d'entendre sa respiration à travers les cloisons. L'histoire survenue au Congo avait recommencé à me turlupiner, et je n'arrivais pas à la chasser de mon esprit. J'avais le sentiment que quelque chose m'échappait, se camouflait, profitant du méli-mélo de mes pensées. Derrière la fenêtre de mon bureau, il faisait noir. Un froid sibérien s'était abattu sur Oslo. Je l'aurais presque senti exercer sa poussée contre les murs.

Quelques heures auparavant, aux informations télévisées, l'ex-militaire Joshua French avait sorti sa "vraie histoire". Il avait raconté que feu Tjostolv Moland et lui-même avaient agi comme "agents et mercenaires" au Congo, et qu'au moment de l'assassinat de leur chauffeur, ils étaient en mission secrète dans l'Est du pays, dans la province où la guerre sévissait. Une balle avait touché Abedi Kasongo. Tjostolv et lui l'avaient abandonné à son sort sur le bord de la route, dans la jungle, à moitié mort, à moitié vivant, avait dit Joshua.

— Il a tendu les bras vers moi, mais ensuite, il est tombé par terre, devant le capot.

Ils avaient pris la voiture pour décamper. Pas le choix. Ils avaient des membres des forces gouvernementales aux trousses. C'étaient les militaires congolais qui avaient tué leur chauffeur, expliquait-il.

Le plus stupéfiant dans ces propos, ce n'étaient pas ces allusions à leur "mission", ni l'étrange fascination des deux mercenaires pour la violence et la mort. Les explications qu'il m'avait livrées dans la prison militaire de Kinshasa, quatre ans et demi plus tôt, étaient autrement plus détaillées. Non, ce qui faisait le plus sensation, dans ces déclarations diffusées sur toutes les plateformes des chaînes publiques, c'était le moment où elles intervenaient.

Sept mois auparavant, la Première ministre norvégienne, flanquée de son ministre des Affaires étrangères, était apparue à la télé, dans une envolée de drapeaux, pour annoncer avec fierté qu'ils avaient enfin réussi à faire sortir Joshua French de RDC*. C'était le jour de la fête nationale, le 17 mai 2017.

Joshua avait été pris en mains par les autorités sanitaires. On avait fêté les employés du ministère des Affaires étrangères comme les héros d'un discret combat diplomatique. La mère de l'intéressé avait eu droit aux marques du plus profond respect. Pendant les jours qui avaient suivi cette remise en liberté, ses efforts pour soustraire son fils malade aux conditions inhumaines de la prison congolaise avaient fait les gros titres admiratifs des médias.

Un livre était paru à l'automne, dans lequel elle narrait ce qu'elle avait traversé là-bas. La réhabilitation de

* République démocratique du Congo. *(Toutes les notes sont de la traductrice.)*

Joshua French avait commencé, dans un bel habillage d'amour maternel et de gloriole nationale. Il s'agissait de remplacer l'image du mercenaire condamné à mort par celle d'un Norvégien en détresse dans un pays africain corrompu. Bientôt, espérait-on, il se présenterait en pécheur pétri de remords, remerciant la Mère Patrie de l'avoir sauvé.

Dans le même temps, l'avocat de Joshua avait exprimé une inquiétude. Les éléments que Tjostolv et Joshua m'avaient confiés au moment de nos entretiens à Kinshasa, en 2013, étaient de nature à faire risquer à son client une procédure judiciaire. Il estimait par exemple "problématique" l'utilisation du mot "mercenaires" pour désigner les deux hommes. En évoquant les missions dont ils s'étaient chargés, on pourrait inciter la police norvégienne à lancer une enquête. Il fallait protéger Joshua.

Je ne pouvais m'empêcher de repenser à ce que j'avais écrit, mais que j'avais dû laisser de côté en rompant ma collaboration avec le producteur du film. L'envie de raconter me taraudait comme la soif d'eau-de-vie tourmente l'alcoolique abstinent. Je voulais retourner au texte, retourner à l'écriture, me sentir de nouveau parcouru par la ravageuse charge électrique du doute. J'avais griffonné des notes pour moi-même, en cachette, sur quelques bouts de papier, des mots-clefs sur des post-it jaunes, comme autant de petits verres à liqueur, juste pour le goût. Il y avait là, dans ce récit, quelque chose dont j'avais besoin tout en le redoutant.

J'avais fini par céder à la tentation, m'asseoir à mon bureau, et le texte avait coulé de source. Je n'avais encore rien dit à Vilde de ce que j'étais en train de faire. Elle avait l'air si contente, convaincue que je me lançais dans un nouveau livre, et que j'en avais terminé avec "l'enfer congolais". Elle ignorait que j'étais sur le point de retomber dans le tourbillon qui avait failli nous séparer.

À l'instant même où j'avais vu le visage de Joshua sur l'écran, j'avais compris qu'il ne jouerait pas les pécheurs repentants, que son intention n'était pas de baisser la tête pour se protéger. Cet homme n'avait l'air de penser ni à sa mère, ni à sa propre réputation, ni à l'avenir.

Son attitude était celle de quelqu'un qui a un nouvel agenda, qui compte bien réduire à néant l'image que la Première ministre, le ministre des Affaires étrangères et ses subordonnés, son avocat, sa mère et les médias ont essayé de lui coller : celle d'un condamné innocent, d'un homme brisé.

Allez vous faire foutre, voilà ce qu'il semblait se dire, on pourrait toujours courir pour qu'il entre dans ce personnage-là.

Il paraissait en forme, le mec, sur le plateau des infos. Une forme insolente. Le regard dirigé droit vers la caméra, la voix forte et claire.

Ils étaient mercenaires, déclarait-il.

Des guerriers dans l'un des coins les plus dangereux du monde.

Visiblement, il en était fier.

Pendant des années, je m'étais demandé si c'était vrai, ou bien si ces formules couvraient une affaire plus pourrie, ou qui tenait davantage du hasard. Étaient-ils "des hommes dangereux", ou était-ce la légende qu'ils s'étaient fabriquée, au fil de ces années d'ennui, d'oubli et de violence ?

En fait, j'avais laissé tomber cette malheureuse histoire depuis longtemps. Voilà un an que j'évitais de penser aux événements du Congo. Le travail que j'avais fait sur cette affaire était bel et bien derrière moi.

Quand ils l'ont libéré, mes pensées se sont remises à tourner… et j'ai recommencé à me réveiller la nuit, à 2 h 57 exactement, cette satanée heure où les morts rouvrent les yeux.

Assis à mon bureau de bois sombre, je luttais en vain contre le souvenir des conversations que nous avions eues dans leur prison, pendant les trois mois de mon séjour en RDC.

J'ai lâché mon clavier, me suis approché de la petite fenêtre, et j'ai jeté un coup d'œil dans l'obscurité de la rue. J'ai appuyé mon front contre la vitre et senti la morsure du froid.

Pourquoi découvrons-nous trop tard ce qui nous arrive ?

Je suis resté immobile quelques minutes à la fenêtre, pendant que la lumière hivernale s'infiltrait craintivement entre les immeubles. Un pâle soleil par-dessus le toit. Puis je me suis rassis à mon clavier, et j'ai attendu la subite illumination qui forcerait toutes les pièces à se mettre en place.

## OSLO, PRINTEMPS 2013
## LA MISSION

Le jour où mon premier livre, *Purs mensonges*, a été accepté, j'étais si fier que je n'ai pas réussi à dire un mot. C'était un recueil de récits échevelés sur des losers de première classe. Les critiques l'ont trouvé drôle, alors que je n'avais pas ri une seule fois en l'écrivant. Pour moi, tout ça, c'était la réalité. Ces personnalités des plus spéciales, je les avais toutes croisées à l'époque où je vivais hors la loi, comme dit l'expression, avec des escrocs, des toxicos et des castagneurs au bras en écharpe.

Si j'ai décroché de la mauvaise pente, c'était par pure chance. À la suite d'un accident de moto, j'ai dû passer les trois quarts d'une année dans un centre de rééducation. Comme je m'y ennuyais à mourir, je me suis mis à écrire. Pour m'amuser, j'ai envoyé deux de mes histoires à un éditeur… On m'a invité à prendre un café, et pour moi, c'était faire mon entrée dans un la-la land. Je me suis retrouvé dans le restaurant de la maison Gyldendal, les yeux levés vers le vertigineux labyrinthe de béton conçu par Sverre Fehn. Autour de moi, les éditeurs et autres personnels du lieu parlaient un langage que je comprenais à peine.

Je venais d'horizons plus bruts, il a fallu du temps pour que ça ne transparaisse plus, et que j'intègre le “clan de la culture”. Je prenais note, comme un invité, des façons d’être de ces gens, de leurs gestes, leurs rituels, leurs règles tacites. Petit à petit, j’ai commencé à penser d’une manière différente. J’ai lu des centaines de livres, appris de nouveaux mots, et compris progressivement comment on se parle dans le milieu littéraire. J’ai enregistré ce qui s’y définit comme le bon goût, et plus important encore : le mauvais. J’ai découvert quels auteurs produisaient des best-sellers et lesquels de la “littérature de qualité”. Je m’efforçais de saisir la subtile distance ironique de cet univers. C’était un autre regard sur le monde. Quand on a vécu avec le pouls dans la gorge, prendre du recul n’est pas si facile.

À mesure que je faisais connaissance avec les acteurs et actrices de la vie culturelle, je me rendais compte à quel point le parcours de ces personnes intelligentes se distinguait du mien. Une grande majorité d’entre elles avaient pour parents des profs de fac qui les avaient dressées pour faire carrière à l’université, dans la politique ou la culture. À côté, je me sentais comme un lourdaud mal dégrossi. Dans ma famille, on n’allait pas à l’université. Mon père importait des ustensiles de cuisine, ma mère travaillait à mi-temps pour le centre culturel de Sandvika. Mis à part mes prestations en norvégien, j’avais toujours été un élève moyen. Je ne voyais pas trop à quoi pouvait servir l’école, et mes parents avaient assez vite compris qu’ils perdraient leur temps et leur peine à tenter de me convaincre de mon erreur. Petit déjà, j’étais têtu comme une bourrique. Ce qui comptait pour moi, c’était de faire partie de la bande, de prendre les mêmes risques que mes copains, de passer les mêmes épreuves de virilité, de me soumettre aux mêmes insupportables rites qui me feraient monter dans la hiérarchie. Nous nous choisissions un chef, nous décidions de nos propres lois et nous avions une économie interne. Nous formions une petite société. Nous n'étions jamais qu'une poignée de jeunes, mais nous nous pensions différents, et nous nous placions au-dessus de tout et de tout le monde. C'était un sentiment très agréable, mais depuis le début, j'avais pressenti que tout ça finirait mal.

Nos ailes nous ont portés trop haut au-dessus des immeubles de Rykkinn. Trop près d'un soleil noir.

Je n'étais pas le caïd, loin de là, j'en étais resté au milieu de l'échelle hiérarchique, je recevais des ordres de garçons plus forts, plus malins et plus durs que moi. Mais j'étais utile et conscient de ma valeur. J'avais une moto, j'étais accessible et fiable. Je faisais le coursier sans m'exciter. Je transportais la marchandise d'un point à un autre. Les plus grands comptaient sur moi.

Aujourd'hui, ça me paraît comique, mais quand je baignais dans cette existence-là, la bande, c'était tout. J'en avais la certitude. Rien n'était plus important.

C'était la vie.

C'était nous.

Nos lois faisaient de nous une caste supérieure.

Nous avions le droit de dealer, d'escroquer, d'entrer dans des lieux par effraction et d'en ressortir à coups de poing, de pulvériser les résistances, de franchir les limites que nous voulions.

Pendant quelques années, personne n'a osé nous approcher.

Puis sont venus les contrecoups. Les arrestations. La police nous épiait. D'autres bandes voulaient reprendre la vente dans le centre commercial du coin.

Un matin, la police a cogné à la porte de Viktor, l'aîné de la bande. Il y avait un homme dans le coma à l'hôpital. Un petit pusher, venu d'une bande norvégo-pakistanaise du quartier de Stovner, qui avait foutu en l'air une livraison de Viktor. D'après les flics, notre copain avait frappé l'intrus à la tête avec une matraque.

Nous avions toujours vu en Viktor un meneur. Il n'était plus qu'un voyou dans le pétrin. La liste des chefs d'accusation s'est révélée longue, et aussitôt, les vaillants guerriers se sont vus en racaille incapable de se maîtriser, victime d'addictions et insuffisamment respectueuse des règles et des lois. Un nouveau chef a repris les rênes, nous avons bien tenté de continuer comme si de rien n'était, mais ce n'était plus pareil, la cohésion de la bande s'est effritée. Je me réveillais la nuit avec des sueurs froides. Je revoyais le pusher roué de coups. Je l'imaginais dans le coma, sur son lit d'hôpital. J'avais assisté à la scène. Je l'avais vu se faire défoncer. J'avais encore devant les yeux les mains de Viktor. Je n'avais pas levé le petit doigt pour l'arrêter. Je voyais la matraque fendant l'air du soir, le coup et cette tête éjectée en arrière comme un ballon de foot.

Longtemps je m'étais cru flegmatique et insensible, mais après ce qui était arrivé au pusher déloyal, je tremblais comme un gosse. Le visage caché dans mon oreiller, je pleurais. Toute fierté m'avait quitté. Ma carapace s'était fendue. Je tombais dans un puits sans fond.

J'avais gardé les dehors indifférents du coursier, mais en réalité, j'étais bien trop nerveux pour une vie aussi haletante. Peu à peu, la bande a perdu le contrôle. Les nôtres se sont fait tabasser. Ils n'avaient plus la main. Il y a eu d'autres arrestations. Certains ont fui, d'autres sont morts. Le jour où j'ai foncé dans une glissière de sécurité sur la nationale 21, au nord de Halden, j'ai eu de la chance. Tôt ou tard, je me serais retrouvé avec des problèmes plus sérieux.

J'étais en route pour aller chercher une arme et de la dope : la police n'a rien trouvé. On m'a évacué en ambulance. Je me rappelle à quel point j'étais soulagé pendant le trajet vers l'hôpital, comme si j'étais tombé sur un trésor secret. J'avais bousillé ma moto, je m'étais cassé le genou et la hanche. Mais les douleurs qui irradiaient jusque dans mes reins ne m'inquiétaient pas. La sensation qui dominait, c'était ce soulagement.

Malgré neuf mois au centre de rééducation de Sunnaas, je n'ai plus jamais récupéré le corps qui avait été le mien. Pour mes vieux copains de Rykkinn, je resterais un handicapé condamné à marcher avec une canne. Je m'exerçais sous la houlette d'un kiné trois fois par semaine. Les mauvais jours, j'avais des douleurs intenses, mais j'avais décidé de ne rien prendre d'autre que de l'ibuprofène. La sobriété était ma nouvelle obsession. La bande était dissoute. Une partie des garçons refaisaient surface dans la société, et ceux qui ne s'y étaient pas résolus s'étaient trouvé des groupes plus durs qui les mèneraient soit en prison, soit au cimetière. Un certain nombre sont venus me voir à Sunnaas, et je crois qu'ils ont compris, à leur grande stupéfaction, combien j'étais content.

Un jour d'été, alors que ma mère et moi étions assis sur le toit-terrasse du centre, à contempler le fjord, elle s'est tournée vers moi avec un petit rire, et m'a dit :

— On dirait que tu n'es plus le même.

Les opérations et la rééducation m'avaient transformé physiquement, mais il s'était aussi passé autre chose. Je m'étais mis à lire et à m'intéresser aux histoires des autres. Parfois, je me disais que mon accident était la meilleure chose qui me soit arrivée.

Aujourd'hui, je ne regrette pas ces jeunes années passées dans l'ombre. Elles m'ont fourni un sujet sur lequel écrire, j'ai cru saisir quelque chose que tout le monde ne comprenait pas.

Je peux paraître dans les festivités des éditeurs, y parler littérature du réel et élection des *miss* littéraires, mais la vérité, c'est que je ne me suis jamais senti comme un membre du clan, que je ne serai jamais comme eux. Je suis retourné à Rykkinn, de temps en temps, dîner avec mes parents et passer la nuit dans ma chambre d'enfant. Il se pouvait alors que je me réveille au milieu de la nuit, et que je me voie comme un coucou dans le nid des autres. Un mauvais acteur dans une intrigue qui n'était pas la mienne. Comment se faisait-il que j'aie pu être un petit con fou de vitesse qui flirtait avec la délinquance dans les parages ? Et que j'aie changé de vie ? Et que je puisse m'imaginer devenir d'un coup écrivain ?

Pendant ces insomnies, il m'arrivait de me lever et de descendre dans la cuisine, boire un verre de lait. Mon père y était déjà – durant ses dernières années d'existence, il dormait assez mal. Il s'allumait une pipe, et on bavardait un peu. Je le savais heureux du virage que j'avais pris, mais en même temps, je sentais chez lui un chagrin, parce que nous avions commencé par nous éloigner l'un de l'autre. J'étais devenu un inconnu, il y avait des années de cela. Je lui avais tourné le dos. Je ne voulais pas de leur vie à eux. À présent, il était trop tard pour retrouver une vraie confiance. Il flottait une tristesse autour de cette table de cuisine, la nuit, entre ces deux hommes qui ne réussissaient pas à dormir et ne savaient trop comment se parler. Ils étaient pourtant père et fils, et se ressemblaient, physiquement autant que sur le plan mental, mais ils ne trouvaient pas les mots, et leurs regards se fuyaient. Il y avait quelque chose de tâtonnant et de douloureux, mais aussi d'un peu émouvant dans nos efforts l'un vers l'autre. Nous sommes restés étrangers jusqu'au bout, jusqu'à sa mort.

Vilde travaillait à l'agence Norad pour le développement, service communication. Qui plus est, elle avait un talent incroyable pour le dessin, et une de ses amies les plus proches était graphiste éditoriale. Cette amie vivait avec un auteur publié par la même maison que moi. C'est au cours d'un dîner chez ce couple que j'ai rencontré Vilde. Elle était timide. Belle au deuxième regard. Auto-ironique. Super intelligente. Humble. Déchaînée après avoir bu.

J'ai longtemps eu beaucoup de mal à croire qu'elle puisse avoir envie de sortir avec quelqu'un comme moi. Elle était beaucoup trop bien pour un petit brigand minable de Rykkinn. Petit à petit, j'ai compris que Vilde avait eu une adolescence au moins aussi perturbée que la mienne, même si elle venait d'une villa style fonctionnaliste de Nordberg, et si ses parents incarnaient le concept même de réussite moderne à la norvégienne, l'un diplômé d'une grande école de commerce, l'autre politologue, avec une combinaison imbattable de prospérité matérielle et de capital culturel, des têtes de classe à tous points de vue, savoir, beauté, intelligence. Sans que la chose ait jamais été formulée, ils attendaient manifestement de leurs filles le même degré de perfection. Au milieu de cette compétition tacite et sans fin que personne ne gagnerait jamais, Vilde se sentait abandonnée. Il est devenu peu à peu évident qu'elle avait en elle un côté sombre, une mélancolie à laquelle les autres ne comprenaient rien.

Elle n'était pas aussi sémillante et dynamique que ses sœurs. Ni aussi satisfaite et joyeuse. Elle ruminait en permanence le sentiment d'être née dans une famille étrangère, de n'avoir rien à voir avec cette absurde pièce de théâtre, dont l'unique but était de passer pour la plus cultivée, la plus futée, la plus belle. À dix-sept ans, elle avait basculé dans une dépression noire dont elle n'avait pu se défaire qu'en quittant la maison familiale. Ce n'était pas ce que moi j'avais connu. Le problème, ce n'étaient pas mes parents. Ils étaient sympas. Ils faisaient de leur mieux. Chez nous, le problème, c'était moi. Je me suis attiré mes ennuis tout seul.

Vilde et moi, on était ensemble depuis un an quand on s'est installés dans l'appartement d'Enerhaugen. Tout ça me semblait irréel. C'était allé si vite. On était tombés si follement amoureux. On se racontait tout, insatiablement curieux l'un de l'autre. Peut-être étions-nous de ces "âmes perdues" qui s'attirent mutuellement. Cette idée nous faisait rire.

Je commençais à m'habituer à cette vie tranquille, tournée vers les livres.

La nuit, un cauchemar me réveillait de temps à autre. Quelqu'un me poursuivait. J'avais du sang sur les mains. J'étais un assassin. Je me redressais dans le lit, trempé de sueur, le corps vibrant de peur. Vilde posait la main sur mon genou.

— Recouche-toi, va, chéri, disait-elle.

Je me blottissais dans la chaleur de son épaule, et je sentais ma tête se vider goutte à goutte de son angoisse.

Mon deuxième livre s'intitulait *Le Prisonnier.* Il y était question d'un garçon qui se retrouve pris dans une rixe après une virée en ville. Une bande vociférante le cerne dans une cage d'escalier. Il pousse celui qui lui barre la route, ce dernier bascule, dégringole, sa tête heurte un bord de marche, et il finit par mourir de ses blessures à l'hôpital. Le coupable est condamné à quatre ans de prison pour homicide involontaire. Il n'est pas violent de nature, il a simplement agi sous le coup de l'ivresse et de l'énervement, et il se retrouve dans le rôle du meurtrier.

Entre les murs de sa prison, il décide de changer du tout au tout. Changer de nom, d'apparence, de personnalité, de vision du monde, de but dans la vie. Ça devient chez lui une idée fixe.

Est-il possible de changer totalement ?

Durant mon travail sur cette histoire, j'avais interrogé des détenus dans différentes prisons de Norvège, et je pense que sans ces échanges, je n'aurais pas réussi à l'écrire.

Pendant la Journée du livre d'Oslo, j'ai lu des extraits du *Prisonnier*.

Alors que je me tenais là, debout devant le public, j'ai senti que la sérénité me gagnait. Que le livre était bon, que j'étais à ma place. Un instant de bonheur. Chaque fois que je levais les yeux, je voyais un océan de visages attentifs.

La lecture finie, nous nous sommes retrouvés au bar, Vilde et moi. Nous étions là, chacun une bière à la main. Elle me souriait, manifestement fière de moi. J'ai inspiré la sensation à pleins poumons, je me suis penché et l'ai embrassée dans le cou. Quand j'ai relevé la tête, il y avait un type juste devant nous, tout sourire, lui aussi. Un bel homme proche de la quarantaine, au regard vigilant. Ses cheveux mi-longs striés de seyantes mèches grises lui tombaient dans les yeux. Il arborait une barbe de trois jours et avait une petite cicatrice sous l'œil gauche.

— Jasper Gahn. Désolé de vous déranger.

J'ai répondu que ce n'était pas grave.

Son regard s'est tourné vers Vilde.
— Tu te souviens de moi, non ?
Vilde a ri.
— Bien sûr.
Elle m'a expliqué que Jasper était producteur de films. Il l'avait contactée chez Norad parce qu'il était "désespérément en quête d'infos" sur la situation en République démocratique du Congo. Vilde avait écrit plusieurs articles dans *Actualité du développement* sur la situation en Afrique centrale, raison pour laquelle on lui avait donné ses coordonnées.
Nous étions au milieu de la foule qui avait envahi le grand chapiteau. Jasper est allé se chercher une bière, lui aussi, et la conversation s'est poursuivie dans le bourdonnement des voix.
— Je ne t'ai pas été d'un grand secours, cette fois-là, a dit Vilde, en nous regardant tour à tour.
— Mais tu m'as dit que ton copain était écrivain.
L'espace d'un instant, j'ai eu l'impression d'avoir disparu. Puis Jasper s'est tourné vers moi en déclarant qu'il aimait bien mon livre.
— Ah oui ?
C'est le genre de choses qui se disent.
— Tu l'as lu ?
— Je l'ai acheté. Et lu. Ça m'a plu. Tu écris bien.
Je l'ai regardé en face.
— Merci.
— Et puis, tu sais de quoi tu parles – je veux dire : tu as de quoi écrire.
— Peut-être.
— Il y a une bonne part de véridique dans tout ça, non ?
— Oui, mais c'est un roman. Je me suis beaucoup déplacé pour parler avec des détenus, et je crois que

je n'aurais pas pu écrire ce bouquin si je ne l'avais pas fait, mais il y a eu un moment où la réalité et la fiction se sont confondues, et c'est là que c'est devenu intéressant, à mon sens. Quand le texte a commencé à mélanger la réalité et quelque chose d'autre, quelque chose de plus. Alors…

— Mais tu connaissais déjà un peu ce genre de milieu, non ?

Je n'ai pas pu m'empêcher de rire.

— Toi, tu t'es renseigné sur mon compte.

Il a eu un sourire en coin, un peu enfantin.

— OK, je reconnais.

Et il a jeté un coup d'œil rapide à Vilde.

— C'est certaines choses que tu as écrites qui…

— Comment ça ?

Un autre coup d'œil, cette fois autour de nous.

— On ne peut pas en parler ici. Mais peut-être en déjeunant ? Demain ?

Le lendemain, le serveur d'un restaurant français raffiné, près de la forteresse, m'a conduit jusqu'au coin isolé où le producteur m'attendait. Il portait une chemise bien coupée, ouverte en haut. Il s'est levé en me voyant arriver, et j'ai eu droit à une embrassade, comme si on était de vieux amis. Je me suis laissé glisser directement de cet accueil surfait dans un confortable fauteuil. Je n'ai jamais aimé ce genre de manières venant des hommes que je ne connais pas.

On nous a servi des tranches de carpaccio mariné au romarin, avec des asperges et des petites pommes de terre brûlantes.

Comme il était trop tôt pour boire du vin, j'ai commandé de l'eau gazeuse.

Jasper s'est aligné sur mes choix.

Il a commencé à me parler de lui. J'avais cherché un peu, sans trouver grand-chose.

Il venait d'une de ces familles typiques du monde de la culture, versée dans les métiers de la scène et de l'écran. Après des études d'économie, il s'était lancé dans le tournage de films, et avait péniblement grimpé, en l'espace de dix ans, dans l'univers du cinéma norvégien. Quelques années auparavant, il avait produit un film de genre qui avait eu un certain succès en salle. J'étais tombé, dans une revue spécialisée, sur une courte interview dans laquelle Jasper Gahn apparaissait comme un producteur réfléchi et sympathique, qui parlait avec enthousiasme de favoriser la diversité et le développement des jeunes talents.

Lorsqu'on l'interrogeait sur ses propres projets, il répondait :

— Je me suis fixé pour but de faire des films pour le grand public. Je ne suis plus nécessairement à la poursuite d'un cinéma artistique ni même particulièrement original, mais de récits clairs qui prennent les gens aux tripes, les fassent pleurer ou s'accrocher à leurs sièges.

En lisant cette phrase, je m'étais dit : il a besoin de se relancer. Jasper Gahn avait hérité d'une maison bourgeoise défraîchie dans les beaux quartiers, d'une valeur de quatorze millions de couronnes, mais les gains liés à son activité remontaient à des années.

— J'aime l'idée qu'en tournant des films on s'adresse à une masse, à vraiment beaucoup de gens, me disait-il à présent, attablé dans ce restaurant français. L'idée qu'il soit possible de faire des films de qualité pour – tu vois, des centaines de milliers de spectateurs.

Ses yeux brillaient.

J'ai haussé les épaules.

— Je ne sais pas. Ce n'est pas ma manière de voir les choses.

Jasper Gahn a ri.

— Non, mais ce n'est pas non plus ton boulot.

Il avait sur la joue un petit bout de mouchoir en papier, couvrant une entaille qu'il s'était probablement faite en se rasant, le matin même. La tache brune qui s'était infiltrée à travers ressemblait à un œil minuscule.

Jasper m'a déclaré qu'il y avait du "nerf" dans mon livre, et que c'était ce qui lui plaisait – commentaire par lequel il me rappelait, me sembla-t-il, que j'écrivais de façon simple, sans grande recherche. Mais il ne comptait visiblement pas s'étendre davantage sur le sujet. Il avait lu une interview dans laquelle j'avais dit quelque chose d'apparemment "passionnant" sur mes entretiens avec les détenus de la prison d'Oslo.

— Je me demandais…

— Oui ?

— Il y a quelques années, j'ai produit une fiction qui s'appelait *Sous terre*. Tu connais ? C'est que pas mal de gens l'ont vue au cinéma. Deux cent vingt mille. C'était un thriller sur l'organisation d'une mutinerie dans une prison de haute sécurité. Pendant le travail préalable, on a échangé avec des prisonniers dans différents établissements. Et on a trouvé ça difficile – pas de leur parler, la prise de contact était plutôt facile, beaucoup de délinquants adorent se mettre en avant, n'est-ce pas – mais ensuite, faire la distinction entre les faits et ce qui relevait de la vantardise, c'était une autre paire de manches.

J'ai opiné du chef en souriant, sans rien dire. Je n'avais pas entendu parler de ce film. Jasper a découpé un petit bout de viande, l'a fourré dans sa bouche.

— C'est bon, ça.

— Délicieux.

Il a levé les yeux vers moi.

— Tu t'y es pris comment, pour rentrer dans leur tête ?

J'ai haussé les épaules.

— J'ai de vieux copains qui ont fini en taule.

— Ah oui ?

— Et j'aurais très bien pu m'y retrouver aussi.

— Donc, ça te parle, à toi, la jeunesse rebelle.

— C'est un gros cliché, ça, non ? Les frustrés marginalisés… je ne suis pas sûr que ça explique tant de choses que ça. Mais j'ai une petite idée de ce que c'est que le mimétisme… de ce qui se passe quand on fait partie d'une bande de ce genre.

— Raconte.

J'ai observé son expression attentive.

— Ça fait longtemps. Mais il y a une chose que j'ai notée : les gens qui vivent en marge de la loi exagèrent, mentent et dissimulent dès qu'ils en ont l'occasion, même sans nécessité. Ça devient une habitude. C'est peut-être une façon de se faire mousser, mais il y a aussi là-dedans une forme de protection. On a toujours besoin d'une porte de sortie. Petit à petit, mentir devient plus facile.

— Mais comment faisais-tu le tri entre le bluff et la vérité ?

— Je commençais par leur expliquer qu'ils n'avaient rien à gagner à me mentir. Je ne sais pas si c'était efficace, mais à mon avis, on ment plus difficilement quand ce genre de perspective est posé. Une fois le mensonge sur la table, si je puis dire, il est moins simple d'y recourir. Et je veux croire que la plupart des gens, au fond, souhaitent dire la vérité.

— C'était leur cas ?

J'ai vu le petit bout de papier se détacher de sa joue, tomber entre ses couverts et son assiette. Jasper ne s'en est pas aperçu. La peau, par-dessous, était rose, la plaie avait cessé de saigner depuis longtemps.

— Souvent, ce n'est pas très clair.

Il s'est tu un petit moment, en promenant un regard songeur dans la salle. Puis il m'a demandé si je serais prêt à aller au Congo, interroger deux condamnés à mort norvégiens.

— Tu veux dire les deux mecs qui ont descendu leur chauffeur dans la jungle ?

— Tu es sûr que ça s'est passé comme ça ?

J'ai souri.

— Je ne sais pas. C'est ce que j'ai lu dans les médias.

— Précisément.

Nouveau silence. Puis il s'est penché au-dessus de la table, et a baissé la voix d'une manière que j'ai immédiatement perçue comme exagérément dramatique.

Et il s'est mis à m'expliquer lentement pourquoi il estimait que cette affaire renfermait "une énigme qui vous rongeait de l'intérieur". Il avait lu tout ce qui lui tombait sous la main à propos de ces deux types, parlé avec leurs amis, leurs familles, et avec des experts de l'Afrique, il était sûr qu'il y avait dans cette histoire de quoi faire "un film extraordinaire", un *grand* film. L'affaire l'obsédait, me chuchotait-il. Il avait fini par prendre l'avion pour le Congo et rendre visite aux deux condamnés. Il n'était pas beaucoup plus avancé après ce voyage, malheureusement. Mais n'était pas non plus prêt à l'oublier pour autant. Il avait beau y avoir réfléchi longuement, il ne voyait toujours pas quel angle choisir pour la raconter.

— Ce qu'il me faut, c'est une histoire claire. Mais je ne suis pas assez fort pour ça.

— C'est difficile à écrire.

— C'est pour ça que tu te trouves ici. Tu as compris, je suppose. Je voudrais te convaincre d'aller là-bas les interviewer, tous les deux. Je pense que tu serais parfait pour ce boulot.

— Moi ?

— Oui, toi.

— Je n'y connais rien, en cinéma.

— Rien ?

— Pas grand-chose.

— Tu sais écrire.

— Peut-être. Je ne suis pas sûr.

— Ne fais pas le modeste. Tu as de l'expérience avec les gens, ça se voit dans ce que tu écris. Tu es intelligent. Je ne suis pas aveugle. Et en plus, tu es compétent sur la vie carcérale.

Je commençais à me sentir mal à l'aise dans mon fauteuil.

Jasper Gahn m'a déclaré qu'à Kinshasa, côté sécurité, la situation était correcte. Y étant allé lui-même, il connaissait des gens sur place qui pourraient m'aider. Il me paierait un honoraire confortable pour ce job. Il m'a assuré que la mission ne serait assortie d'aucune autre obligation, que je n'aurais qu'à me rendre là-bas pour écrire une histoire. Pas nécessairement un scénario, a-t-il précisé, juste une histoire.

J'avais déjà épuisé l'avance sur droits d'auteur que j'avais touchée pour *Le Prisonnier*, et je savais naturellement que ce ne serait pas un best-seller. Cet argent pourrait m'être utile. Et Vilde aspirait à ce que mes finances s'améliorent et se stabilisent.

Pour ne pas avoir l'air trop intéressé, j'ai répondu qu'il fallait que j'y réfléchisse un peu.

— Bien sûr. Mais ne réfléchis pas trop longtemps. Il faut qu'on se décide dans les prochains jours.

Nous avons fini notre repas et bu nos expressos.

— Je crois que tu es la bonne personne pour ce travail, m'a répété Jasper tout en payant.

Je me suis senti agacé.

— Qu'est-ce qui te le dit ?

— Tu sauras entrer dans la peau de ces deux hommes.

Nous sommes sortis du restaurant, derrière la forteresse. Jasper a pris en pleine figure le soleil qui affluait par-dessus les murailles, et il m'a regardé en clignant des yeux, ce qui lui donnait un air moins sûr de lui.

Pourquoi cette affaire l'obsédait-elle ? Comment se faisait-il qu'il soit disposé à engager un scénariste inexpérimenté, s'il tenait tant à ce sujet ? Quelque chose m'échappait peut-être.

— Ça prend du temps, d'entrer dans la peau des gens, lui dis-je.

— Combien de temps ?

— Deux ou trois mois ?

Il a approuvé de la tête.

— C'est ce que je pense aussi. Mais je le sens bien. Tu as du talent, je suis sûr qu'on pourra arriver à faire de belles choses ensemble.

C'était le compliment de trop. J'ai tourné les talons en répondant froidement :

— On verra.

— Je te rappelle demain, a-t-il lancé alors que je m'éloignais déjà.

Au cours de la soirée, je me suis aperçu que les éloges de Jasper Gahn avaient tout de même fait impression sur moi, même s'ils venaient d'un producteur de cinéma qui voulait m'envoyer dans un des coins les plus dangereux du monde.

J'ai discuté de la question avec Vilde. Elle m'a écouté exprimer mon scepticisme et mes inquiétudes. Je la soupçonne parfois de prendre plaisir au rôle de psychothérapeute. Elle s'est amusée à analyser ma paranoïa, souvent liée, d'après elle, à un manque de confiance en moi "profond et incompréhensible". Mais je n'étais jamais qu'un petit voyou de banlieue à la con. Elle s'est moquée de moi quand je le lui ai dit, et ça m'a fait mal, mais je sais que sa volonté de me rendre meilleur que je ne le suis part d'un bon sentiment.

— On a déjà écrit tellement de choses là-dessus, ai-je objecté.

— C'est peut-être une raison pour continuer, non ?

Le soleil qui passait par la fenêtre du salon m'éblouissait. Sept heures du soir, et il faisait encore grand jour, l'été norvégien battait son plein. Vilde me souriait depuis le canapé. Un peu de rouge à lèvres lui tachait les dents. Tout en étant quelqu'un de sobre et d'objectif, elle aimait se maquiller et s'habiller de couleurs vives. Cette contradiction me plaisait, cette coquetterie chez une intellectuelle. La rigueur côtoyant la souplesse. Elle s'est redressée. Il y avait un verre de vin blanc sur la table, devant elle. Elle a jeté un œil à son verre, avant de me regarder de nouveau. Vilde aime le vin et les alcools forts.

Moi-même, je ne buvais presque plus. Un verre de trop, et la vielle psychose du toxico me reprenait insidieusement. Les pièces rétrécissaient, je manquais de place. Je voyais apparaître des éventualités auxquelles je ne voulais pas penser. Les regards devenaient de tristes ravins. Quand elle buvait, Vilde s'ouvrait, elle devenait bavarde, insolente, pouffait à tout bout de champ. Pour moi, c'était le contraire. J'aimais la regarder boire, elle qui devenait si rigolote quand elle était soûle, racontait des gaudrioles et disait des choses que je n'aurais jamais cru entendre un jour dans la bouche d'une jolie fille des quartiers chics.

Vilde a porté son verre à ses lèvres et l'a vidé. En laissant des marques rouges sur le bord. Elle a levé les yeux sur moi, et j'ai compris qu'elle se demandait si elle n'allait pas ouvrir une nouvelle bouteille.

— Tu peux apporter une perspective différente au projet, m'a-t-elle dit, une perspective humaine, en tant qu'écrivain.

— Une perspective humaine ?

J'attendais d'elle autre chose que des clichés tiédasses.

Elle s'est levée et m'a rejoint, m'a jeté les bras autour du cou et m'a embrassé sur le menton. Elle sentait le vin blanc et un parfum trop fort. J'ai rétorqué :

— C'est quoi, ces phrases pompeuses ? Quel regard tu veux qu'on porte là-dessus, sinon un regard humain ?

— Je voulais dire une perspective personnelle. Ta façon à toi de raconter une histoire. Ce n'est pas ça qu'il attend ? Tu comprends, non ?

J'ai hoché la tête.

— Non, je ne sais pas si je comprends ce que je peux apporter.

Elle s'est contentée de sourire.

— Je pense que ça viendra. En plus, ces sous pourraient t'être utiles, non ? Si on ouvrait une autre bouteille de vin ? Il était tellement bon. Tu ne trouves pas ?

Elle se dirigeait déjà vers la cuisine. Je l'ai suivie du regard. La marmite de chili con carne qu'elle avait préparée attendait sur la table.

Elle a ouvert une nouvelle bouteille, et on s'est installés sur le balcon. Les chaises, qui avaient rôti au soleil toute la journée, étaient encore chaudes. Un rougeoiement surmontait la ville. On a bu du vin blanc, et j'ai pensé que je pouvais profiter de l'occasion pour lui soutirer des informations utiles sur les pays d'Afrique centrale.

— Pour la RDC, je ne suis pas très au courant, m'a répondu Vilde en allumant une clope, et elle a recraché un fin ruban de fumée par-dessus le garde-corps. Elle ne fumait que le week-end. Moi, j'avais arrêté pendant que j'étais en rééducation à Sunnaas, mais quand je sentais l'odeur de sa cigarette, une gentille petite envie me traversait la tête.

— Dis-moi toujours ce que tu sais, hein.

— C'est assez maigre.

Elle avait lu des choses concernant l'histoire mystérieuse du président congolais, sur les guérillas et les milices qui sévissaient dans le pays, sur ses défaillances en matière de droits de l'homme, et c'était à peu près tout. Elle a continué à me parler de la Corne de l'Afrique… de l'Éthiopie, de l'Érythrée et de la Somalie, son domaine de spécialité, mais je n'écoutais plus.

Je voyais devant moi l'image des deux ex-militaires qu'on menait au tribunal de Kisangani, deux hommes blancs épuisés, dans une tragédie africaine. Tout ce que Vilde venait de me dire aurait dû faire l'effet de mises en garde, mais ses yeux étincelaient d'enthousiasme. Je crois qu'elle avait envie que je parte.

## KINSHASA, ÉTÉ 2013
## LA PREMIÈRE RENCONTRE

*Tout était rude, brutal et corrompu. C'était non seulement pire qu'avant le départ des maîtres du Zaïre, les racistes belges tant haïs, mais pire qu'avant le début de l'ère coloniale.*

CHRISTOPHER HITCHENS,
"GOTHIQUE AFRICAIN*"

Un matin de l'été 2013, je suis monté dans un avion d'Ethiopian Airlines pour Addis-Abeba, d'où je devais rejoindre Kinshasa, au Congo. Mon accord avec Jasper Gahn me donnait dix semaines pour chercher un scénario de film fondé sur les récits de Moland et French.

Sur le siège d'à côté était assise une journaliste de télévision qui devait se rendre dans la jungle pour couvrir une rébellion. Elle avait les cheveux blonds coupés court, un liséré de taches de rousseur pâles sur les joues, et des yeux inquiets. Elle caressait d'une main le dos du livre documentaire posé sur ses genoux.

— Bien sûr que je suis tendue.

* "Gothique African", *Vanity Fair*, novembre 1994, n° 1111.

Son regard insistant disait qu'elle n'avait pas bien dormi depuis plusieurs nuits. L'obscurité nocturne avait dû déserter son cerveau, éclairé par l'adrénaline jusque dans les moindres couloirs.

— Ça va sûrement bien se passer.

Sa façon d'acquiescer n'aurait convaincu personne.

— On doit partir de Kisangani avec un convoi de l'ONU. C'est certainement bien sécurisé. Et je ne suis pas la seule journaliste du voyage. Mais j'ai lu que les Casques bleus n'étaient pas très bien implantés dans la zone, ils se sont fait virer d'un village, il y a quelques jours seulement. Et quand plusieurs sources disent que leur autorité est "affaiblie", on commence à réfléchir et à se demander si c'est très conseillé d'y aller.

Elle buvait du vin rouge pour se calmer. Une fois atteinte l'altitude de croisière, elle s'est endormie soudainement, le menton sur la poitrine.

La couverture nuageuse, sous nos pieds, se déroulait comme un tapis d'écume.

J'étais plongé dans un article de Christopher Hitchens, intitulé "Gothique africain". J'avais lu autrefois *Au cœur des ténèbres*, le classique de Conrad, et en 2010, l'ouvrage que Morten Strøksnes avait consacré à l'affaire French-Moland, mais il aurait été éhonté de me prétendre informé sur le Congo moderne, cette république perdue où tout était censément "rude, brutal et corrompu".

J'ai repensé au commentaire que Vilde m'avait lancé, un matin, quelques semaines auparavant. "Ce genre d'affirmations, c'est la fête au désespoir." Elle regardait d'un œil sceptique une bonne partie de la littérature occidentale qui "se repaissait des souffrances de l'Afrique". Elle-même préférait parler de l'énorme potentiel de la région en termes de changements, de scolarisation, de commerce, de culture, d'optimisme. Comme je me demandais pourquoi elle m'avait encouragé à partir si elle considérait ce genre d'entreprises comme du "vampirisme", elle m'avait répondu que ce projet-là, tel qu'elle le voyait, était critique envers l'exploitation de la thématique africaine. Mais j'ignorais sur quoi porterait ma critique. Je n'avais rien décidé d'avance. Je n'écris pas pour étayer une thèse ou une autre, lui avais-je répondu. Je n'écris pas pour avoir raison. Elle avait posé sa main sur mon épaule en me disant :

— Détends-toi. Respire un coup. Tu feras ça à ta façon.

Je jetais de temps à autre un coup d'œil à la journaliste endormie, à côté de moi. Ses lèvres remuaient par saccades, comme si elle se parlait en dormant, pour se rassurer. Pendant quelques secondes, mon regard s'est attardé sur son visage, sur cette bouche agitée de mouvements inquiets, et j'ai eu honte : quelle était au juste cette "expérience" que nous allions chercher dans ce pays réputé "sauvage et dangereux" ? Un coup de téléréalité ?

J'ai fermé les yeux en écoutant le bruit des moteurs, et j'ai revu l'image d'un homme en train de nettoyer un siège de voiture taché de sang. La fameuse photo de Tjostolv Moland, l'ex-militaire condamné à mort. Hilare, du sang plein les mains.

Dostoïevski – mon auteur fétiche à l'époque de Sunnaas, quand lire était ma seule occupation – a écrit quelque part que le diable pouvait prendre pour forme la peur du ridicule. J'avais adoré cette remarque, dans laquelle je me retrouvais peut-être, et que j'avais citée dans mon premier livre. Le fait de se sentir moqué et de se voir en personnage ridicule ouvre la porte des recoins les plus obscurs de l'âme.

Je ne me laisserais pas traiter en marionnette, me promettais-je. La peur était malvenue. J'allais au Congo pour écouter, observer, et tenter de creuser quand je flairerais quelque chose. Ma tâche consistait à chercher la matière d'un récit. Je ne m'étais engagé à rien d'autre.

Au cours des semaines qui avaient précédé mon départ, je m'étais préparé en lisant des monceaux de textes concernant Tjostolv Moland et Joshua French, des interviews, des articles de presse, des rapports de justice, des posts sur des blogs et sur Facebook, j'avais passé en revue les commentaires qui les poursuivaient de leurs méandres douteux. Pendant que je m'efforçais de saisir ce qu'ils étaient venus faire dans cette province congolaise en proie à la guerre, une formulation que j'entendais couramment dans la bouche de mon père me revenait sans cesse à l'esprit : il y avait là-dessous "quelque chose de pas net". En même temps, je m'étais bien rendu compte que les gros titres des médias – avec toutes ces photos d'eux, sales et barbus – visaient un effet de choc, "le côté le plus sombre de la jeunesse norvégienne".

J'ai pris quelques notes sur mon téléphone :

Étaient-ils…

des aventuriers,

des chercheurs d'or,

des mercenaires,

des racistes,

des combattants de la liberté,

des fachos,

des cyniques,

des naïfs,

des types qui avaient lu trop de vieilles histoires de mercenaires et de cannibales sanguinaires,

des types aux intentions cachées ?

Pendant un petit moment, je suis resté les yeux tournés vers le hublot et le tapis d'écume sans fin. Puis j'ai écrit :

Ne presque rien savoir est un avantage.

On m'avait averti que le contrôle des passeports à Kinshasa tenait du théâtre de l'absurde, et que la pièce se terminait toujours par une belle somme à verser.

À la sortie, je me suis retrouvé encerclé par trois douaniers hargneux.

Qu'est-ce que je venais faire au Congo ?

Du tourisme ?

Des affaires ?

Quel genre d'affaires ?

— Je suis écrivain.

Ils ont retourné ma valise et ont lu une à une toutes les pages de mon passeport comme si c'était un livre bourré de codes suspects.

— Quel était le but de votre voyage en Russie en 2005 ?

— Et ce séjour de cinq semaines à Londres en 2008 ?

— Vous travaillez pour l'armée ?

— Je suis écrivain.

— Votre père est capitaine ?

— Non.

— Pourquoi êtes-vous parti de Norvège ?

— Comment ?

— C'est l'État norvégien qui vous envoie en mission au Congo ?

— Je suis écrivain.

Ils n'avaient pas l'air d'entendre.

Le plus âgé me regardait en plissant les paupières.

— Où sont vos documents de vaccination ?

Ils se trouvaient dans ma sacoche d'ordinateur. Je les ai sortis et posés sur le guichet. Ils étaient irréprochables

– je m'étais fait vacciner contre la fièvre jaune, l'hépatite, la diphtérie et la typhoïde. Les fonctionnaires n'ont pas non plus trouvé d'objets compromettants dans mes bagages. Mais ils ne me laissaient toujours pas partir.

Ils se dressaient comme un mur entre moi et leur pays, et j'ai soudain compris que ce n'était peut-être pas un jeu.

Et s'ils ne me laissaient pas entrer ?

J'ai senti le rouge me monter au front tandis que je sortais quarante dollars de ma poche de pantalon et les posais sur le guichet entre eux et moi. Les douaniers fixaient dédaigneusement les billets, comme si c'était moi qui avais lancé ce petit commerce de mauvais goût. C'était moi le corrompu, le bandit en situation délicate.

Sans qu'un mot ait été prononcé, les billets ont disparu. La valise s'est refermée, le passeport et les certificats de vaccination m'ont été rendus. Bienvenue au Congo. La voie était libre et j'ai pu faire mes premiers pas dans la République démocratique, tandis que les douaniers, semblables à des spectres, s'éloignaient dans le hall en chuchotant.

Comme le taxi qui me menait de l'aéroport à l'hôtel traversait les énormes bidonvilles de Kinshasa dans la nuée sableuse des routes, j'ai regardé défiler les ruelles, le front collé à la vitre. J'y ai vu les enfants jouant entre les baraques, les enseignes de boutiques aux couleurs fanées et la foule des vieux parasols, les bus bondés, les voitures composées de bric et de broc, le tourbillon de vélos et de cyclomoteurs, les femmes portant de gigantesques charges sur la tête, les hommes poussant des chariots emplis de ferraille, les jeunes gens qui traversaient la chaussée en tous sens. Derrière l'épaisseur de poussière qui s'abattait sur les toits de tôle ondulée, j'apercevais une portion du disque solaire, orange, énorme.

Puis je me suis retrouvé assis sur un lit, dans une chambre au treizième étage. Le décor qui m'entourait avait correspondu autrefois à la pointe du progrès. À présent, le Grand Hôtel de Kinshasa était décrépit. Le papier peint se décollait des murs, le carrelage de la salle de bains était fendu, les conduites de la douche fuyaient de partout.

J'ai dormi une demi-heure, puis je suis sorti dans le crépuscule, pour jeter un coup d'œil au centre. Je me suis senti stupide dès que j'ai commencé à fouler les vieilles avenues délabrées. Il n'y a pas de tourisme, dans cette ville, rien à "voir", pas de pittoresques boutiques locales, pas de grandes marques internationales pimentées d'un zeste d'africanité. Pas de cafés à l'enseigne Starbucks. Des stands qui vendaient de l'eau et des cigarettes, une petite bicoque peinte en jaune où l'on changeait les dollars en francs congolais.

J'ai erré au clair de lune entre les murs de béton, les épaves de voitures et les bouteilles de plastique vides. Un gamin qui fumait, assis sur un bord de trottoir, a levé vers moi des yeux pleins de muette surprise.

Deux militaires s'étaient retranchés dans une cage d'escalier, leurs kalachnikovs sur les genoux. Je n'ai pas vu leurs visages, mais les ai entendus parler à voix basse. Un rayon de lune vert éclairait leurs bottes. De jeunes garçons jouaient au foot sur une allée gravillonnée, dans la lumière déclinante. Je suis resté les regarder un moment, depuis un coin d'ombre.

C'est ici, près de l'embouchure du fleuve Congo, que les Belges avaient installé leurs comptoirs. Je le savais. Henry Morton Stanley avait baptisé l'endroit

Léopoldville, du nom du salaud qui régnait alors en Belgique. C'est ici même que Léopold II avait fondé son royaume esclavagiste, qui fournissait en ivoire, en caoutchouc brut et en diamants les colonialistes européens de la fin du XIXe siècle. Les Belges exerçaient leur commerce dans l'ordre et la brutalité. Au Congo, on coupait des mains d'enfants ouvriers, on gagnait des galons, on se faisait bien voir. Lentement, la ville a grossi, jusqu'à devenir une des plus grandes métropoles du continent africain. Mais elle a dû attendre 1966 pour retrouver le nom que portait la bourgade avant l'arrivée des colons.

Puis les grandes guerres africaines des années 1990 l'ont ravagée… Je revoyais des images de télévision, des soldats dans la jungle, leurs uniformes en haillons, des villages incendiés, les visages éteints des jeunes filles violées… Des émeutes, des massacres. Le fleuve qui charriait des cadavres à la chaîne en direction de la mer. C'est ici même que Laurent Kabila avait défilé avec ses enfants soldats pour faire tomber le tyran Mobutu, mais quelques années plus tard – cela aussi, je le savais –, il était mort tué par les siens, de la main d'un tout jeune homme armé d'un pistolet-mitrailleur.

Maintenant, c'était le fils de Kabila, Joseph, qui s'accrochait au trône.

Mais la vie continuait son cours… Les gens s'efforçaient de vivre, de survivre, de se tenir debout… En grattant de la guitare, en montant une boutique, en jouant au football. En face du Grand Hôtel, on avait suspendu un imposant portrait du président. Un bel homme, grand de taille, dont le regard et le sourire avaient quelque chose d'un peu étonné. Ses opposants prétendaient qu'il n'était que le fils illégitime de Laurent Kabila, et que ses vrais parents étaient rwandais. Le soleil avait décoloré l'affiche, lui donnant un aspect suranné.

J'ai pris un bon dîner dans le décor criard du restaurant de l'hôtel, du poulet, du riz, des légumes, de la sauce piri-piri, le tout avec deux bouteilles de bière Primus. Le Grand Hôtel était peuplé de clients étrangers qui avaient les moyens de payer le prix fort pour une gastronomie de troisième catégorie, le personnel des ONG, des Nations unies ou des organismes politiques, et aussi les journalistes et autres, qui ne payaient pas de leur poche.

Une Européenne était assise seule à la table d'à côté. Une femme d'une trentaine d'années, les cheveux blond-roux, allemande ou néerlandaise, très grande. Elle lisait avec concentration un rapport de l'ONU ouvert devant elle. Vue de profil, elle ressemblait un peu à Vilde, mais quand elle a levé les yeux, j'ai sursauté. Elle avait la bouche déformée, ses lèvres ressemblaient à des limaces écrasées. J'ai détourné le regard, mais n'ai pas pu m'empêcher de repenser à cette vision en mangeant mon poulet. Le piri-piri me brûlait la langue.

Ma voisine était toujours penchée sur ses papiers. J'ai eu l'impression qu'elle avait remarqué mon regard et décidé de faire comme si de rien n'était. Je me suis levé brusquement, et j'ai lancé en l'air :

— Bonne fin de soirée.

Elle a levé la tête, ses lèvres abîmées ont souri, et j'ai senti un désespoir m'effleurer.

J'ai rejoint l'ascenseur à grands pas, en me disant qu'il était temps que je cesse de projeter mes propres histoires sur le visage d'inconnus.

Un peu plus tard, alors que je regardais la ville depuis le balcon de ma chambre, l'inquiétude a commencé à monter comme une fièvre le long de ma colonne vertébrale.

Je me suis réveillé en pleine nuit, et me suis demandé quelle heure il était à Oslo.

Vilde dormait-elle ?

J'ai attrapé mon téléphone. Il n'y a qu'une heure de décalage entre Oslo et Kinshasa. Étonnant, non ? Il fallait que je dise à Vilde que j'étais bien arrivé.

"Il est 4 h du matin. Je me réveille dans cette chambre d'hôtel bizarre, et me rappelle tout à coup que j'ai oublié de t'envoyer un message. Le voilà donc. Un peu tard. Je voulais juste te faire signe. Et te dire bonne nuit. Tout va bien. Je t'aime."

Le matin suivant, j'ai fait la connaissance de mon fixeur à la réception.

Quand Jasper était venu à Kinshasa en 2012, il était entré en contact avec cet autre Norvégien. Ole Jakob Langli habitait la capitale congolaise avec sa compagne belge, qui travaillait pour les Nations unies. Ole Jakob lui-même était entre deux boulots, il pouvait donc rendre visite aux détenus.

On s'est installés dans des fauteuils, près des portes d'entrée. Je lui ai transmis le bonjour de Jasper. Ole Jakob a souri comme si un souvenir amusant lui revenait, puis il s'est mis à me parler de son séjour en RDC. Au cours des dix derniers mois, il avait vu "un peu de tout". Je l'ai remercié d'avoir bien voulu m'aider, et il m'a assuré que l'honoraire prévu par Jasper était acceptable.

— Oui oui, tout est dans les clous.

— Et les prisonniers ?

Ole Jakob a haussé les épaules. C'était un garçon du Nordland, roux, avec un visage doux, un peu enfantin. J'ai pensé qu'il devait être un peu plus jeune que moi, un peu moins de trente ans.

— En ce moment, aucun des deux n'est malade. Pas de palu ni de gastro. Donc ils sont en forme, si on veut. Il faut dire qu'ils ont le don de voir le bon côté des choses.

J'ai regardé son visage dans la lumière qui passait par les portes vitrées.

— Pourquoi fais-tu ça ?

— Pourquoi je vais les voir ?

— Oui. J'ai entendu dire que tu étais la personne avec qui ils étaient le plus en contact.

De nouveau, il a haussé les épaules.

— C'est possible, a-t-il répondu avec un sourire modeste. Souvent, j'y vais deux fois par semaine. Je trouve ça intéressant. En ce moment, je n'ai pas grand-chose à faire. Jolien, ma copine, travaille, ses journées sont longues. J'ai bien un mémoire à rédiger, mais c'est à peu près tout. Là-bas, je peux me rendre un peu utile. Ils me donnent des petites missions. Des achats, quelquefois. Des bricoles. Et on a des conversations passionnantes.

— Sur leur affaire ?

— Non, non. Ça, on n'en parle jamais. Mais ils ont beaucoup lu. Ils en connaissent un rayon sur le Congo et toute la région. Et comme moi j'ai fait des études d'histoire…

— Vous discutez de politique ?

— De politique et d'histoire. Ça leur parle. Alors on échange. D'ailleurs, on n'est presque jamais d'accord, a-t-il ajouté en riant.

Nous sommes montés dans sa vieille Ford Sierra. Pendant que nous roulions dans les rues poussiéreuses, mon téléphone a bipé, et j'ai lu la réponse de Vilde :

"Je t'aime aussi."

Je lisais et relisais son message.

Ole Jakob m'a lancé un regard de côté.

— Merde, on nous fait arrêter.

Trois policiers se tenaient devant nous, dans le carrefour, deux hommes et une femme. L'un des hommes nous faisait signe de nous ranger sur le côté.

Ole Jakob a baissé sa vitre.

— Ne dis rien.

Le policier s'est penché et nous a dévisagés à travers la fenêtre. Son pistolet automatique se balançait sur sa poitrine comme un bijou.

— Vos passeports, s'il vous plaît, a-t-il ordonné sur un ton glacial.

Ole Jakob ne le regardait pas. Il a jeté un œil aux deux autres en secouant énergiquement la tête. Puis il a tendu une carte de visite. Le policier l'a regardée, et au bout de quelques secondes, nous a fait signe de repartir.

— Qu'est-ce que tu lui as montré ?

Ole Jakob s'est gratté la gorge.

— Une carte de visite que m'a donnée le chef de la police, à une réunion à l'ambassade de Belgique. Il m'a dit : montrez ça quand les patrouilles vous demanderont vos papiers. J'ai cru qu'il blaguait, mais en fait, ça marche chaque fois. J'y ai droit presque toutes les semaines, je montre cette carte, et on m'autorise à repartir.

— Qu'est-ce qu'ils veulent, au juste ?

— Les patrouilles ? Du fric. Dans la police, il arrive qu'ils ne soient pas payés pendant des mois. J'ai parlé une fois avec un flic qui attendait son salaire depuis six mois. Qu'est-ce qu'on fait dans ces cas-là ? Il faut bien qu'ils vivent, ces gens-là. Qu'ils rapportent quelque chose à leur famille quand ils rentrent chez eux le soir.

La voiture montait la pente vers les murs de la prison. La prison militaire de N'dolo, où Tjostolv Moland et Joshua French étaient incarcérés depuis trois ans.

Devant l'entrée principale, huit gardes armés se tenaient dans l'ombre d'un magnolia. Nous sommes descendus de voiture sur la place, ils se sont agglutinés autour de nous. Ole Jakob leur a fait un peu de plat, leur a donné quelques billets, et ils nous ont laissés entrer.

— D'habitude, je ne paie pas quand je viens ici, mais comme j'emmenais quelqu'un…

Dans la salle d'attente bondée, j'ai dû remettre mon passeport et mon téléphone à une femme en uniforme militaire, puis on nous a conduits, à travers une cour poussiéreuse, dans une case rectangulaire de béton nu qui faisait office de parloir. Le garde nous a priés d'attendre. La pièce contenait en tout et pour tout trois chaises en plastique. Une fenêtre sans croisée ni vitres donnait sur la cour.

En jetant un coup d'œil à mon accompagnateur, je lui ai trouvé l'air soudain plus tendu. Je lui ai demandé :

— Qu'est-ce que ça t'apporte au juste ?

Il m'a regardé en plissant les paupières.

— Disons que ma vie, jusqu'ici, était peut-être un peu trop ennuyeuse.

Les murs de béton ont donné à son petit rire une coloration étonnamment sombre et amère. J'ai baissé la tête et feint de relacer une chaussure.

— Mais je les aime bien. Enfin, j'aime bien parler avec eux.

— Pourquoi cette réserve ?

— On voit bien que tu es écrivain.

— Ce n'était pas une critique. Je me demandais juste pourquoi tu disais ça.

— Leur réputation, n'est-ce pas.

J'ai opiné.

— Tu as sûrement une petite idée de ce qui les a amenés ici ?

Il haussait les épaules, une fois de plus.

— Peut-être.

Ole Jakob en est resté là.

Et les détenus sont arrivés. Ils portaient tous deux la tenue vert et orange de la prison militaire, mais j'ai d'abord été frappé par leur air tranquille et en bonne santé. Comme s'ils étaient ici chez eux.

J'avais peut-être imaginé deux prisonniers brisés, enchaînés par les chevilles, crasseux.

Je leur ai dit :

— Vous avez meilleure mine que sur les photos.

Joshua a ri.

— Encore heureux.

Tjostolv me regardait fixement sans rien dire.

— On fait ce qu'il faut pour ça, a repris Joshua. On mène une vie bien régulière, entre ces murs. C'est important pour nous. On s'arrange pour manger sainement. Rester propres. Faire de l'exercice tous les jours. Petit à petit, on s'est fixé des routines assez strictes.

L'espace entre ses incisives lui donnait une apparence juvénile.

Après un échange de banalités, Ole Jakob leur a parlé du flic qui avait arrêté notre voiture.

— Il y a plusieurs policiers dans notre section, a dit Joshua. Et un juge. Un de ceux qui ont participé à notre premier procès à Kisangani, d'ailleurs.

— Un juge ? Condamné pour quel motif ?

— Allez savoir. De toute manière, soixante-dix pour cent des détenus de cette prison séjournent ici sans condamnation.

Je l'examinais dans la lumière grise qui tombait de la lucarne. Quelque chose dans sa façon de lever la tête et dans son parler, son ton âpre et pince-sans-rire, m'a rappelé qu'il était à moitié britannique. Il avait une certaine éloquence, émaillée de tournures et de mots désuets qui le faisaient paraître plus âgé qu'il n'était, ou "vieille école". Il avait un débit rapide, clappait des lèvres et gesticulait avec ardeur. Il aimait manifestement parler.

Tjostolv était plus énigmatique. Il en imposait par son physique, sa haute stature, un peu penchée. Il avait le regard sombre, et je n'ai pas pu m'empêcher de penser qu'il dissimulait un secret. Mais peut-être était-ce à cause du portrait que les médias avaient fait de lui, ou parce qu'il adoptait cette position de retrait, le visage à demi détourné et les bras croisés.

Je l'ai examiné à la dérobée pendant que Joshua dissertait sur la situation politique du pays. Il s'était assis cinquante centimètres derrière son camarade, dans une partie plus sombre de la pièce. Il se baissait pour regarder par la fenêtre, vers la cour, et semblait penser à tout autre chose que la conversation que nous nous efforcions de mener. Dehors, sous un petit appentis, un prisonnier muni d'une cuillère en bois remuait le contenu d'une marmite de manioc. Une odeur douçâtre nous parvenait.

— Rappelez-vous que le tribunal militaire qui nous a jugés est considéré par Amnesty International comme l'une des instances judiciaires les moins fiables et les plus corrompues au monde. Ça ne veut pas dire qu'on soit des enfants de chœur, mais on se considère comme des soldats en captivité, pas des détenus.

— Parce que vous n'en êtes pas ?

— Quoi donc ?

— Des enfants de chœur ?

Joshua a ri et a commencé à raconter comment Tjostolv et lui s'étaient rencontrés dans l'armée, puis liés d'amitié.

— On avait la même vision des choses.

— Laquelle ?

— On n'était pas faits pour rentrer dans le moule de l'armée norvégienne.

— Pourquoi pas ?

— On voulait partir.

— Pour quoi faire ?

Il n'a pas répondu tout de suite.

Puis il a raconté que Tjostolv avait nourri le projet de fonder une société de sécurité à Kampala.

— Ça avait l'air intéressant.

Tjostolv a sorti la tête de l'ombre en disant :

— Alors c'est toi, l'écrivain ?

Il s'est levé d'un coup et s'est avancé vers la fenêtre ouverte.

— On a lu un de tes bouquins.

— Ah bon ?

— Oui.

— Et qu'est-ce que vous en avez pensé ?

Il s'est contenté d'un hochement de tête.

— On a eu droit à un sacré défilé de journalistes, ici, qui voulaient nous parler. Surtout au début. Toi, on a compris que tu ne l'étais pas, journaliste. Pas du tout.

— Non.

— Parce qu'on a eu quelques mauvaises expériences avec eux. De très mauvaises expériences. Qui auraient pu nous mettre en danger.

Cette fois, Tjostolv prenait la main dans la discussion, et j'ai entraperçu chez lui l'officier, le chef. Son coup de gueule contre les médias norvégiens m'a rendu nerveux.

À mon tour, je me suis penché, pour exposer très vite ce que j'avais à leur proposer : je les interviewerais, j'écrirais un récit à partir de ce qu'ils m'auraient raconté, et le producteur essaierait de tirer un film de leur histoire.

— Pas un film basé sur ce qu'on a lu dans les médias, ai-je insisté, mais sur votre histoire.

Ils m'observaient tous les deux.

— Notre histoire ?

— Ça va forcément donner un film d'action, a plaisanté Joshua. Un truc à la *Blood Diamond*.

— Ça dépendra de ce que vous me raconterez.

Joshua a jeté un coup d'œil à Tjostolv, avant de me regarder de nouveau.

— Qu'est-ce que tu penses de nous, alors ?

Ole Jakob, lui aussi, s'est tourné vers moi.

Ce que je pensais d'eux ?

— Je suppose que vous êtes deux machos hallucinés qui avez joué aux mercenaires, que vous êtes allés vous fourrer dans un des coins les plus dangereux du Congo pour voler des diamants et descendre quelques Africains, et que toute l'affaire a mal tourné.

Le silence s'est prolongé quelques secondes dans le parloir de béton, avant qu'ils ne se mettent à rire.

— Je me suis toujours intéressé à l'Afrique, a subitement déclaré Tjostolv.

Je clignais des yeux vers sa silhouette sombre.

— Et pourquoi ?

— C'est comme si la vie était plus vraie, ici, a-t-il répondu.

Tjostolv s'est rassis dans la pénombre, il devait s'y sentir mieux. Mais sa voix se faufilait hors de son trou.

— Tu sais que les médias norvégiens, ce sont les *bad guys*, dans ce qu'on va te raconter. Les *bad guys*.

J'ai relevé chez lui cette manie de se répéter.

— Je pense que ça, il l'a compris, est intervenu Joshua. Il n'est sans doute pas si bête.

Et je me suis rendu compte que pendant que je soupesais leur crédibilité, ils en faisaient autant avec moi. Je n'étais sans doute qu'une variante de ces journalistes de merde qu'ils avaient dans le viseur.

Je sentais sur moi le regard perçant de Tjostolv.

— À quoi penses-tu ?

— À rien.

Joshua a ouvert les bras en un geste de bonne volonté.

— Nous, on a du respect pour les écrivains.

— Vous n'avez pas eu la visite d'un autre auteur, il y a quelques années ?

Il a ri.

— Il y a eu tellement de gens qui sont venus jusqu'ici nous parler. Mais on n'a jamais dit à personne ce qui s'était vraiment passé.

Il était difficile de résister à la séduction de son sourire oblique, mais comment ne pas être inquiet devant une conscience de soi aussi fanatisée ?

Nous avons parlé pendant trois jours. On me laissait entrer à dix heures du matin, et je restais jusqu'à deux heures de l'après-midi, moment où les gardiens actionnaient une grosse cloche dans la cour, et où tous les détenus rentraient dans leurs quartiers.

Le quatrième jour, l'ambiance à la prison était à la fête – la fête nationale congolaise. Les gardiens, assis sur des bancs dans l'avant-cour, trinquaient au whisky local dans des gobelets en plastique. Les rires et les chamailleries emplissaient l'espace. Je suis resté attendre une demi-heure dans le parloir avant que Tjostolv et Joshua ne franchissent la porte d'acier. Ils se sont excusés.

— C'est le bazar ici, aujourd'hui, a dit Joshua en tirant une chaise d'un coin de la pièce vers la fenêtre, pour pouvoir regarder dehors.

Tjostolv était pâle. Il a pris sa tête entre les mains, en répétant sans plus d'explications :

— Y en a marre… Trop marre…

Joshua a commencé à parler de leur société de sécurité en Ouganda, de leurs projets et de leurs problèmes. Ils n'avaient pas assez d'argent pour lancer l'entreprise comme il aurait fallu. On n'obtenait pas facilement des autorisations de détention d'armes à Kampala.

Le soleil était déjà haut dans le ciel, ses rayons pénétraient par la fenêtre et venaient s'étaler sur le sol. Dehors, dans la cour, le murmure des voix des gardiens montait, les rires et les appels viraient à la dispute. Un son sourd – un coup. Je me suis retourné. Les voix étaient soudain toutes proches, une silhouette a passé la porte en un éclair. Un jeune gardien qui trébuchait en arrière est venu s'abattre au sol, juste devant la chaise sur laquelle j'étais assis. Il était tombé sur sa kalachnikov et se tordait au sol.

Deux autres gardiens baraqués sont entrés. Ils se sont immobilisés un instant en le regardant. Puis ils se sont penchés et ont commencé à cogner. Le jeune gémissait, tentait de se dérober aux coups, mais les poings l'atteignaient au ventre, à l'arrière de la tête, s'insinuaient jusqu'aux points sensibles, lui coupaient le souffle. Sa pommette gauche écorchée a lâché un filet de sang sur le sol.

Je m'accrochais à mon carnet de notes, mon stylo est tombé entre les pieds de ma chaise, et je l'ai laissé par terre. Tjostolv et Joshua assistaient au spectacle sans mot dire. Les gardiens ne donnaient aucun signe d'énervement, et c'est peut-être précisément cette maîtrise dans l'exercice d'une violence routinière qui me sidérait. Joshua m'a lancé un rapide regard inquisiteur.

Un pied botté est venu frapper le jeune homme entre deux côtes, et son souffle s'est échappé entre ses lèvres ouvertes.

Le garçon gisait inerte, un œil enflé, la bouche ensanglantée. Il luttait pour retrouver sa respiration.

Les gardiens se sont tournés vers Tjostolv et lui ont dit quelque chose en swahili.

Tjostolv s'est levé, est allé ouvrir la porte sur le couloir. Les deux hommes sont sortis du parloir vers le quartier des détenus en traînant derrière eux leur fardeau à demi inconscient.

Je me suis tourné vers Tjostolv.

— Putain, qu'est-ce que…

— Il était trop bourré. Beaucoup trop. Voilà ce qui arrive quand on ne sait pas se tenir.

Je l'ai regardé, stupéfait.

Son regard s'est assombri et il s'est tourné vers le mur.

— C'est habituel qu'on…

Joshua m'a interrompu.

— Les gardiens aiment boire les jours de fête. C'est normal.

J'ai senti des sueurs froides me couler dans le dos.

J'ai tenté de reprendre le dialogue comme si de rien n'était, mais j'avais dans les yeux l'image du jeune gardien à l'isolement, avec sa figure éclatée et son œil enflé.

Joshua parlait des groupuscules militaires présents dans l'Est du Congo, le CNDP, le RCD, le MRC, l'ADF, une affaire complexe qui avait de quoi déboussoler, mais je n'arrivais plus à penser qu'à ce garçon pelotonné dans son cachot.

Quand je suis revenu le lendemain, Tjostolv semblait plus en forme.

J'ai eu l'impression qu'il voulait m'expliquer ses sautes d'humeur.

— C'est impossible de dormir, ici, certaines fois… il y a des gens qui chantent la nuit… ça parle en dormant, ça bavasse dans tous les sens… On entend tout d'une cellule à l'autre… C'est l'enfer… Dans ces cas-là, je pense à un endroit très loin, en forêt, à Vegårshei, c'est mon grand-père, dans le temps, qui me l'a montré. Il me l'a montré un jour où on était à la chasse, un très bel endroit, une clairière entre des pins immenses, c'est là que je plantais ma tente… Souvent, je sortais mon sac de couchage en pleine nuit, je me recouchais dehors et je restais regarder les nuages et les étoiles, j'écoutais le chuchotement du vent dans les arbres, les oiseaux, et c'était comme si les sons faisaient partie du silence. Ça pouvait être tellement beau que ça donnait envie de chialer. C'est dans ces moments-là que je me sentais le plus moi-même.

Il a ricané.

— On se met du coton dans les narines, pour ne pas sentir l'odeur, a expliqué Joshua, et un bout de tissu sur les yeux. Mais Tjostolv va plus loin, il lui faut aussi un casque sur les oreilles, il écoute du metal norvégien jusqu'à ce qu'il s'endorme.

— Eh oui, a confirmé Tjostolv, puis il s'est tu, se contentant de me regarder avec un sourire moqueur à la fois énigmatique, condescendant et désespéré.

— Pourquoi êtes-vous venus en RDC, en fait ?

— Tu comprends sans doute qu'on ne puisse pas te l'expliquer, m'a répondu Joshua. Tant qu'on sera ici, on ne pourra pas dire un mot là-dessus.

La réponse était un brin théâtrale. Joshua a dû percevoir mon scepticisme.

— Mais tu comprendras. D'ici peu…

— Quoi ?

— Tu vas sûrement devoir attendre quelques jours avant qu'on ne te laisse entrer ici de nouveau. Il va y avoir une inspection, ils vont retourner toutes les cellules. Pas de visites.

Il s'est avancé sur sa chaise et a tendu la main dans ma direction. Il tenait dans la paume une boîte d'allumettes, une petite boîte usée, du type qu'on vend en Norvège au profit d'un fonds caritatif, avec l'image d'un pin au bord de l'eau, sous un soleil couchant qui jette ses derniers rayons mélancoliques.

— C'est notre histoire.

— Votre histoire ?

— Pas tout entière, mais presque. On l'a écrite sur des bouts de papier qu'on a mis là-dedans. Tu pourras regarder en attendant. Mais ne dis rien à personne.

J'ai vite refermé la main sur la boîte d'allumettes.

— Ne la perds pas, m'a mis en garde Joshua.

Tjostolv, dans son coin, me lorgnait.

— Et ne te fais pas prendre avec. Ou tu te retrouveras ici.

— Quoi ?

— Du calme. Tu n'as qu'à la cacher au plus près du corps, a repris Joshua. Colle-toi-la sous… là où tu penses… ou dans ton caleçon.

Mon regard passait de l'un à l'autre.

— Ah ?

— Personne ne va te fouiller ici, aujourd'hui.

Joshua a lancé un coup d'œil à Tjostolv, et ils ont rigolé, ils m'évaluaient comme si j'étais une nouvelle recrue à tester. J'ai fourré la boîte d'allumettes dans mon caleçon et je me suis levé.

La situation me faisait penser à un de ces stupides petits trafics de came auxquels on accepte de se prêter, tout en sachant qu'on aura à le regretter.

Joshua m'a tendu la main.

— Lis bien attentivement, m'a-t-il dit, et l'injonction sonnait comme un avertissement.

On m'a rendu mon passeport et mon téléphone dans la salle d'attente. Le directeur de la prison patientait près de l'entrée.

Merde, ils ont éventé la mèche, me suis-je dit en m'efforçant d'afficher un sourire aussi serein que possible.

Le directeur m'a rendu mon sourire, serré la main et attiré de côté.

Il m'a expliqué qu'ils ne rouvriraient pas l'établissement aux visites avant plusieurs jours.

— D'ici là, vous allez pouvoir explorer d'autres quartiers de Kinshasa, m'a-t-il suggéré, et le sourire a disparu de son visage.

Au moment où je passais le portail, j'ai senti la boîte d'allumettes me frotter l'intérieur de la cuisse.

Ole Jakob m'attendait dehors. Il était en train de bavarder avec un des gardiens, un jeune homme avec des lunettes de soleil à monture dorée.

Ils m'ont regardé arriver en se marrant, comme si j'étais le personnage d'une bonne blague.

Une fois dans la voiture, j'ai raconté à Ole Jakob ce qui s'était passé, et je lui ai dit que les deux détenus m'avaient donné une boîte d'allumettes.

Ole Jakob a eu l'air soucieux.

— Ça n'était sûrement pas prévu comme ça.

Je ne voyais pas ce qu'il voulait dire.

— Qu'ils te la filent maintenant, ça ne devait pas être prévu.

— Non ?

— Ils n'avaient peut-être pas le choix, à cause de l'inspection.

Ce n'était pas fait pour me rassurer.

— Qu'est-ce qui se serait passé – je veux dire : si on était tombé dessus dans leur cellule ?

Ole Jakob a haussé les épaules.

— Ç'aurait pu être assez désagréable, quoi.

J'ai opiné sans rien dire.

Ole Jakob me regardait de côté.

— Comment ça se passe, pour ce que tu dois écrire ? Tu as commencé ?

J'ai secoué la tête.

— Ça ne doit pas être si facile, d'être écrivain.

— Tu lis, toi ?

— Mais oui.

Il lisait en ce moment un roman de Tomas Espedal, m'a-t-il dit.

— Espedal, j'aime bien, moi aussi.

— Oui, hein ?

— Ça te rappelle la Norvège ?

— Je ne sais pas. J'ai commencé par lire Knausgård. Ensuite, je suis passé à Espedal. Il y a beaucoup de sensibilité, chez ces deux-là.

J'ai répondu avec un petit rire :

— Ça ne fait pas trop de doute.

— Je me suis dit que je les verrais bien tous les deux assis à la table de la cuisine, chez Espedal. Face à face, tu vois. En train de se dévisager et de pleurer ensemble. En se regardant l'un l'autre dans le blanc des yeux, tu vois.

J'ai souri.

Il ne manquait pas de personnalité, mon fixeur. Avec son dialecte du Nordland et sa blondeur charmeuse, il me faisait penser à un personnage de Hamsun qui aurait atterri dans le mauvais décor.

De retour à l'hôtel, je suis monté directement dans ma chambre, j'ai ouvert la boîte d'allumettes et j'ai entrepris de déplier prudemment les bouts de papier rectangulaires sur lesquels était écrit tout un texte en caractères miniatures.

Pendant plusieurs heures, j'ai lu à la lumière de ma lampe de chevet…

J'imaginais les deux acolytes écrivant, penchés sur la table de leur cellule, à la prison militaire – et tout en m'appliquant à déchiffrer ces mots minuscules, j'avais l'impression qu'on savait très bien, là-bas, ce que j'étais en train de faire, et que quelqu'un m'observait.

Le soir tombait, la lumière de ma lampe produisait un reflet sur les bouts de papier, j'en avais les yeux tout endoloris. J'ai remis le texte dans la boîte d'allumettes et l'ai cachée dans ma valise, entre les vêtements.

Cette nuit-là, j'ai mal dormi. Des sons venus des chambres voisines filtraient à travers les cloisons et le plafond. Un couple faisait l'amour, m'a-t-il semblé, longuement, et dans mon demi-sommeil, j'imaginais leurs corps couchés à côté du mien dans ce grand lit, leurs mains, leurs langues et leurs muqueuses tout près de ma figure. Puis les sons ont changé, ils n'avaient plus l'air de s'aimer, mais de pleurer dans leur lit. Je suis allé dans la salle de bains et me suis bouché les oreilles avec du papier-toilette. Après quoi, les yeux rivés au plafond, je me suis efforcé de ne plus guetter ce qui se passait à côté.

Je pensais au jeune gardien qui s'était fait tabasser dans le parloir, à son visage amoché, au sang qui lui dégoulinait sur la joue. Je cillais, et cette image se mélangeait à une autre, une scène qui se passait à Rykkinn, dans un passé lointain. De nouveau, je me suis levé et je suis retourné dans la salle de bains. J'ai sorti de ma trousse de toilette une plaquette de somnifères, et j'ai avalé un demi-comprimé avant de me recoucher.

J'ai commencé par laisser glisser mon regard sur la surface noire et rugueuse du plafond, puis j'ai fermé les yeux, et les lignes droites de mes pensées se sont mises à dérailler. La nuit, le temps se dissout, le temps, notre identité et tout ce qui nous rattache aux rôles que nous nous sommes fabriqués à grand-peine, pièce par pièce.

## KINSHASA, ÉTÉ 2013
## GRAND HÔTEL

*Quelle merveilleuse exubérance, dans ce pays, quelle richesse, pensez un peu : du cobalt, du coltan, des diamants… Et la beauté naturelle de ces gens, qui n'est pas leur moindre atout… C'est vraiment incroyable. Un potentiel fou.*

Conversation entre deux Européens inconnus au Grand Hôtel

Je prenais mon petit-déjeuner sans avoir vu apparaître la jeune femme blonde – que j'imaginais belge, peut-être ? Un homme en uniforme militaire a traversé le restaurant comme s'il en était le propriétaire. Un officier, grand et large d'épaules, la violence inscrite sur le visage. Il s'est arrêté devant un serveur, lui a murmuré quelque chose. Le regard du serveur a balayé toute la salle comme s'il cherchait un intrus, s'est faufilé entre les tables, a dépassé rapidement la mienne pour s'arrêter tout au fond. J'ai tourné discrètement la tête vers les clients assis derrière moi.

Elle était en train de s'installer tout près de la sortie. L'officier l'a rejointe, l'a saluée d'un signe de tête respectueux, s'est penché au-dessus de la table, et ils ont parlé tout bas. Une mystérieuse pantomime. Puis l'officier s'est incliné, avant de quitter la salle, raide comme un piquet.

À présent, elle sortait son téléphone, tapait un numéro. Son regard a croisé le mien, prudemment.

— Du café, monsieur ?

Le jeune serveur à l'air grave était planté devant ma table. Il tendait la cafetière dans un geste d'invitation. Je ne l'avais encore jamais vu sourire.

— Oui, merci*.

J'ai passé toute la journée dans ma chambre, à rédiger des notes sur mes premières rencontres avec French et Moland.

Y avait-il là matière à faire un film, je n'en savais rien. Je partais du principe que Jasper entendait par "histoire" un récit clair, qui mettrait en scène des conflits explicables et des personnages aux motivations compréhensibles par tout le monde, que l'on verrait évoluer et apprendre au fil du scénario. Je présumais qu'il n'aurait aucun intérêt à se retrouver devant une énigme sans réponse, une histoire aux héros suspects et peu crédibles, où les victimes seraient des crapules et où la vérité disparaîtrait dans une jungle d'informations mensongères.

Mais il fallait que je me débarrasse de tous ces soupçons… Je ne réussirais pas à écrire quoi que ce soit si je me disais que mon commanditaire attendait de moi l'impossible.

J'ai voulu me lancer dans une ébauche qui résumerait l'action en quelques lignes. Mais chaque fois que je commençais, les phrases se disloquaient et se délitaient en petits morceaux. Comme si la langue que

* En français dans le texte.

je maniais était infectée par un virus que j'aurais rapporté de la prison.

Le halo de lumière qui éclairait le petit bureau rétrécissait.

Les murs me cernaient.

Mes paupières se fermaient pendant que j'essayais d'interpréter le texte sur les bouts de papier de la boîte d'allumettes.

Je revoyais le jeune garde à terre, tâchant de couvrir son visage. Puis le pusher de Rykkinn. Accroupi entre les immeubles de la rue Bjørnebærstien, regardant par en dessous la matraque brandie par Viktor. Il ne levait pas les mains, n'essayait pas de se protéger. Son œil enflé enregistrait le geste, prenait acte du coup avant qu'il ne l'atteigne. On aurait dit qu'il avait abandonné et espérait simplement que tout se termine au plus vite.

Je suis sorti sur le balcon. L'obscurité s'était posée comme un tapis sur la ville.

Un tour dans le centre stimulerait peut-être mon cerveau. J'ai appelé Ole Jakob et lui ai demandé si sa compagne et lui avaient envie d'une bière. Puis j'ai pris un taxi pour le bar La Crèche. Je les ai attendus au comptoir, mon verre à la main. Les baffles tonitruaient dans l'obscurité, des corps dansaient devant moi. J'ai fermé les yeux en essayant de réfléchir à la manière dont il fallait s'y prendre pour écrire une histoire qui se tienne à partir de fragments épars.

Ole Jakob et Jolien sont arrivés, on a pris des bières et dansé un peu, puis ils m'ont reconduit à l'hôtel.

Jolien, qui n'avait rien bu, s'était mise au volant. Elle était enceinte, au tout début de sa grossesse. D'ici trois mois, ils rentreraient à Bruxelles. Vivre plus au calme. En attendant à un feu rouge, elle s'est tournée vers moi.

— Tu arrives à écrire quelque chose ?

J'aimais bien cette fille. Elle m'avait l'air d'avoir les idées claires et d'être sympa, quelqu'un de fiable.

J'ai hoché la tête.

— Non, c'est difficile.

— Je m'en doute.

— Pourquoi ça ?

Elle a haussé les épaules.

— Ole Jakob m'a un peu parlé de ces deux garçons. Je ne les ai pas rencontrés, mais… Je ne sais pas… ce qu'il faut en penser… ce qu'ils fichaient là… Qu'est-ce qu'ils étaient venus faire au juste, à Kisangani ? Je trouve toute cette affaire très louche.

C'était bien mon avis.

— En même temps, leurs procès aussi étaient louches.

Jolien a souri.

— Évidemment. Mais au Congo, la plupart des procès sont assez hasardeux, alors ça ne veut rien dire.

Ils m'ont déposé devant l'entrée de l'hôtel, et je les ai remerciés pour la soirée. Entre ces deux-là, c'était bien parti. Je voyais qu'elle était fatiguée. Son séjour en RDC tirait à sa fin, elle partirait bientôt en congé de maternité. Une fois à Bruxelles, ils se trouveraient de bons jobs dans l'administration publique ou les ministères. Ils étaient intelligents et pleins de ressources.

Je leur ai fait au revoir de la main depuis le trottoir devant l'hôtel.

Dans l'obscurité, les échafaudages au-dessus de ma tête ressemblaient à un filet. Le symbole était plus que clair. Le petit Norvégien, seul au Congo. Le filet qui se resserre. L'araignée noire ne va pas tarder à le dévorer. Ha ha. Je voulais rire, mais n'ai produit qu'une sorte de râle. Je suis passé devant la réception. Un vieux bonhomme dormait dans un fauteuil. La pendule numérique au-dessus de sa tête indiquait 02:14. Dans l'ascenseur, j'ai flairé un vague effluve de parfum.

L'Européenne est passée par ici, me suis-je dit. Avec l'officier aux larges épaules. Ils ont longé l'interminable couloir jusqu'à la chambre 918. Une fois à l'intérieur, il lui a donné une clef USB, et elle a ouvert le fichier, même si elle savait déjà ce qu'il contenait. Elle a jeté un œil aux photos du massacre.

À mon tour, j'ai longé un couloir, vers la chambre 1307. Je me suis allongé sur le lit. Le couple d'à côté était en pleine dispute. Elle a crié quelque chose que je n'ai pas compris. J'ai fermé les yeux. J'avais un peu trop bu.

Est-ce que tout ça se passait uniquement dans ma tête ?

Le lendemain, c'est la sonnerie de mon téléphone qui m'a réveillé.

Jasper voulait savoir où j'en étais. Je lui ai raconté nos entrevues à la prison de N'dolo, et lui ai parlé du texte écrit sur des bouts de papier que Joshua m'avait donné.

— Tu as pu les regarder ?

— Juste un peu.

Mon regard a cherché la valise où j'avais planqué la boîte d'allumettes entre les vêtements.

— Je vais devoir attendre quelques jours avant qu'on me permette de rentrer de nouveau dans la prison.

J'ai raconté à Jasper que j'étais sorti la veille avec Ole Jakob et sa compagne, et lui ai dit qu'Ole Jakob m'était d'une aide précieuse.

Jasper m'a demandé ce que j'allais faire pendant les jours où je ne pourrais pas rendre visite aux détenus.

— Je vais chercher le fil de l'histoire dans ce qu'ils m'ont donné… ou en tout cas… essayer de repérer ce qui me manque…

Pas de réponse.
— Jasper ?
— Oui oui, je t'écoute. Tiens-moi au courant, alors.
— Bien sûr.
— Je vais t'envoyer quelques fichiers très intéressants.
On a raccroché, j'ai traîné le petit bureau jusque sous la fenêtre, et de nouveau, j'ai étalé dessus les bouts de papier. Ils étaient numérotés de 1 à 166, et ne comportaient chacun que quelques phrases, des bribes de récit, au stylo bleu, en lettres minuscules. Écrire tout ça avait dû leur prendre des semaines.
"Kampala. Fondation de la société de sécurité. Recherche de commandes."
"Rencontre avec le représentant d'un homme d'affaires congolais. Type de mission : reconnaissance."
"Nous procurons une moto. Préparation de l'itinéraire."
Il allait me falloir du temps pour entrer là-dedans.
Je suis descendu au restaurant prendre un petit-déjeuner tardif.
Comme le jeune serveur au visage grave me servait mon café, je lui ai demandé s'il avait vu la cliente européenne.
— Vous la connaissez ?
— C'est une collègue.
Il m'a regardé d'un air interrogateur, comme s'il savait que je mentais.
J'ai eu beau manger deux croissants, je n'ai vu ni l'officier ni la jeune femme.

Quelques heures plus tard, Jasper m'a envoyé des fichiers remplis d'articles sur les deux détenus. Des gros titres et des interviews dans les médias, qu'il avait lui-même collectés avec l'aide de sa famille, de ses amis et de diverses connaissances. J'ai lu les encadrés résumant leur passé. Même si je sais que les biographies sommaires de ce genre livrent des informations peu fiables, et qu'elles peuvent dissimuler plus qu'elles ne dévoilent, j'ai eu l'impression de discerner plus clairement la personnalité des deux ex-militaires.

J'avais commencé par Joshua.

Enfant, il avait vécu avec sa famille à Peshawar, au Pakistan, où son père travaillait pour l'Unicef comme technicien des eaux. Il avait pour grand-père maternel un missionnaire fameux, Olav Hodne.

Joshua portait à cette époque le prénom Daniel.

Au divorce de ses parents, sa mère était rentrée en Norvège et s'était installée avec ses deux enfants dans un petit appartement, à Askim. Dans sa chambre, le petit Daniel fabriquait des avions en carton d'après les modèles qui avaient combattu pendant la bataille d'Angleterre, des Spitfire et des Messerschmitt. L'aviation le passionnait, il voulait devenir pilote de chasse. Une armée de petits soldats était déployée sur le plancher.

J'ai lu une longue interview de Joshua, parue dans un journal d'obédience chrétienne. Il y expliquait qu'à l'âge de dix ans, il avait quitté Askim pour aller vivre dans une famille d'accueil, dans le Vestfold. "Ça n'a pas posé de problème", déclarait-il. Et d'expliquer qu'il était très remuant dans son enfance, que sa mère était débordée, et que la solution choisie était la bonne, pour tout le monde.

Le couple qui l'avait pris en charge avait auparavant vécu en Inde, où tous deux étaient missionnaires.

Appartenaient-ils à la même organisation que la famille maternelle de Joshua ?

Joshua avait sa chambre à lui. Il avait commencé par y passer le plus clair de son temps, à jouer. Il aimait lire des livres d'histoire et étudier les cartes du monde. Puis il s'était mis au karaté et au kickboxing. Avait suivi la filière sport au lycée de Re. Courait dix kilomètres au lever. Soulevait des haltères. Rêvait d'entrer dans l'armée.

À dix-neuf ans, il était parti pour l'Angleterre rejoindre son père, dans le Kent. Le père en question était un original, conservateur et amateur de récits historiques. Militaire avant de devenir technicien des eaux. Un homme au caractère instable. Boxeur. Sa famille avait un passé compliqué. Le grand-père avait appartenu aux BUF – les fascistes britanniques.

Qu'en pensait Joshua ?

Il avait commencé à se faire appeler ainsi pendant son séjour en Angleterre. Il travaillait à temps partiel dans un centre commercial tout en fréquentant l'école militaire. Un apprentissage dur, disait-il dans l'interview. On l'y avait "cassé avant de le reconstruire". Il avait fini par devenir parachutiste dans l'armée britannique. Puis tout avait basculé. Il s'était blessé à la cheville. Son père, atteint d'une tumeur cérébrale, était tombé dans la confusion mentale, avant de mourir très rapidement. De retour en Norvège, Joshua avait travaillé comme vigile sur les bateaux de la Color Line. Il continuait l'entraînement. Il avait finalement intégré le bataillon Telemark.

Jasper avait dressé de longues listes de faits survenus dans les vies de Moland et French.

Moland avait pratiquement passé son enfance dans la forêt, à la chasse. Un garçon solitaire. Un homme des bois.

Originaire de Vegårshei.

"Un indépendant."

Il vivait essentiellement dehors, pêchait et chassait avec son oncle. Chassait l'élan et le cerf. Le café au crépuscule. Son oncle qui lui parlait de safaris en Afrique.

Une tache dans l'histoire familiale : la condamnation de son grand-père pour collaboration après la guerre. Il s'était rendu sur le front de l'Est pour combattre les Bolcheviks. Aux côtés des Allemands. Tjostolv portait son prénom. Ce qui avait peut-être influé sur lui, qui sait.

Moland avait décidé très tôt de devenir militaire.

Mais l'armée l'avait déçu. Trop de "règles idiotes". Trop de chiffes molles. Dans son entourage, les opinions à son sujet divergeaient. "Extrémiste", "très doué", "prêt à se sacrifier", "agressif", "pas à sa place", "incontrôlable", "trop fort pour l'armée norvégienne".

Cherchait-il des expériences plus violentes, des missions plus délicates ?

Une vie hors de Norvège.

Grand lecteur, intéressé surtout par l'histoire militaire et les sujets politiques. Des opinions marquées. Estimait la plupart des Norvégiens naïfs et irréalistes. Des gens à qui on avait lavé le cerveau pour qu'ils croient à une révision de l'histoire style conte de fées où tous les humains auraient un bon fond.

Dans l'armée norvégienne, il n'y avait pas de place pour la guerre. Ni pour des types comme eux, dans cette atmosphère métrosexuelle. Les hommes, à leurs yeux, étaient porteurs d'instincts douteux et barbares. L'homme des bois ne voulait devenir ni bureaucrate, ni négociateur de paix. Guerre = élément fondamental de la vie humaine et de la civilisation.

Tjostolv et Joshua s'étaient rencontrés au camp de Rena.

Ils voulaient faire la guerre, peut-être en Afghanistan. Comprenant que ce ne serait pas le cas, ils avaient rompu leurs contrats avec le bataillon Telemark. Moland avait essayé de recruter des camarades pour sa société de sécurité en Afrique. Le commandement n'avait guère apprécié que le bataillon serve de plateforme d'embauche pour ce type d'activités.

French était parti pour Kampala à l'automne 2008, alors que Moland avait déjà commencé à mettre sur pied son Special Intervention Group (SIG) en Ouganda.

La compagne de French en avait eu assez de ses "histoires d'Afrique". Elle craignait qu'il ne lui arrive quelque chose.

Ils avaient franchi la frontière congolaise fin avril 2009.

On pouvait facilement voir le projet de French et Moland comme une parodie caricaturale de l'assistance humanitaire façon bon Samaritain. Il y avait dans la famille de Joshua plusieurs missionnaires, qui étaient partis dans des pays d'Afrique pour aider les pauvres et convertir les ignorants. Mais les partenaires privilégiés des deux aventuriers au Congo, loin d'être missionnaires, étaient des guerriers d'une autre trempe qu'eux.

La rupture avec les idéaux norvégiens avait-elle commencé longtemps avant ? Peut-être refusaient-ils d'être englobés dans le grand concept de protection à la norvégienne, d'être partie prenante dans la gentille mentalité pacificatrice et égalitaire des hommes et des femmes de notre pays ? Et dans ce cas, pourquoi ? Se sentaient-ils étrangers à ces aspirations-là, se cherchaient-ils un autre chez-eux ? Si c'est ainsi que pouvait se décrire l'esprit typiquement norvégien, comment se définissait à leurs yeux l'anti-Norvège ?

L'absence de protection, le risque, la guerre, l'injustice ?

J'ai réfléchi à ce qu'était la Norvège pour moi.

Ni la famille royale. Ni le massif du Jotunheimen. Ni les costumes folkloriques, ni les contes populaires.

Ni le bouillonnement des cascades, ni la neige tombant sur les plaines. Ni les rennes. Ni les élans. Ni le pétrole. Ni le saumon. Ni les médiations de paix. Ni la propreté. Ni la sécurité ni l'État-providence, ni la social-démocratie. Ni le monopole d'État pour la vente des alcools. Ni les crèches ni l'égalité entre les sexes. Ni les pulls en laine. Ni le fromage de chèvre caramélisé. Ni les paysans. Ni l'autosatisfaction. Ni le provincialisme ni les complexes d'infériorité. Ni les cours de l'or noir. Ni les voiliers. Ni la pêche. Ni les sempiternelles aurores boréales, ni la lumière du cercle polaire. Ni les congères sur le bord des routes. Ni l'été qui n'arrivait jamais. Ni les défilés d'écoliers du 17 mai. Ni la mélancolie. Ni la fonte des neiges. Ni Edvard Munch, ni Ibsen, ni les explorateurs polaires. Ni les médailles d'or en ski de fond. Ni le curling. Ni la pluie sur Bergen. Ni le plateau du Hardanger. Ni Oslo. Ni l'anniversaire de la Libération. Ni l'indépendance nationale. Ni les façons bourrues. Ni l'hymne national. Ni les fjords ni les montagnes. Ni les Jeux olympiques. Ni le fonds souverain. Ni Telenor*. Ni les fêtes au champagne. Ni Snapchat. Ni Tinder. Ni les mendiants à la gare centrale d'Oslo. Ni les drogués ni les SDF. Ni ma grand-mère. Ni l'Église. Ni le besoin de s'en aller pour ne jamais plus revenir.

Pour moi, la Norvège, c'était autre chose ; le sentiment d'être hors du temps… Quand tout le monde était encore au lit, j'allais pieds nus dans la cuisine, je regardais par la fenêtre et découvrais que la lumière était chatoyante et les toits couverts de cristaux blancs.

J'appliquais les mains contre la vitre, je sentais que le monde avait refroidi, j'étais seul dans la cuisine, à

* Société norvégienne de télécommunications.

six heures et demie du matin, les mains collées à la fenêtre, incapable de m'arracher au spectacle d'un nouveau monde naissant, et je me disais que personne d'autre que moi ne le savait encore. Vilde dormait dans la chambre, elle ignorait que j'étais là, debout si tôt, alors que le monde était en train de se couvrir de neige, que la température baissait, que la lumière du jour franchissait en rampant les crêtes, au nord-est, pour venir s'étaler sur le paysage blanchi, je me sentais très seul et me mettais à pleurer, en silence, sans même savoir pourquoi, ce n'était rien d'autre que ce sentiment d'abandon, même si on ne m'avait pas abandonné, cette impression de solitude. La solitude qui était toujours là, même dans mon lit, avec elle, nos corps nus l'un contre l'autre, même en buvant de la bière avec des copains, même quand je jubilais, ou riais, ou versais des larmes sur la mort d'un ami.

La lumière froide me tombait sur les mains.

Jasper avait joint un dossier contenant des photos de Joshua et Tjostolv. Eux deux en uniformes militaires. Devant une moto, à Kampala.

Et aussi celle-là : la photo de Tjostolv rieur, nettoyant le siège du chauffeur de la camionnette souillé du sang d'Abedi Kasongo.

Un message de Jasper est arrivé sur Messenger.

"Tu as reçu les fichiers ?"

"Oui. Merci."

"Des choses intéressantes ?"

"Quelques-unes. Ils n'ont pas vraiment l'air d'aventuriers naïfs."

"Non. Tu arrives à écrire ?"

"Pas encore"

"Et tes recherches ?"

"Ça va."

"Tu retournes quand à la prison ?"

"Demain."

"Bonne chance."

"Merci beaucoup."

"J'ai rencontré ta copine. Vilde. Dans la rue."

"Où ça ?"

"Du côté de Majorstua."

"Elle t'a dit quoi ?"

"Tu as son bonjour."

"OK."

J'ai appelé Vilde, je lui ai demandé ce qu'elle avait fait depuis mon départ, et elle m'a répondu "pas grand-chose". Entendre sa voix faisait plaisir.

— Tu as croisé Jasper ?
Elle a ri.
— Pourquoi ris-tu ?
— Il en fait tellement.
— Comment ça ?
— Ben, tu vois comment il est.
— Non.
— Il voulait savoir comment ça se passait.
— Comment quoi se passait ?
— Ton boulot.
— Mais tu n'en sais rien.
— C'est ce que je lui ai dit.
— Et alors ?
— Il ne lâche pas le morceau.
— Il va avoir des regrets.
— Pourquoi donc ?
— Je ne sais pas ce que je fous ici.
— Tu viens seulement de commencer !
— Oui.
— Tu vas finir par trouver quelque chose, petit à petit. Et si ça ne lui va pas, tu auras au moins essayé.

J'ai changé de sujet.

— Et aujourd'hui, qu'est-ce que tu as fait ?

Elle avait passé toute la journée dans un séminaire sur le triste état de la Somalie. En rentrant, elle s'était préparé des pâtes à l'arrabiata, mais avait eu la main un peu trop lourde sur les épices.

— J'ai l'estomac qui brûle.

C'était une conversation anodine, une conversation de tous les jours, mais après lui avoir dit que je l'aimais et avoir raccroché, je suis resté regarder mon téléphone comme si quelque chose était venu se mettre entre nous.

Ou comme si quelque chose en moi était sur le point de s'extérioriser.

Je me suis remis à étudier les papiers de la boîte d'allumettes étalés sur le bureau, avec une concentration qui tenait de l'obsession, passant et repassant sur les lettres et le choix des mots.

Kampala. La société de sécurité. La mission qu'on leur avait donnée.

Cette écriture miniature, comme des empreintes de pattes d'oiseau. Quand je fermais les yeux, j'avais l'impression d'être avec eux dans leur cellule, la nuit, et de les entendre chuchoter ce qu'ils devaient écrire à mon intention.

J'entendais la voix de Tjostolv, un murmure qui s'insinuait dans mon oreille.

J'ai fumé une cigarette sur le balcon en regardant la rue plongée dans l'obscurité. Il y avait une moto garée en bas. Je me suis penché. Un homme était assis sur un vélo, immobile, les mains sur le guidon.

Je suis rentré, me suis remis à mon bureau, et j'ai posé les mains sur le clavier.

Le lendemain, dans le parloir de la prison, j'ai interrogé Joshua sur la nature de leur mission. Tjostolv ne se sentait pas bien, il n'était pas venu. Il était plus facile d'obtenir un échange sérieux en face à face.

— Il y a une chose qu'il faut que tu me dises.

— On t'a donné les petits papiers.

— Leur contenu n'est pas clair – surtout en ce qui concerne votre mission de 2009.

— C'est parce qu'on a fait une promesse.

— Au commanditaire ?

— Exact.

— Mais j'ai besoin de savoir de quel genre de commanditaire il s'agissait.

Il a grimacé.

— Je peux te faire confiance ?

J'ai fait signe que oui.

— C'était un État ? Un groupe rebelle ? Une société ?

Il a réfléchi un instant.

— Tu ne pourras pas écrire quoi que ce soit là-dessus.

J'ai posé mon stylo et mon carnet.

— Pourquoi pas ?

— Parce que je ne pourrai rien te dire à propos du commanditaire avant qu'on soit sortis du Congo.

La seule chose qu'il pouvait me dire, c'était qu'ils avaient rencontré un dénommé Ben Ali à Kampala, qui avait servi d'intermédiaire.

La mission que Ben Ali leur avait attribuée consistait à récupérer un lot d'or qui avait été perdu par les troupes du général Kazumba pendant des combats, l'année précédente. Ben était entré en contact avec un homme qui savait où l'or était conservé. Et s'il souhaitait confier cette tâche à des acteurs blancs, c'était précisément pour éviter d'attirer l'attention.

Tjostolv et Joshua devaient rencontrer l'un des contacts de Ben Ali à Kisangani, qui les conduirait à la cachette. Une fois l'endroit trouvé, les choses seraient simples. Il fallait reconnaître les lieux. Prendre des photos. Observer la manière dont le lieu était surveillé. Puis ils retourneraient à Kampala et établiraient un plan avec Ben pour l'étape suivante. L'intervention elle-même nécessiterait plusieurs hommes, plusieurs mercenaires.

— On vous a donné combien pour faire ça ?

Joshua a incliné la tête.

— Quelques milliers de dollars, c'est tout. On ne l'a pas fait pour l'argent.

— Non ?

— C'était pour l'aventure plus que toute autre chose.

Je l'ai regardé.

— Mais si vous étiez retournés là-bas et que vous aviez effectivement réussi à refaire passer l'or en Ouganda…

— Aujourd'hui, on serait riches, m'a-t-il répondu avec un petit rire.

Je suis rentré épuisé à l'hôtel. J'ai dormi une heure, j'avais la tête dans un puits.

Je suis allé me chercher un café à la réception, et je l'ai bu à mon bureau, devant la fenêtre.

Le texte est venu se superposer au texte. La réalité était un code. Je devinais quelque chose à travers des interstices, des fissures, sans comprendre.

Une lumière obscure filtrait entre les signes.

Je ne pourrai pas résoudre cette énigme.

Alors qu'est-ce que je peux faire ? Dépeindre une impression viscérale de solitude dans ce pays.

Je commencerai par là : écrire comme si c'était un roman.

## PROVINCE DE L'EST, MAI 2009
## LES PISTES ROUGES

Ils quittèrent Kampala sur une moto lourdement chargée. Ils emportaient une tente et des sacs de couchage, des cartes, une boussole, un GPS, quelques couteaux, un fusil de chasse et leurs papiers d'identité de l'armée norvégienne. Tjostolv conduisait, Joshua était assis derrière avec le sac à dos. Passé la limite de l'agglomération, il se retourna. La ville avait rétréci et ressemblait à un décor de théâtre. Puis les collines vertes surgirent devant eux, et ce fut comme si ce nouveau paysage éclipsait en un clin d'œil tout ce qu'il avait vu et vécu à Kampala, les bars et les rues, leur tente au Backpackers Inn.

Les routes goudronnées cédèrent la place au gravier, puis le gravier à l'argile et à la poussière.

Tjostolv arrêta la moto dans un village. D'un côté de la chaussée se dressait une église, de l'autre un kiosque. Tjostolv alla y acheter des cigarettes et de l'eau.

Un prêtre traversait le chemin. Joshua le vit monter les marches et pénétrer dans l'église.

L'homme était habillé de noir et avait une belle carrure.

Joshua le suivit, entra à son tour. À l'intérieur régnait le silence, et le prêtre n'y était plus.

Une vieille femme priait sur un banc du premier rang. Joshua remonta l'allée centrale et choisit une place. Il courba la nuque, décidé à en faire autant, à réciter une prière comme il faut, mais les mots ne venaient pas. Il pensa à celle de son enfance :

*Seigneur Dieu, Père céleste, dans Ta grâce, pose les yeux sur moi, pauvre pécheur.*

Il tentait vainement de retrouver la suite, quand il entendit des pas approcher.

— Le temps du trouble.

— Comment ?

— Nous vivons au temps du trouble, mon fils.

— Je ne suis pas troublé, ricana Joshua.

Il se releva. Il n'avait plus qu'une envie : sortir d'ici.

— Si tu suis la voie du Seigneur, il te délivrera de tes soucis et t'aidera à changer.

— Je n'ai pas l'intention de changer, mon père.

Le prêtre le considéra d'un air inquiet.

— On n'a jamais trop grandi pour croire en Dieu.

Il posa une lourde paume sur l'épaule de Joshua.

— Le Seigneur voit et connaît tous les côtés de la nature humaine, même les plus noirs. Même les actions les plus affreuses peuvent être pardonnées.

Joshua perçut dans l'haleine du prêtre une odeur de terre mouillée.

Il l'écarta de la main et se dirigea vers la sortie.

— Que Dieu te vienne en aide, entendit-il encore.

Il sentait le regard perçant du prêcheur dans sa nuque, mais ne se retourna pas.

Ils abordèrent la frontière au soir tombant. Les nuages couvraient la lune et il bruinait, de petites gouttes de pluie chaude leur tombaient sur les joues, leur coulaient dans le cou.

Un vieil écriteau en bois annonçait : *You are leaving Uganda and entering Zaire*. Cent mètres plus bas, dans la descente, une autre pancarte indiquait *République démocratique du Congo* au-dessus d'une barrière.

Des camions faisaient la queue dans la boue.

L'averse forcit, puis cessa brusquement.

La lune se montra entre des nuages cotonneux.

Le douanier examina leurs papiers, passa en revue leurs bagages, tomba sur la housse de tente où Tjostolv avait fourré le fusil à pompe et les dollars. Il empocha tranquillement les billets et leur fit signe de repartir.

Ils mirent le cap sur Beni.

Une pluie drue tombait à présent sur l'immense forêt, s'abattait avec un bruit de mitraille sur les feuilles, puis le vent chassa soudain les nuages. La lumière du soir se faufila entre les branches vers l'herbe grasse et dense qui recouvrait les fossés.

La jungle se pressait aux abords de la piste, animée dans l'obscurité d'un mouvement spongieux, immense, intelligente, curieuse. Les nuages, défilant au-dessus de la cime des arbres, découvrirent pour de bon la lune. À un carrefour, des gamins vendaient dans des cabanes des diamants bruts, sous le regard mauvais de quelques jeunes hommes, kalachnikovs en mains.

Quand la lune se couvrit de nouveau, il fit soudain si noir sur la piste qu'ils s'arrêtèrent et montèrent leur tente.

La jungle se referma sur eux.

Ils avaient décidé de dormir à tour de rôle, pendant que l'autre surveillerait leur campement avec le fusil.

Mais Tjostolv, une fois couché, préféra lire, à la lumière d'une lampe de poche, le livre de Michael Hoare, alias "Mad Mike", intitulé *The Road to Kalamata*. Un récit d'aventure authentique, sur les mercenaires que l'auteur avait commandés au Congo, dans les années 1960.

*"Towards the end of 1960 and the beginning of 1961, Mr Moise Tshombe, the president of the newly formed independent State of Katanga, recruited a force of mercenary soldiers**.*"*

Joshua, accroupi devant la tente, explorait du regard l'impénétrable végétation.

* "Vers la fin de l'année 1960 et le début de 1961, M. Moise Tshombe, le président du tout jeune État de Katanga, recruta une armée de mercenaires", *The Road to Kalamata: a Congo Mercenary's Personal Memoir*, Lexington, Mass., Lexington Books, 1989.

Un animal inconnu de lui rampait dans l'herbe.

Les singes, dans la canopée, poussaient des gémissements.

Il ne comprenait pas leur langue.

Après avoir roulé des heures sur la piste rouge, ils atteignirent Beni dans l'après-midi.

Des baraques en bois, des cubes de béton, des épaves mutilées d'engins de creusement abandonnées sur les bords de routes.

Des essaims de cyclomoteurs qui éructaient et crachaient.

De larges chaussées de sable et de poussière.

Des groupes de gens installés sur le bas-côté jouaient aux cartes sur des caisses en bois. Un homme tirait une brouette débordante. Des femmes passaient, portant sur la tête d'énormes ballots. Des traces de la guerre se lisaient sur les visages.

Ils trouvèrent une clairière à l'extérieur de la ville, y déployèrent leur tente et allumèrent un feu.

Ils s'appelaient entre eux Mike et John.

Ils venaient d'autres horizons et d'autres époques.

# KINSHASA, ÉTÉ 2013
# LE DOUTE

Assis dans mon grand lit, je notais des bribes de ma dernière conversation avec Tjostolv et Joshua. Au bout de trois pages, ma mémoire s'est tarie. Pourtant, j'avais le sentiment d'avoir oublié quelque chose d'essentiel. Je me suis mis à marcher de long en large. La chambre était petite. Je me suis rincé la figure à l'eau froide. Puis je me suis remis à mon bureau, le bout des doigts sur le clavier. Et j'ai pensé : on traverse un labyrinthe de béton. On a une carte qui montre l'entrée et la sortie. On suit la carte en se concentrant. La lumière décline. On arrive à la fin du parcours sur la carte, et tout correspond, sauf que la sortie n'existe pas. J'ai écrit. Relu. Je me suis dit que je pourrais peut-être tirer parti de cette image, mais en relisant ces quelques phrases une deuxième fois, j'ai trouvé qu'elles sonnaient creux, que la métaphore était usée, et qu'il n'y avait rien à en faire.

Puis je me suis souvenu de mon long trajet en taxi dans Kinshasa, aux routes poussiéreuses.

Comment se faisait-il que je ne retrouve plus ce qui m'échappait ?

Mes idées tournaient en rond. Gagné par l'impatience, je me suis levé, je suis sorti de la chambre et j'ai pris l'ascenseur pour le rez-de-chaussée. J'ai déambulé un peu en faisant comme si je cherchais quelqu'un. Le réceptionniste s'est approché et m'a demandé s'il pouvait quelque chose pour moi. Je lui ai répondu que je cherchais un ami. Il m'a regardé avec un sourire en coin, comme s'il savait bien que je mentais, que je n'avais pas d'ami dans cet hôtel. Il est retourné derrière son guichet. J'ai piteusement repris l'ascenseur, et me suis allongé sur le lit. Les voix, dans la chambre d'à côté, me parvenaient par les conduits d'aération. On aurait dit qu'ils chuchotaient, tous les deux, comme s'ils craignaient d'être compris.

Les conversations du parloir n'étaient que théâtre, Tjostolv et Joshua se donnaient en spectacle, et j'étais leur public. Nuit après nuit, ils avaient dû discuter de ce qu'il y avait lieu de me révéler et de ce qu'il valait mieux taire, des personnes à citer, des lieux à ne pas évoquer, des événements qui devaient absolument rester dans l'ombre, et de ce qu'ils pouvaient dévoiler sans risque pour me mettre en confiance. Nos échanges étaient déjà un film, avec ses personnages, ses répliques, ses pauses, ses alternances de scènes et ses détails qui, une fois en germination, évolueraient peut-être vers un tournant dramaturgique.

Rien là-dedans n'était fortuit.

J'ai commencé à recopier une à une dans un fichier les phrases inscrites sur les bouts de papier. Un travail de précision.

Sur l'un de ces petits billets, ils avaient écrit :

"On avait déjà derrière nous trois voyages au Congo quand on est arrivés ici en 2009."

Trois voyages.

"Tout ça, c'était politique. On travaillait pour quelqu'un."

Quelqu'un. Quand on se pose des questions, ce mot-là est un piège dont on ne se sort pas.

Sur un autre papier, on lisait :

"C'était à la fois une mission et une expédition de reconnaissance. On devait rencontrer à Kisangani une personne qui savait où se trouvaient les objets de valeur disparus."

La nature exacte de cette "mission" était aussi peu claire que l'identité du commanditaire. Dans le compte rendu du procès, le ministère public insistait sur les sympathies de Tjostolv pour Laurent Nkunda et sa milice, le CNDP. On avait découvert en Ouganda, sur un ordinateur, une lettre adressée par Tjostolv au sulfureux chef rebelle. Il lui offrait sans ambages ses services. Laurent Nkunda entretenait des liens étroits avec le Rwanda, et aspirait manifestement à faire chuter le président Kabila, à Kinshasa. Mais dès 2008, la Cour internationale de justice de La Haye avait lancé contre Nkunda des poursuites pour crime contre l'humanité, et en 2009, il se trouvait en résidence surveillée au Rwanda.

C'était la révolte intervenue en 2003 dans la partie est du Congo qui avait valu à Nkunda sa réputation de "Boucher de Kisangani". J'ai trouvé un certain nombre d'informations sur lui. De toute évidence, c'était une personnalité composite. Non seulement un chef de guérilla opérant au fin fond de la jungle, mais un seigneur de guerre charismatique et stratège. Un héros libérateur et un leader intellectuel, selon certains, quand d'autres ne voyaient en lui qu'un assassin agissant de sang-froid.

Dans la lettre en question, Tjostolv avait exprimé son intérêt pour le plan congolais ourdi par Nkunda.

Mais les liens avec cet homme étaient-ils crédibles, ou s'agissait-il d'une impasse où ils menaient sciemment leurs interlocuteurs pour brouiller les pistes ?

D'autres éléments semblaient indiquer que Moland et French auraient projeté un hold-up sur une banque de Kisangani.

Je devais patienter trois jours avant de pouvoir franchir de nouveau la porte de N'dolo et leur poser les questions que j'avais sur le cœur. J'ai consacré un des trois à répartir systématiquement en deux catégories les informations de la boîte d'allumettes. D'un côté les faits clairs, de l'autre les moins clairs.

Le soir venu, j'ai regardé depuis mon lit un vieux film d'horreur.

Une jeune femme tombée dans une fosse en béton remplie de fil de fer barbelé tentait en vain d'en sortir.

Ces cris.

Cette musique.

Réveillé de bonne heure, je me suis remis tout de suite à mon petit bureau. Une lumière sale pénétrait timidement par la fenêtre. La ville dormait encore. Plusieurs heures durant, je suis resté calmement à mon ordinateur, les yeux rivés à l'écran, effaçant très vite les phrases que je tentais d'écrire. À neuf heures, je suis descendu prendre mon petit-déjeuner. Quand je suis remonté, j'étais aussi épuisé qu'après plusieurs nuits d'insomnie. Je me suis recouché, rendormi aussitôt, la figure dans l'oreiller. Lorsque j'ai émergé, au bout de quelques heures, ma tête était pleine d'images d'un labyrinthe carcéral. La médiocre métaphore de la veille s'était installée dans mon cerveau pendant mon sommeil, envahissante et toxique. Merde. Je me suis remis au travail. Cette fois, le soleil inondait la pièce avec une intensité presque effrayante.

Mes pensées repartaient sur les mêmes travées, *tu ne sais même pas ce que tu dois raconter*.

Les preuves s'effritaient dès que je les regardais.

Toutes leurs déclarations étaient fausses.

Comme l'eau empoisonnée du fleuve qui traversait cet immense pays.

Le soir venu, sur le balcon, je me suis murmuré des mots encourageants. Après tout, j'avais commencé à écrire. Plusieurs des phrases que j'avais produites avaient échappé à la migration immédiate vers la corbeille.

Je me suis penché par-dessus le garde-corps pour regarder la place, devant l'hôtel. Le vigile, assis sur une chaise près de l'entrée, balayait le sol devant lui avec une lampe de poche, un jet de lumière qui allait et venait doucement d'un côté à l'autre.

En un clin d'œil, l'obscurité m'est entrée dans la tête.

## PROVINCE DE L'EST, MAI 2009
## LES COUPS DE FEU DANS LA JUNGLE

La moto approchait en douceur de Kisangani. La nuit venait de lâcher prise. Une lumière toute neuve crapahutait entre les cimes des arbres. Le panneau indiquant l'entrée de la ville était de travers, comme un sourire goguenard. Le moteur se mit soudain à tousser. Quelques ratés, et ils se retrouvèrent en panne au petit matin, fixant du regard leur bécane à l'arrêt. Le fleuve, un peu plus bas, rugissait. Un soleil pudique se montrait à l'horizon.

Tjostolv réussit à redémarrer, et ils poursuivirent leur route feux éteints.

Joshua scrutait les alentours.

L'hôtel de ville décrépit et son jardin conquis par les broussailles... Les statues sans visages de l'époque coloniale. Le fleuve qui clignotait dans l'obscurité. Des troupes de chiens étiques errant sur ses berges avec l'indifférence des somnambules. Les corps longilignes des bateaux de pêche au repos sur la rive, la poupe envahie de touffes de jacinthes d'eau. Du fil de pêche enroulé en ballots. Le reste d'un feu de camp, des assiettes en carton et des épluchures de maracujas.

Ils longèrent le fleuve. Les baraques des commerçants étaient vides. On distinguait dans la pénombre des supports de bois plantés dans l'eau, d'où pendaient des nasses à poisson. Ils dépassèrent une station-service à l'abandon, où s'empilaient les pneus et les jerricans vides, avec un atelier de mécanique et son matériel rouillé.

Un petit garçon courait le long de la chaussée en poussant une brouette de fabrication artisanale.

Ils débouchèrent dans une rue éclairée. Il y avait là une banque et de petites échoppes aux toits de tôle ondulée.

Les réverbères faisaient scintiller le sable de la chaussée. De nouveau, le moteur donnait des signes de faiblesse.

Un homme sortit de l'obscurité pour proposer de les aider.

— Un problème, monsieur ?

Joshua se tourna vers lui.

— Il y a un garage en ville ?

— Je peux réparer ça.

— Vraiment ?

L'homme s'accroupit pour regarder le moteur.

Tjostolv, debout derrière lui, le dominait de toute sa hauteur.

— Ça prendra combien de temps ?

— Oh, pas longtemps. Quelques jours.

Tjostolv reprit le guidon et se mit à pousser la moto.

— On le fera nous-mêmes.

L'homme l'eut vite rattrapé.

— Vous êtes d'où, monsieur ?

Tjostolv ne répondait pas.

— Je peux vous donner un coup de main pour n'importe quoi.

Ils laissèrent l'homme derrière eux, sur la place.

À l'hôtel Riviera, un jeune garçon était endormi derrière le guichet de la réception.

Joshua actionna la cloche placée juste devant lui, et le gamin ouvrit les yeux avec un soupir.

La chambre était des plus simples. Joshua se jeta sur le lit. Après trois jours de route dans la jungle, il avait la peau toute rouge.

La douche ne serait pas un luxe.

Depuis que Ben, à Kampala, leur avait confié cette mission, ils vadrouillaient dans la poussière entre les fourrés et les ruines. Ils avaient roulé pendant des jours dans la jungle. La moto glissait lentement, zigzaguait entre les trous. Des bandits de grands chemins avaient tenté de les arrêter. Ils étaient passés devant des mines de diamant abandonnées, des bâtiments à moitié construits, d'antiques véhicules militaires ornés de drapeaux orange en lambeaux. Des gamins shootés et lourdement armés.

Un chien mort qui gisait dans l'herbe.

Peu avant Beni, ils avaient semé une voiture qui les suivait, en fonçant sur des sentiers en pleine jungle. Ils avaient déployé leur tente dans un village déserté. Les cases de paille se dressaient comme des témoins muets dans la lumière déclinante. Ils avaient passé la soirée à fumer en se racontant des blagues de cannibales, entourés de crânes de singes disposés en cercle.

L'eau chaude de la douche le rasséréna. La poussière rouge collait à sa peau, il fallait frotter à la brosse pour s'en débarrasser.

Quand il émergea de la salle de bains, Tjostolv venait de sortir le numéro de téléphone que leur avait donné Ben, et s'apprêtait à l'appeler pour prévenir qu'ils étaient arrivés.

Joshua ouvrit une bouteille d'eau et se mit à boire à grandes goulées.

— Marlon... Allô ? Marlon ? C'est Tjostolv. Je travaille pour Ben.

Tout en parlant, Tjostolv promenait les yeux en tous sens dans la pièce.

— Tu n'es pas là ? Où es-tu ? Comment ? Où ça ? On est à Kisangani, comme convenu. Quoi ? Tu n'y es pas ? Où ? Bafwasende ?

Il lança un coup d'œil à Joshua.

— OK. On se retrouve à la borne 109.

Joshua, près de la fenêtre, regardait la rue en contrebas. La poussière tourbillonnait le long des bâtiments. Une enseigne néon pendait de travers. *Primus. L'Ambiance de chez nous*. Tjostolv avait raccroché.

Joshua se retourna. Il se sentait le corps en feu.

— Qu'est-ce qui se passe ?

— Je ne sais pas. Je ne sais pas.

— D'abord, on est pris en filature. Ensuite la moto se met à déconner...

Tjostolv haussa les épaules. Joshua attendait. Il allait bien lui dire quelque chose, essayer au moins de lui expliquer ?

— Tu ne comprends pas ? On devait rencontrer le mec à Kisangani, et quand on arrive, il n'y est pas. Il veut qu'on fasse demi-tour et qu'on le retrouve au diable vert sur une route dans la jungle, dit enfin Tjostolv avec un coup d'œil furtif à son camarade.

— C'est le Congo, dit Joshua en posant la bouteille d'eau sur la table.

— Quoi ?

— C'est normal.

— Comment ça, bordel, c'est normal ?

— *It's the Congo way.*

— Qu'est-ce que tu veux dire par là ?

— Ici, l'institution la plus puissante, c'est les renseignements. Tu savais ça ? Ils ont encore plus de pouvoir que l'Église.

— De quoi tu causes, là ? On a les renseignements aux trousses, peut-être ?

Le visage de Tjostolv disparaissait dans l'ombre.

— Qui sait ?

Tjostolv sortit une flasque de son sac et remplit d'eau-de-vie leurs gobelets de carton.

— Tiens.

Joshua refusa.

— Est-ce qu'on nous aurait suivis ? s'interrogea-t-il.

— Ils doivent dormir, les renseignements, répliqua Tjostolv en vidant son verre.

— Dormir ? Tu parles, ouais.

Et ils rirent tous deux, mais l'inquiétude était là, brûlante.

Le matin suivant, ils trimballèrent la moto jusqu'à un atelier. Il faudrait faire venir les pièces de la capitale, leur dit-on, ce qui prendrait plusieurs jours. Mais le réceptionniste de l'hôtel assura qu'il pouvait leur fournir un chauffeur. Il en connaissait un qui roulait en Land Cruiser Toyota, un modèle de pick-up assez grand pour transporter la moto. Il se nommait Abedi Kasongo.

Tjostolv et Joshua s'attablèrent sur la terrasse et attendirent. Joshua avait entrepris d'étudier la carte de la zone, l'enchevêtrement des pistes et des cours d'eau dans la jungle. Il repéra un campement militaire à quelques kilomètres au nord du village de Bafwasende. Retranché derrière ses lunettes de soleil, Tjostolv observait les allées et venues des clients devant le guichet de l'hôtel.

Le chauffeur leur donna rendez-vous sur la place du marché, très animée le matin.

Joshua examina Kasongo dans la lumière encore chargée de brume. C'était un homme d'environ quarante-cinq ans, au visage large et marqué par la vie en plein air. Sa voix était calme, presque traînante, mais Joshua ne put interpréter son regard qui glissait en permanence d'un côté à l'autre comme pour enregistrer l'identité de tous ceux qui arrivaient sur la place.

Kasongo leur déclara qu'il avait déjà accepté une course jusqu'à Mambasa, à cinq cents kilomètres à l'est de Kisangani. Il voulait bien les conduire à Bafwasende, mais à condition de pouvoir emmener son assistant, Aradjabu.

Ils négocièrent le prix en fumant ensemble.

Une fois la moto bien arrimée sur le plateau, Tjostolv et Joshua entrèrent dans un magasin pour s'acheter des provisions et de la bière. À leur retour, Kasongo avait casé un autre passager sur le plateau du pick-up, un certain Kepo.

— Ça ne vous gêne pas s'il monte avec vous, n'est-ce pas ? Il va à Bafwasende, lui aussi.

Kasongo montrait d'un signe de tête les deux passagers supplémentaires qui avaient pris place sur le plateau.

Joshua scruta les alentours.

Dans cette ville, tout semblait suspect. Kisangani était l'endroit le plus propice au délire de persécution qu'il ait jamais connu. Les gens regardaient de côté. Se surveillaient. Le chaos régnait sur le marché. Les rues vous dévisageaient sans rien dire. La nature était corrompue. Les renseignements étaient partout et nulle part.

Tjostolv tourna le dos aux deux hommes installés à l'arrière.

— Ça ne me plaît pas, ça, grommela-t-il. Ça ne me plaît pas.

Kasongo s'approchait.

— Ils seront juste couchés sur le plateau, sans embêter personne.

— Ils vont rester couchés tout du long ? Jusqu'à Bafwasende ?

— Oui, confirma Kasongo.

Ils finirent par accepter.

Le soir approchait quand le pick-up blanc quitta enfin la place du marché. Tjostolv s'était assis à l'arrière, à côté d'Aradjabu et Kepo.

Kasongo longea le fleuve. La foule grouillait entre les échoppes et les bateaux de pêche. Des grappes de garçonnets s'accrochaient aux supports de bois retenant les nasses, qui montaient et descendaient. Des vagues venaient s'écraser contre les berges.

En atteignant la piste cahoteuse qui s'enfonçait dans la jungle, Kasongo ralentit, puis s'arrêta. La place que s'était choisie Tjostolv était inconfortable, il reconnut qu'il serait mieux à l'intérieur de la cabine, à côté de Joshua et Kasongo. La voiture repartie, Tjostolv se retourna. Les deux autres s'étaient allongés sur le plateau.

— Ces mecs.

— Oui, quoi donc ?

Joshua sortit une bouteille de Primus de son sac et la décapsula.

— Ils ont quelque chose de pas net.

— Prends-toi une bière, va.

Les deux passagers somnolaient, chacun d'un côté de la moto.

La poussière des routes de campagne se déposait déjà sur les vitres.

Des chiens errants et des hyènes au pelage tacheté couraient le long de la chaussée. La jungle épaississait.

— Je dois appeler ma femme, déclara Kasongo au bout d'une heure.

Il se mit à marcher sur le bord de la route, tout en parlant dans son mobile. Tjostolv le suivait des yeux, ce dont Kasongo était manifestement conscient.

— Pourquoi est-ce qu'il sourit ?

Joshua haussa les épaules. C'était un de ces sourires auxquels personne ne croit, et auquel le chauffeur s'appliquait avec l'air vexé.

— Il parle avec qui ? Putain. On aurait dû prendre la route tout seuls.

Tjostolv observait le chauffeur avec inquiétude.

À travers la vitre empoussiérée, Joshua ne voyait que ses épaules et sa nuque.

— J'ai un mauvais pressentiment. Un mauvais pressentiment, répétait Tjostolv.

Il aurait fallu qu'il se calme, mais Joshua ne voulait pas trop insister.

— Tiens. Prends un peu de bière.

Tjostolv se tourna vers la lunette arrière. Les deux passagers s'étaient assis.

— Qu'est-ce qu'ils mijotent, là ?

Joshua lui tendit la bouteille.

— Tu ne vois pas ?

— Si, fit Joshua en opinant.

— Qu'est-ce qu'il a de si important à dire à sa bonne femme ?

Joshua but une gorgée.

Mais Kasongo remontait dans la cabine, posait son téléphone entre les sièges. Il tourna la clef de contact, sans que le moteur démarre.

— Elle allait bien ?

Kasongo se tourna vers Tjostolv.

— Quoi ?

— Votre femme ?

— Elle n'est pas très en forme.

Joshua vit les muscles maxillaires se tendre sur le visage de son camarade. Il serrait les dents.

— Et qu'est-ce qu'elle a ? s'enquit-il d'une voix cassante comme le verre.

— Je ne sais pas, répondit Kasongo, sans lever les yeux, en tournant encore et encore la clef de contact.

Une vertèbre saillait dans son cou, juste au-dessous des cheveux.

— Vous ne savez pas ?

— Un de vous deux est médecin ?

Kasongo s'escrimait sur sa clef, mais la voiture refusait toujours de démarrer. Il lâcha la clef et leva vers Joshua une mine désespérée.

Puis il tourna de nouveau, et cette fois, le moteur repartit. Le chauffeur se retourna et leur décocha un sourire immensément soulagé, comme s'il y croyait à peine.

— Je m'y connais un peu en soins infirmiers, dit Joshua.

Kasongo le regarda avec étonnement.

— C'est les reins qui lui font mal.

— Il faut boire beaucoup d'eau. Des litres et des litres, répondit Joshua. Tous les jours.

— Elle s'appelle comment ?

— Qui ?

— Votre femme.

— Bibiche. On a six enfants.

Joshua se tourna vers Tjostolv. Il s'était fourré une allumette dans la bouche, et la mâchouillait. Joshua connaissait cette tête qu'il faisait, à l'instant précis : il se retenait, mais ça n'allait pas durer.

— C'est quoi, le problème ? lui demanda-t-il.

— Je ne sais pas trop.

Tjostolv ne réussirait pas à échapper à son inquiétude.

— On n'en a plus pour très longtemps, dit encore Joshua.

Son camarade regardait droit devant, ne quittait pas des yeux la piste rouge. Ça ne durerait pas, c'était certain.

— On va descendre. Ils continueront, et c'est tout. Pourquoi veux-tu nécessairement qu'il se passe autre chose ?

Tjostolv le considéra d'un air interrogateur.

"On va descendre."

Le visage du chauffeur avait pris dans la pénombre une expression singulière, artificielle.

La piste, devant eux, était d'un noir d'encre.

Personne n'a réussi à décrire avec une précision convaincante ce qui s'est passé au juste dans l'Est du Congo, un soir de mai 2009. Ont-ils eu l'impression de tomber dans un piège ? De dévaler une pente à bord d'une voiture qui les entraînait vers la chute imminente, et pensé que rien ne pourrait arrêter le mouvement ?

Ont-ils eu le sentiment que quelque chose d'inéluctable était sur le point de se produire ?

Ou bien tout s'est-il déroulé de façon inattendue, sans raison ?

Comment allais-je réussir à écrire une "histoire claire" à partir de cette réalité suspecte et codée ? Cette réalité que je ne comprenais pas. Dans un pays que je ne comprenais pas non plus. Je ne savais pas à qui j'avais affaire. J'ignorais ce qui s'était produit dans la jungle. J'ignorais même qui avait tiré. Toutes les prétendues preuves sonnaient comme des fictions.

J'ai envoyé un message à Jasper.

"Je ne sais rien. Comment raconter quelque chose que je ne sais pas ?"

J'ai attendu, les yeux rivés sur mon portable.

Jasper n'a pas répondu.

Peut-être qu'il dormait. J'ai regardé l'heure : 22 h 23.

On était samedi soir.

Il était peut-être de sortie, en train de dîner, de boire du vin français, du cognac et des gin tonics. Jasper ivre. Lançant à la cantonade des anecdotes incroyables à propos du monde du cinéma. Ses amis qui se marrent. Son téléphone bipe, il le sort en vitesse de sa poche, regarde fixement l'écran. Le voilà dessoûlé. Désolé, dit-il, il faut que j'envoie un message au Congo. Et ses amis rient de plus belle.

La voiture brinquebalait. Un camion arrivait à leur rencontre. Joshua et le chauffeur remontèrent leurs vitres. Le camion les croisa à toute allure, et pendant quelques secondes, la poussière occulta les fenêtres.

Ils dépassèrent la borne 102.

Joshua jeta un coup d'œil par-derrière. Les passagers se ratatinaient contre la lunette arrière, comme pour se mettre à l'abri. Dans la pénombre, on ne voyait que le blanc de leurs yeux.

Leur version de ce qui s'était passé sur cette piste, la scène pivot de ce récit, était-elle une fiction inventée à partir de différentes histoires ? Ma version à moi, une deuxième fiction bâtie sur la première ?

Les branches d'arbres faisaient cercle autour de la voiture.

Borne 106.

Brusquement, Tjostolv se pencha, ramassa son sac posé à ses pieds, l'ouvrit, en sortit la housse renfermant la tente et le fusil, et la posa sur ses genoux.

— Quelque chose ne va pas ? s'enquit Kasongo, l'œil sur la housse de tente.

— Arrêtez la voiture, dit Tjostolv en levant la main.

Le chauffeur serra plus fort son volant.

— Arrêtez-vous, c'est tout, cria Tjostolv.

Et la Toyota s'arrêta.

Ils se trouvaient près de la borne 109.

Une pensée semblait figer le visage de Kasongo.

— J'ai besoin de pisser, dit Tjostolv, baissant le ton.

Et ils descendirent tous deux sur le bas-côté. Derrière eux, le moteur du pick-up tournait au point mort. Il n'y avait personne ici, rien que la nuit noire et le vent qui agitait les branches. Petit à petit, leurs yeux s'habituaient à l'obscurité. Tjostolv avait extrait le fusil de la housse. Ils scrutaient la végétation.

La fureur affluait dans leurs cerveaux. Joshua se sentait soudain vivre, d'une manière aiguë et douloureuse.

— Tu vois quelque chose ?

Ils entendirent un bruit plus loin. À présent, Tjostolv avait le fusil en mains.

— Il y a quelque chose qui ne tourne pas rond.

Joshua jeta un œil vers la voiture.

— Reçu.

Mais que faire ?

Dans le faisceau de lumière des phares, il avisa la ride profonde qui s'était creusée entre les sourcils de son camarade.

Il allait lui dire : ça va s'arranger.

Ou encore : rien de si alarmant, tu te fais des idées.

Mais à cet instant précis, le canon d'une arme brilla entre les troncs. Le coup retentit et ils se jetèrent au sol.

L'attaque... Un flash de bouche jailli de la jungle... Ils rampèrent sur la piste, tandis que les deux passagers sautaient du plateau et disparaissaient dans l'ombre... Le moteur de la voiture rugit derrière Joshua.

Un coup de feu. Plusieurs.

Tjostolv, debout à côté de la voiture, tirait.

Le fusil s'enraya.

Tjostolv s'accroupit derrière le plateau.

Un autre coup de feu.

Le bruit d'une chute.

Joshua, plié en deux, courut jusqu'à la cabine du pick-up, tira sur la portière.

Kasongo s'abattit sur lui. Il agitait les bras. Tentait de dire quelque chose. Dans le reflet des phares, Joshua distingua sa tête fracassée.

Ce récit, on l'avait entendu et lu à de multiples reprises.

Dans les salles du procès. Aux auditions des témoins. Dans les interviews.

Un cantonnier avait entendu des coups de feu.

Les passagers africains du pick-up avaient livré leurs propres explications.

Tjostolv et Joshua en avaient donné d'autres.

Un militaire anonyme, interrogé par des représentants des Nations unies au cours d'une audition secrète, avait fourni une troisième version.

Mais qui disait la vérité ?

Sera-t-on contraint d'inventer une nouvelle langue pour parvenir à une nouvelle vérité ?

Un message venait de se signaler sur mon téléphone.

Jasper m'avait répondu :

"Bonsoir le Congo. Va donc te coucher. Tu y verras plus clair demain."

Je lui ai répondu :

"Tu crois ?"

"Oui."

"Pourquoi ?"

"On n'est pas censés produire un compte rendu de la réalité."

"Quoi alors ?"

"Une interprétation parmi plein d'autres possibles."

"C'est-à-dire ?"

"Un film."

"Je me sens comme un espion qui ne saurait pas ce qu'il aurait à espionner."

"Va te coucher."

"OK."

J'ai éteint mon téléphone et me suis allongé sur le lit. J'aurais voulu être soûl, être invité à dîner, moi aussi, avoir bu trop de vin rouge et de cognac, mais j'étais désespérément lucide et n'avais pas le courage de descendre au bar prendre une bière. J'aurais voulu savoir ce que je foutais à Kinshasa. J'aurais voulu pouvoir me blottir contre Vilde, dans la chaleur de son dos.

## KINSHASA, AOÛT 2013
## L'ENREGISTREUR

À mon réveil, j'ai trouvé deux autres messages de Jasper.

"N'aie pas peur."

Puis trois minutes plus tard :

"Ce n'est que de la fiction."

Qu'est-ce qu'il me radotait, bordel ?

Je n'avais pas peur. Je dormais mal et j'entendais des bruits bizarres la nuit. "Que de la fiction" : ces mots-là me restaient en travers de la gorge. Debout sous la douche chaude, je tremblais. Qui ne se sentirait pas mal à l'idée d'écrire des choses fausses sur deux militaires condamnés à mort, de les accuser de ce dont ils ne voulaient pas qu'on les accuse, ou à l'inverse : de blanchir des mercenaires qui auraient les mains maculées de sang et de cervelle ?

Je refusais d'endosser le rôle de juge et de contresigner la caricature des faits à laquelle s'était livrée la justice militaire congolaise, mais il n'était pas non plus question que j'aie l'air de plaider pour deux mercenaires néocolonialistes… j'avançais dans l'inconnu… je n'avais aucune preuve de quoi que ce soit.

Quant à leurs petits bouts de papier, je n'en tirais rien. J'avais l'impression qu'ils cherchaient à m'hypnotiser, à me piéger en emberlificotant mes pensées.

Transformer des personnes réelles en personnages de fiction revient à un exercice d'alchimie, une pratique douteuse et peu crédible. Quand j'ai relu ce que j'avais écrit, il m'a semblé que toutes les phrases avaient quelque chose à cacher.

*Tu ne sais pas ce que tu fais.*

J'ai ouvert la porte-fenêtre. Le soir venant, l'air avait un peu fraîchi. Une détonation de moteur a retenti sur le parking.

Un coup d'aiguille dans mon genou gauche, la vieille blessure de mon accident.

Je me suis allongé sur le balcon. Un vent tiède me caressait les paupières. Je me suis endormi tout de suite, et j'ai rêvé que j'étais en prison. Mon visage avait changé, je m'étais desséché, j'étais maigre comme un clou, et j'avais une balafre sur le côté de la tête. J'écrivais de mystérieux aveux sur des petits papiers, mais ne les montrais à personne et les planquais dans d'astucieuses cachettes. La nuit, je les ressortais, les déchirais en morceaux et les mangeais dans un coin de ma cellule.

Je me suis remis à mon bureau, obnubilé par ce *tu ne sais même pas ce que tu es censé raconter.* Et puis soudain, en plein marasme, la lumière a surgi. Je me suis dit : ça y est, tu tiens le bon bout. C'est ça. J'avais le mot devant les yeux, en lettres lumineuses.

Le doute.

Je ne sais rien.

Ça, je peux le décrire.
C'était bien ça.
C'était le cœur du problème.
Je me suis remis au travail avec un regain d'énergie. Le suspense, dans cette histoire, ne résidait pas dans l'action, mais dans le doute :
Les faits relatés pouvaient-ils avoir eu lieu ?

La première fois que je suis retourné à N'dolo après l'interruption de mes visites, je n'ai eu droit qu'à une demi-heure avec les deux détenus. L'inspection de la prison avait duré plus longtemps que prévu. Entre-temps, nous avions perdu le fil, le dialogue était poussif, et Tjostolv semblait de mauvaise composition. Son regard errait dans le parloir, déconcentré, et il y avait chez lui une tension que je n'avais encore jamais vue.

Au cours des jours suivants, je les ai interrogés sur le contenu de leurs petits billets. Il me fallait davantage de détails, j'avais besoin d'en savoir plus sur la mission qu'on leur avait confiée, sur les hommes avec lesquels ils avaient rendez-vous à Beni et Kisangani. Joshua parlait vite, mais paraissait vigilant dans toutes ses réponses, lui aussi, et j'ai commencé à me demander si on ne les aurait pas mis en garde contre moi ou contre la tentation de trop m'en dire.

Le quatrième jour, j'ai emporté un enregistreur que Jasper m'avait donné avant mon départ. L'utiliser pendant les interviews pourrait avoir son intérêt, m'avait-il suggéré. À condition que ça ne me fasse pas courir de risques. L'engin n'était pas plus gros que la moitié d'une boîte d'allumettes. Je l'ai enfoncé dans mon paquet de Marlboro, et glissé dans ma poche en espérant que la fouille ne serait pas plus approfondie que d'habitude.

Arrivé devant les gardiens, j'ai déposé mon téléphone et mon passeport sur la table, et inscrit dans le registre mon nom et celui des détenus que je venais voir. Et on m'a laissé entrer.

Ce jour-là, à N'dolo, il faisait chaud.

Tjostolv s'était retranché dans l'angle le plus sombre du parloir. Joshua semblait agité. Il m'a averti qu'il n'aurait peut-être pas le courage de discuter très longtemps. Je lui ai demandé s'il s'était passé quelque chose. Tjostolv, dans son coin, a secoué la tête. Joshua m'a jeté un regard oblique, et j'ai eu l'impression qu'il soupesait scrupuleusement ses mots, avant de changer brusquement d'avis, et de lâcher qu'il y avait des gens qui se faisaient mousser. Je me suis demandé ce qu'il voulait dire. Il y en a, ici, qui suivent tout ce qui se passe, poursuivait-il, le directeur a "ses" détenus. Ces espions lui permettaient de tout savoir sur les personnes avec qui ils parlaient, par exemple. Et de temps à autre, il lui arrivait de faire passer un avertissement.

— Admettons qu'il s'inquiète de ce qu'on te raconte, il pourrait envoyer une bande dans notre cellule pendant la nuit, pour nous provoquer.

Je me suis tourné vers Tjostolv.

— Et alors, qu'est-ce qui s'est passé ?

Il a sorti la tête de l'ombre pour me montrer l'entaille sur le côté de son visage.

Il avait un petit sourire.

— Tu aurais dû voir l'autre mec, a ricané Joshua d'une voix rauque. On a eu une petite altercation.

— Une altercation ?

Joshua a haussé les épaules :

— C'est comme ça, depuis qu'on est ici.

La voix de Tjostolv a sonné dans l'obscurité :

— Toutes les nuits, je me réveille à 2 h 57 et 4 h 11.

J'ai cherché son regard, l'étincelle de ses yeux.

— Même si John est de quart, je me réveille. Ce qui est bizarre, c'est que ce soit toujours aux mêmes heures. 2 h 57, 4 h 11.

Il leur arrivait de se donner ces noms-là, John et Mike.

— Pas facile de dormir, a dit Joshua.

J'ai voulu en savoir plus sur cette agression. Si je devais en déduire que le directeur s'inquiétait de ce qu'ils pouvaient me dire, et leur avait "fait passer un avertissement" pour qu'ils se tiennent à carreau. Ça n'était pas plus compliqué que ça, a confirmé Joshua. Je me suis penché vers eux. Est-ce qu'ils pensaient que le directeur de la prison était lié avec le général, avec Kazumba ? Évidemment, a répondu Joshua en haussant les épaules. Kazumba craignait donc ce qu'ils pouvaient raconter ? Évidemment, a-t-il répété. Cette histoire pourrait avoir des conséquences pour lui ? Forcément, un Congolais y avait laissé sa peau, et le type avait des liens avec les renseignements.

Si cette dernière sortie était exacte, les renseignements devaient avoir l'œil sur ceux qui leur rendaient visite en prison, surtout quand il s'agissait d'un journaliste ou d'un écrivain qui passait des journées entières à leur parler.

Dans ce cas, ils sauraient vraisemblablement où j'habitais et qui je voyais.

J'ai laissé ma main glisser au fond de ma poche de veste sur le paquet de cigarettes, comme pour protéger l'enregistreur.

Un gardien est apparu dans l'encadrement de la porte. Un tout jeune garçon, qui n'avait sûrement pas plus de dix-huit ou dix-neuf ans. Il me fixait comme si ma combine était percée à jour, et je me suis senti idiot sous son regard sévère. Merde, quoi. Un blanc-bec de dix-neuf ans. J'ai essayé de sourire.

Tu te fais tout petit devant lui, espèce de nul – dégonflé, va !

— La visite est finie.

Je me suis levé, et j'ai constaté que j'avais froid des pieds à la tête.

— Merci pour le brin de causette, a ironisé Tjostolv.

Il se tenait juste devant moi. Cette fois, je le voyais à la lumière de la fenêtre, et ce sourire, dans son visage tuméfié, faisait un effet grotesque.

En traversant la cour, je me suis retourné vers le gardien.

— Je pourrais passer aux toilettes ?

Il m'a regardé de côté. Un instant, j'ai cru qu'il allait me refuser cette faveur. Puis il s'est arrêté en pointant le doigt vers la porte menant au bureau du directeur.

Une fois dans les toilettes, j'ai sorti d'une main tremblante l'enregistreur du paquet de cigarettes. J'allais le laisser tomber dans la cuvette et tirer la chasse d'eau, quand je me suis demandé s'il ne risquait pas de remonter au lieu d'être englouti. J'ai préféré appuyer sur le bouton. Avec un discret chuintement, l'appareil a effacé la trace de ce qui s'était dit dans le parloir. J'ai remis l'enregistreur dans ma poche et suis ressorti.

Le garde m'a suivi le long du couloir jusqu'à l'antichambre.

J'ai noté mon heure de sortie, récupéré mon téléphone et mon passeport, et m'apprêtais à sortir.

— Monsieur !

Je me suis retourné lentement.

L'homme qui se dressait de toute sa hauteur devant moi m'arrêtait d'un geste comminatoire. Sa veste d'uniforme pendait en deux sur son bras gauche, et son T-shirt était mouillé comme s'il avait couru. La sueur lui dégoulinait sur le front. Son regard me disséquait.

— C'est vous le Norvégien ?

J'ai acquiescé.

Il respirait très fort par le nez.

— Vous êtes allé voir vos deux compatriotes ?

J'ai de nouveau acquiescé, et ajouté :

— J'ai un accord avec le directeur.

Ma voix n'était pas aussi calme qu'il aurait fallu.

Une femme en uniforme est entrée par la porte donnant sur la cour, a traversé la pièce en regardant avec insistance le grand type planté devant moi. Quelque chose venait de se passer là-bas, dans la cour. Son regard s'est un peu trop attardé sur le visage de mon interlocuteur, comme si une inquiétude ou une accusation non formulée passait de l'un à l'autre.

— Je sais qui vous êtes, m'a-t-il dit en me tirant de côté, vers le mur blanchi à la chaux.

Sortant son mouchoir de sa poche de pantalon, il s'est épongé le front et le tour des yeux.

Le gardien en poste près de la porte d'entrée nous suivait des yeux.

— Je suis le sous-directeur, a-t-il ajouté, comme s'il me confiait un secret.

La sueur ruisselait dans mon dos.

Je sentais le poids de l'enregistreur dans ma poche.

— Il y a un problème ?

— Je ne sais pas.

— Dans ce cas, je voudrais parler au directeur.

— Il est absent aujourd'hui.

J'ai levé les deux bras, désemparé.

— Dans ce cas…

Et ne sachant quoi dire pour finir ma phrase, j'ai toussoté. Nerveusement. Ses narines s'ouvraient grand, comme s'il flairait quelque chose.

— De quoi avez-vous parlé, là-bas ?

— De choses et d'autres.

— De choses et d'autres ?

— Oui.

— Qu'est-ce que vous avez dans les poches ?

— Pardon ?

Il voulait savoir ce que j'avais dans les poches.

— Rien.

J'ai vu la décision se dessiner sur ses traits, et je ne pouvais rien faire.

Voilà qu'il se retournait et appelait le gardien.

Celui-ci s'est approché de moi, la kalachnikov en travers de la poitrine.

— Mettez les mains dans vos poches et posez le contenu sur le plancher, m'a ordonné le sous-directeur.

J'ai tenté le coup. Sorti furtivement de quoi me tirer du pétrin. Le vice-directeur a fourré les billets et l'enregistreur dans ses propres poches, et esquissé un mouvement de tête vers la sortie.

— Vous pouvez partir.

J'ai ouvert la porte, mais l'ai refermée aussitôt pour lui demander quand je pourrais revenir.

— Pas avant le mois prochain.

J'ai cillé, en m'efforçant de soutenir son regard.

— Quoi ?

Le sous-directeur a avancé d'un pas vers moi, j'ai reculé et me suis retrouvé le dos plaqué contre la porte.

— Je viens de vous rendre un grand service, a-t-il marmonné. Si j'avais appliqué le règlement, aujourd'hui, vous auriez eu de gros problèmes.

J'ai bégayé :

— Je sais, je vous suis reconnaissant. Vraiment. Mais il faut que je leur parle de nouveau. C'est mon travail. Je…

Il a refait le même geste impérieux. Je me suis tu.

— Deux semaines.

## PROVINCE DE L'EST, MAI 2009
## LA VIOLENCE. LA LITTÉRATURE

J'ai lu sur News24 que les affrontements entre rebelles et forces gouvernementales aux alentours de Beni avaient fait dix-sept morts. Des sources anonymes affirmaient que l'armée avait perdu le contrôle de zones importantes de l'Est du Congo. Les Casques bleus avaient dû quitter leurs positions. Un local de réunion avait été incendié. Le président Kabila n'avait pas encore commenté les derniers événements.

Juste avant de mourir, l'écrivain Roberto Bolaño a écrit un essai sur la "littérature barbare". Je me représentais une littérature qui se nourrirait de violence et de confusion. Non pas une "littérature impure", mais une sorte de fuite festive et pittoresque hors du réel. Pas non plus une de ces foutues célébrations de la diversité. La littérature à laquelle je pensais était sale, toxique, violente. Sans ironie. Sans nihilisme. Sans idéalisme. Sans mièvrerie. Sans éducation ni distance. Sans nombrilisme. Tout sauf académique. Cette littérature-là se confondait avec la réalité. Elle *était* réalité.

Comment les livres peuvent-ils exercer la violence et semer le chaos ? Comment peuvent-ils à la fois anéantir les attentes du lecteur et créer une harmonie esthétique ?

J'ai appelé Vilde.
Sa voix sonnait comme du fond d'un tunnel.
— Où es-tu ?
— À la maison.
— Mais où ça ?
— Dans la cuisine. Pourquoi ?
— À t'entendre, on ne dirait pas.
— Tu as l'air très loin, toi aussi.
— On est très loin, effectivement.
— Tu es au Congo.
— Tout me file entre les doigts.
— Quoi ?
— J'ai fait une connerie.
D'abord, elle n'a rien répondu. Je tendais l'oreille vers sa respiration. Puis elle a dit :
— Ça ne doit pas être si grave.
— Ça a bien failli l'être.
— Alors n'en fais pas, des conneries, hein. S'il te plaît.
— C'est trop tard. Mais ça n'a pas mal tourné.
— Il faut que tu repartes ?
— Je voudrais bien.
— Tu n'avances pas ?
— C'est allé trop loin.
— Je suis dans la cuisine.
— J'ai plutôt l'impression que tu es au fond d'un puits.
— Tout est calme, ici. Et toi, tu es où ?
— Dans ma chambre.
— À quoi elle ressemble, ta chambre ?
— Il y a un balcon.
— Et qu'est-ce que tu vois du balcon ?
— La ville.
— Elle est grande, cette ville ?
— La nuit, c'est comme si elle bougeait.

— Il s'est passé quelque chose, à la prison ?
— Je n'ai pas envie de parler de ça.
— C'est dangereux pour toi ?
— Non. Je ne crois pas.
— Il faut que tu sois prudent.
— Promis.
— Je t'aime, tu sais.

Je me suis aperçu que j'avais les larmes aux yeux. Les mots ne voulaient pas sortir.

— Tu es toujours là ?

J'ai inspiré un grand coup.

— Je t'entends.
— Très bien.
— Je suis juste un peu fatigué. Je t'aime, moi aussi, ai-je chuchoté.
— Ne fais pas de conneries.
— Non.
— Il faut que tu sois prudent.
— Oui.
— Tu me le promets ?
— Je te le promets.
— Ne te fais pas assassiner.
— Mais non.
— Ni coffrer.
— C'est promis.
— Je ne suis pas dans un puits.
— Non.
— Écris, c'est tout.
— C'est tout ?
— Ne réfléchis pas trop. Contente-toi d'écrire.
— Ce n'est pas si facile.
— Ça devient difficile si tu te mets à ruminer chaque mot.
— Je sais.

— Il est temps que j'aille me coucher.

J'ai regardé la pendule sur la table de nuit. Il était plus d'une heure du matin.

— Je n'avais pas vu qu'il était si tard.

On a raccroché.

J'ai plongé mon visage dans mes mains.

Entre mes doigts, je voyais le clavier.

Contente-toi d'écrire. Transforme les bouts de papier en histoire.

Les touches brillaient faiblement dans le noir.

# PROVINCE DE L'EST, MAI 2009
# APRÈS LES COUPS DE FEU

*A modern day soldier must be abnormally hard in mind**.

"MAD" MIKE HOARE,
*THE ROAD TO KALAMATA*

Ils roulaient sans phares. Joshua regarda ses mains agrippées au volant et se dit qu'elles appartenaient à quelqu'un d'autre. La rage fusait dans sa tête, mais tournait en rond. Le sang, sur le siège du chauffeur, lui imbibait le pantalon, lui rentrait dans la peau. L'air lui manquait. Il accéléra, pied au plancher, et sentit le choc d'une roue avant qui franchissait une bosse. Ils étaient enfermés. Il n'arrivait pas à sortir d'ici.

Tjostolv était figé comme une statue.

— Qu'est-ce qu'on fait ? dit Joshua, et il lui sembla entendre sa voix de l'extérieur, chargée de honte, de colère et de reproches.

Tjostolv haussa les épaules.

* "Le soldat des temps modernes doit être anormalement dur."

La ride entre ses sourcils ressemblait à une plaie.

— Tu es blessé ?

"Non", fit Tjostolv de la tête.

— Et toi ?

Lui non plus n'était pas blessé.

Le bruit du moteur faisait penser au grondement d'un animal en captivité. Joshua aurait voulu rouler plus vite, mais les roues plongeaient à grand fracas dans des trous, rebondissaient sur des arbustes et des branches. Ils avançaient tant bien que mal sur la piste obscure, il n'y avait personne sur qui cogner, et par-dessus le marché, les passagers s'étaient enfuis.

Kasongo avait ouvert la bouche pour dire quelque chose, mais il avait le visage défoncé. Puis un autre coup de feu était passé au-dessus de la tête de Joshua, et il avait sauté au volant et fait démarrer la voiture.

Le téléphone de Tjostolv sonna. Il l'attrapa, le mit sur haut-parleur. C'était le mec de Beni. Il était déjà au courant de ce qui s'était passé, et il savait que des soldats les pourchassaient.

— N'approchez pas du poste de contrôle, ou ils vous auront. Rentrez dans le Parc national et passez-y la nuit. Demain matin, j'enverrai quelqu'un qui vous fera sortir du pays.

Et il raccrocha.

Les branches fouettaient le pare-brise.

Comment ce type en savait-il autant ?

Tjostolv n'avait pas de réponse.

— Est-ce qu'on lui fait confiance ?

Ils avançaient, et aucun des deux ne disait mot.

Joshua sentait le sang traverser le tissu de son pantalon. Il cherchait sa respiration.

— Ça va ? interrogea la voix de Tjostolv dans le noir.

Joshua lui jeta un regard.

Tjostolv s'apprêtait à dire autre chose, mais rien ne venait.

Ce coup de fil ne les avait pas rassurés.

Joshua revoyait Kasongo, la moitié du visage arrachée.

Et si c'était vrai, cette histoire de sa femme qui ne se sentait pas bien ?

S'ils avaient effectivement six enfants ?

Peut-être.

Ils ne prirent pas le risque de passer aux postes de contrôle.

Le ciel était en train de se refermer au-dessus d'eux, les branches frappaient les vitres, et le souffle lui manquait.

Au bout d'une heure de route, ils s'arrêtèrent dans le Parc national. Ils dormirent à tour de rôle.

Joshua se réveilla en sursaut. Il faisait une chaleur étouffante dans la voiture. Il eut l'impression d'être en cage. L'odeur du sang coagulé se mêlait à celle de la sueur. Il ouvrit brutalement la portière et sortit. Un moustique vint lui tourner autour de la tête. Joshua étira ses muscles engourdis dans la lumière matinale.

Tjostolv n'était plus là.

Il se remémora leur trajet dans l'obscurité. Les coups de feu et le visage écrabouillé de Kasongo, ses lèvres qui s'entrouvraient pour se refermer aussitôt.

Il chercha Tjostolv du regard, la main en visière, explora les alentours avec un honteux sentiment d'abandon. Chassa d'un coup de pied une branche tombée au sol. Il aurait voulu appeler Tjostolv, mais s'en abstint.

Il perçut au loin le bruit d'un moteur.

Il ne se mettrait pas à ramper dans les buissons en attendant qu'on le déniche. Il ne resterait pas prostré dans un trou de terre. Il ne voulait pas qu'on le fasse prisonnier, qu'on le ligote et qu'on le batte. Il n'était le jouet de personne. Personne ne le verrait supplier.

Merde. Aucun endroit où se cacher.

Le bruit de moteur approchait.

Il appela Tjostolv en courant dans les broussailles.

Une trouée dans la végétation.

Tjostolv, un peu plus loin, lui tournait le dos. Il se fraya un passage, le rejoignit.

— Je me suis débarrassé de cette saleté de fusil.

Ce n'était pas sa voix normale.

— Reçu. Quelqu'un arrive.

Tjostolv entendit à son tour le bruit de moteur. Ils retournèrent sur leurs pas.

Un camion Datsun apparut entre les arbres, roulant vers eux à toute vitesse. À l'arrière se trouvaient plusieurs hommes, armés de bâtons et de machettes. Joshua et Tjostolv attrapèrent au vol leurs sacs à dos et s'enfoncèrent à toutes jambes dans la jungle.

Le type de Beni, salaud d'indic.

Ils coururent jusqu'à n'avoir plus de jambes.

Ils se laissèrent tomber près d'un ruisseau et restèrent à terre, reprenant leur souffle. Joshua remplit sa bouteille et s'essuya le visage.

Un homme très petit arrivait à leur rencontre, le long du cours d'eau, marchant d'un pas rapide et régulier. Un Pygmée. Il ne s'arrêta pas, se contenta de noter leur présence et de les saluer poliment, tranquillement, et passa son chemin.

— Quel peuple incroyable, ces nomades, murmura Tjostolv en suivant des yeux le petit homme. Incroyable.

Joshua but au ruisseau, mais son estomac se retourna soudain. À genoux dans l'herbe, il vomit ce qu'il venait de boire, avec au ventre la sensation de s'enfoncer dans l'eau, les bras paralysés. Il ferma les yeux, et de toutes ses forces, en appela à la colère, chercha le bouton sur lequel appuyer pour que la rage le remette sur pied. S'il n'y arrivait pas, il rendrait tout le contenu de ses tripes, pensa-t-il, toutes les saloperies que renferme discrètement le corps humain.

La main de Tjostolv se posa sur son dos.

— C'est rien.

Il lui tapotait l'épaule, et Joshua se releva.

— Allez, on repart, dit-il, prêt à reprendre la course.

— Non, non.

Tjostolv lui tendit la bouteille. Il fallait boire un peu, tout doucement.

Joshua prit deux petites gorgées.

Il savait que Tjostolv avait raison. Il but encore, paupières closes, sentit la nausée, le malaise et la colère s'estomper.

Il y avait de la chaleur dans le regard froid de Tjostolv. Jamais il ne le comprendrait vraiment. Impossible de savoir ce qu'il pensait. Ils étaient tout près l'un de l'autre sous l'arbre, la pluie tombait dru autour d'eux, les enfermant. Joshua pensa qu'il n'avait que lui, et vice versa. Au même moment, un petit sourire moqueur se dessina sur le visage de Tjostolv, et il glissa :

— On verra bien si on survit, hein.

Drôle de musique que leur rire entre ces arbres immenses.

Et ils se remirent à courir.

Des nuages mauves survolaient la forêt. La pluie finit par se calmer, et leurs vêtements séchèrent à mesure sur eux.

La nuit tomba. Ils étaient à soixante-cinq kilomètres environ à l'ouest de Mombasa.

La jungle semblait sans fin.

Ils arrivèrent aux abords d'un village. La lune parut entre les nuages. Une lumière bleutée tomba sur le chemin et les toits de paille des cases. Un chien aboya.

Tjostolv lança un juron.

À peine se croyaient-ils en sécurité qu'un bruit venait les détromper, comme si Dieu, là-haut, voulait leur montrer leur petitesse, leur rappeler qu'ils n'étaient que des pions sans valeur et que, quoi qu'ils fassent, il irait les chercher là où ils se trouveraient, pour les obliger à se jeter face contre terre et à supplier, les mains croisées sur la tête.

Une petite troupe se tenait là, à cinquante mètres seulement, les armes pointées en l'air.

Ils étaient cernés, c'en était fait d'eux.

Les soldats approchaient.

Joshua sentit l'épuisement dans ses jambes. Il revit le corps de Kasongo s'effondrant sur lui. La honte et la fureur le frappèrent au ventre.

Ils entendirent des pleurs d'enfant, venant d'une case. Le chien fusait vers les militaires.

Joshua restait cloué sur place.

Tjostolv décrivit des zigzags, avant de se précipiter derrière des buissons, sous les tirs des militaires, bientôt rejoints par le chien. La lune disparut de nouveau derrière les nuages, plongeant le décor pendant quelques secondes dans un noir d'encre, et Joshua sut que le moment était venu.

Il traversa la piste, la longea en courant sur quelques centaines de mètres. Mais le clair de lune revenait : il se jeta dans le fossé et s'aplatit contre le sol.

Son visage trempait dans la glaise. Il entendait leurs pas, leurs bottes qui piétinaient le chemin.

Soudain, ce fut le silence. Le chien n'aboyait plus.

Joshua sentait les rayons de lune sur sa nuque.

Les coups de feu recommencèrent. Il se boucha les oreilles, ils tiraient, tiraient encore, au point qu'il se crut mort quand ils en eurent fini. Mais il était toujours en vie.

C'était un miracle.

Ou un mode de torture inventif.

On le ramena au village. Ligoté, battu, il gisait à terre, les mains au-dessus de la tête. On lui prit ses bottes. Son téléphone, son passeport, et six cents dollars qu'il avait cachés sur lui. On l'attacha à un poteau. Les militaires faisaient rôtir du gibier sur un feu en plein air. Une tête de singe tournait lentement au-dessus des flammes. Un lieutenant vint desserrer la corde qui liait ses poignets en sang. Il lui demanda de tout raconter. S'il disait tout, il ne risquerait rien. Dis-moi où est l'argent. Et qui vous a embauchés. Joshua, du défi plein le regard, répondit :

— On faisait du tourisme.

Le lieutenant le fit mettre à genoux contre un mur. Cette fois, ils vont m'abattre. J'aurai le visage à moitié fracassé. Un enterrement en pleine jungle. Des cris de singes. La pluie mitraillant les feuillages. C'était ce qu'ils voulaient qu'il imagine. Mais ils n'allaient pas le tuer. Un simulacre d'exécution. Pour le faire trembler et pisser dans son froc. Les détonations dans ses oreilles. Un coup de botte dans les reins. Un coup de crosse sur la tête.

La douleur lui paralysa les bras. Lui éteignit les yeux. L'obscurité.

Joshua se réveilla sur le plancher d'une voiture. Il avait encore les mains attachées. La tête lui faisait mal et ses oreilles sifflaient, mais quelque chose, dans cette situation, lui sembla connu, comme s'il attendait depuis longtemps de se retrouver là, comme si ses pensées l'avaient préparé à être molesté. *Fuck it*. Voilà : il y était.

Il ricana. Ils le tenaient, mais ne savaient pas qu'il était prêt. Il avait prévu toutes les humiliations, rien ne pouvait le choquer. Ce n'était donc que ça ? Il se mit tant bien que mal à genoux pour regarder à travers la fenêtre poussiéreuse. Des visages se pressaient contre la vitre, il sursauta et retomba au sol... La foule secouait la voiture d'un côté à l'autre.

Putain.

Une plainte malvenue s'échappa de sa gorge.

*Allez-y*, murmura-t-il, les yeux tournés vers la fenêtre. Il n'avait pas peur d'eux. Ils pouvaient bien le découper en morceaux, lui arracher les yeux. Ils essayaient de pénétrer dans la voiture, se bousculaient tout près, mais il n'entendait pas leurs voix, juste de vagues pépiements. La lumière devenait plus vive tout à coup. Ils avaient réussi à ouvrir le coffre, quelqu'un essayait de se faufiler à l'intérieur. Les villageois au coude-à-coude cernaient la voiture et la balançaient. Elle basculerait bientôt.

Un gamin avait réussi à introduire par la fenêtre entrouverte le bout d'une antenne de télé. Elle vint le frapper juste au-dessous de l'œil. Voilà que ses oreilles se débouchaient et qu'il entendait leurs cris.

Assassins. Racistes.

Puis il entendit des tirs, et la foule se dispersa. Le coffre se referma. Le lieutenant entra d'un bond dans la voiture.

Il regardait Joshua dans le rétroviseur.

— Tu veux partir d'ici ?

Joshua fit "oui" de la tête, mais le lieutenant ne bougea pas. La foule avait reculé, mais on entendait encore leurs cris. Le lieutenant sortit un paquet de cigarettes, en alluma une.

— Je veux dire : sortir du pays ?

Il se retourna et planta la cigarette entre les lèvres du prisonnier. Joshua inspira la fumée.

— Où est Moland ? Mon camarade ?

Le lieutenant haussa les épaules.

— Il a été abattu, malheureusement. Là-bas, dans le bush.

La voiture démarra. Ils quittèrent le village.

Joshua fumait, les yeux fermés.

Il imaginait le visage de Tjostolv et celui, pulvérisé, de Kasongo. Les mains de Tjostolv et celles de Kasongo. Celles de Tjostolv étaient en miettes, mais son visage était intact. Il le voyait allongé, au fond de la jungle, les yeux fermés, sans qu'on puisse trop savoir s'il était endormi, mort ou seulement inconscient, mais ses mains reposaient croisées sur sa poitrine, les têtes des phalanges brisées comme au marteau, informes, des restes d'os saillaient entre chair et tendons et, surmontant cette image, il voyait celle des mains de Kasongo, agrippées au volant, les articulations blanchies par la tension des muscles.

Quelque chose ne collait pas. Joshua retira la cigarette de sa bouche, se pencha vers l'avant, entre les sièges, et leva les yeux vers le lieutenant. Cet homme ne lui disait pas tout.

— Il ne peut pas rester comme ça, là-bas.

— Qui ?

— Mon ami. Il faut renvoyer son corps en Norvège.

Le lieutenant recracha sa fumée par la fenêtre. Joshua examinait son visage dans le rétroviseur. Un pli s'esquissait au coin de la bouche.

— Il faut qu'il soit enterré chez lui, à Vegårshei. En Norvège.

Le lieutenant ne le regardait plus dans le rétroviseur. Il jeta sa cigarette par la fenêtre.

— Parle-moi. Dis-moi qui vous a embauchés. Et je te dirai ce qui est arrivé à ton camarade.

Le regard de Joshua se porta sur le siège vide, à côté du conducteur. Un atlas routier ouvert était posé dessus.

Il tira une longue bouffée, et se sentit pris de vertige sous l'effet de la nicotine. La nausée le reprit soudain. Il éteignit la cigarette, la glissa dans sa poche et s'adossa dans son siège.

Ils débouchaient sur une route plus large. Le lieutenant accéléra.

— Alors ?

Joshua secoua la tête.

S'il parlait maintenant, il aurait perdu. Rien n'était plus méprisable aux yeux d'un Bantou que la faiblesse d'un *mzugu*.

## KINSHASA, AOÛT 2013
## NOTES MÉDITATIVES

À Kinshasa, *Crime et Châtiment* m'est revenu en mémoire. Je n'avais pas relu le livre depuis mon séjour en rééducation, mais il m'avait fait une forte impression à l'époque. Je repensais surtout à cette vision fallacieuse de lui-même qu'avait Raskolnikov, le grand homme capable de s'élever au-dessus de la solitude et de la morale commune. Raskolnikov se prenait pour une sorte de Napoléon, dont la stature abolissait le jugement de l'histoire. S'il commettait ce meurtre à la hache, c'était pour prouver qu'il était légitimement au-dessus des lois, à un niveau supérieur, par-delà le mesquin sens de la justice.

Un autre roman de Dostoïevski, *Les Possédés*, contenait un chapitre que l'éditeur avait commencé par faire supprimer, estimant qu'il risquait d'entraîner la censure du livre tout entier. Stavroguine y confesse au prêtre Tikhone qu'après avoir séduit et violé une fillette de douze ans, il n'a rien fait pour l'empêcher de se pendre.

La réponse de l'ecclésiastique est inattendue. Il demande à Stavroguine s'il est passé aux aveux dans le but d'être admiré, si sa confession a pour motivation profonde le désir d'être abominable, de s'affirmer en Grand Criminel, en homme qui se placerait au-dessus des lois et défierait Dieu : regarde ce que j'ai fait, je suis plus grand que tes Commandements, que dis-tu de cela ?

Tout comme Raskolnikov, Stavroguine se flatte d'avoir commis un crime non pas "ordinaire", mais "philosophique". Un acte dans lequel la jeune fille n'est qu'une pièce dans le jeu opposant Stavroguine à la loi et à Dieu. L'univers est-il bon ? Y a-t-il un Dieu juste ? Telles sont les questions que Stavroguine prétend soulever.

Il considère que son geste porte la marque d'un courage surhumain.

Pure vanité, raille Tikhone. Il ridiculise la "philosophie" de Stavroguine. Ce méfait, tu ne l'as pas commis pour prouver une thèse philosophique, il résulte simplement de l'aspiration à la célébrité d'un jeune fainéant.

C'est ainsi que Dostoïevski règle ses comptes avec le nihilisme.

Je pensais à la photo de Tjostolv Moland souillé par le sang d'Abedi Kasongo, en me demandant s'il fallait y voir une vantardise, lire sur ce visage une marque d'orgueil, une moquerie adressée à Dieu.

Le cliché aurait pu être pris avec une assurance comparable à celle de Raskolnikov assassinant la vieille usurière.

Regarde-moi. Regarde ce que j'ai fait. Qu'est-ce que tu en dis ?

Parmi les fichiers que m'avait envoyés Jasper, se trouvait une vidéo qui montrait Tjostolv courant après des enfants congolais. Il courait bras tendus derrière un petit groupe de gamins effrayés, jouant le démon blanc. Puis il s'arrêtait dans une posture voûtée sur le bord du chemin, et riait.

Était-ce simplement une vilaine plaisanterie ? Un jeu interdit, de mauvais goût sur toute la ligne, mais qu'il trouvait drôle précisément parce qu'il était de mauvais goût. L'homme blanc s'était comporté en démon au Congo. Ça, ce n'était pas une plaisanterie. Mais Tjostolv Moland voulait s'en amuser.

*Au cœur des ténèbres*, le roman de Joseph Conrad, peut se lire comme le récit de la transformation d'un Européen apparemment civilisé en barbare. Chez Conrad, le Congo devient un état d'effondrement moral. D'après les critiques de ce mode de pensée, on n'est pas loin d'avoir affaire à la description, non d'un pays et d'un peuple, mais d'un enfer propre à inspirer la volonté d'oppression et le racisme chez des démons noirs et blancs. Ce n'est pas le Congo qui a apporté l'enfer aux Européens, mais l'homme blanc qui a introduit la barbarie au Congo.

Mais putain, qu'est-ce qui avait bien pu faire rire Tjostolv ?

Le rôle du *white devil* ?

Tjostolv et Joshua affirmaient qu'il y avait là un malentendu. Ce n'était jamais, disaient-ils, que de "l'humour de militaires". J'étais perplexe. La vue de cette photo m'avait toujours écœuré. Tjostolv répétait volontiers qu'il n'était pas raciste. J'adore l'Afrique, disait-il. J'ai une copine ougandaise. Comment pourrais-je être raciste ? L'argument, en soi, paraissait convaincant. Mais dans le même temps, tous deux parlaient souvent avec condescendance des Congolais, tenaient des propos positifs à propos de l'époque coloniale, je finissais par me demander quelle était leur position sur la question des races, et ne m'y retrouvais pas entre ce qu'ils me cachaient et leurs accès de sincérité.

Des rumeurs couraient sur des "trucs dingues" qu'ils auraient faits pendant leurs voyages. Entre autres :

ils auraient travaillé comme gardiens dans un ranch d'Afrique du Sud, où l'une de leurs tâches aurait consisté à protéger la propriété contre les incursions des braconniers. Des échanges de coups de feu seraient immédiatement intervenus entre gardiens et *hunting poachers*. L'un des journalistes qui s'étaient entretenus avec Jasper avait évoqué une photo qui aurait circulé dans les médias norvégiens au moment du procès de Kisangani. On y aurait vu Tjostolv, le pied sur la tête d'un cadavre de braconnier. J'ignorais ce qu'il en était réellement, peut-être ne s'agissait-il que d'une rumeur, mais l'existence potentielle de cette photo avait inquiété, en 2009, pour les réactions violentes qu'elle était susceptible de déclencher – échauffourées et lynchages.

Autre racontar : il y aurait eu, en Namibie, dans un manoir, un Africain empaillé – un braconnier cette fois encore.

Je ne pouvais croire à ces rumeurs, mais ne pouvais non plus exclure qu'elles soient vraies.

La littérature m'avait appris à considérer le monde comme énigmatique.

Mais à présent que l'énigme était là, tout autour de moi, elle menaçait de me rendre fou.

Je voulais être celui qui écrivait sans qu'on le voie. À Kinshasa, je savais que c'était impossible. Je pouvais toujours manier la plume dans l'ombre, mais pas me cacher derrière les mots. Le texte me trahissait. J'étais entre les deux prisonniers, je leur posais des questions. J'étais avec eux.

Être dans les pensées de quelqu'un, c'est possible.

Mais je n'étais pas eux. J'étais le doute, l'inquiétude.

Personne n'échappe à son propre regard.

Je pense que Tjostolv et Joshua avaient ressenti l'appel du large. L'impression de se trouver au mauvais endroit, à la mauvaise époque. D'étouffer, chez nous, sous le trop-plein de bonnes intentions. La Norvège leur paraissait trop étriquée. Ils aspiraient à "la rudesse de la vie militaire".

Avant eux, je n'avais connu qu'un seul spécimen animé par cette envie-là. Mon copain de Rykkinn, Kalle. Il voulait partir. Il avait décidé de partir. À quinze ans, il avait commencé à calculer combien son projet lui coûterait. Il lui fallait cent cinquante mille couronnes pour une expédition de sept mois.

Pendant trois ans, il avait mis de l'argent de côté. En distribuant des journaux, et en travaillant dans le garage de son père. Son rêve, c'était de parcourir tout le continent américain en voiture. De l'Alaska jusqu'à la pointe sud du Chili. Il achèterait une Land Rover au pays des Inuits, à Utqiagvik, longerait la côte ouest du Canada en direction de Vancouver, franchirait la frontière des États-Unis, traverserait l'État de Washington, l'Oregon et la Californie, puis le Mexique, le Guatemala, le Honduras, le Nicaragua, le Costa Rica, le Panamá, la Colombie, le Pérou, la Bolivie et le Chili, jusqu'à l'Extrême-Sud de l'Amérique latine : la ville portuaire subarctique de Puerto Williams.

Kalle aurait fait ce voyage, pas de doute. Il était volontaire et entêté. Chaque fois qu'il en parlait, il avait avancé d'un pas vers sa réalisation. Ces préparatifs m'impressionnaient. En même temps, tout en écoutant ce qu'il me disait de ce long périple automobile, je me demandais d'où lui était venu ce rêve, et pourquoi il tenait tant à s'en aller. Il disait : "Je pars seul. Et quand on voyage seul, il faut se rappeler…"

Suivait une liste de détails pratiques auxquels il faut songer quand on prend la route sans personne à ses côtés, dans un pays inconnu. Le sommeil, les repas, la sécurité, tous les aléas possibles : panne de moteur, agression, accident. Je méditais sur ce “je pars seul”, sa façon de le déclarer comme s'il constatait un fait, quelque chose qui aurait déjà eu lieu. Il comptait effectuer le trajet sans l'aide de quiconque.

Il n'y avait pas d'appel du pied dans cette phrase : cette épopée solitaire, c'était bien ce qu'il désirait, sa décision était prise depuis longtemps. Des années après, alors qu'il était mort sans avoir pu mettre à exécution ce projet resté comme un souvenir dans son sillage, j'ai compris que son fameux voyage en Amérique tenait pour lui d'un rituel initiatique. Un exercice de solitude.

Pour Tjostolv et Joshua, partir, c'était demander leur intégration à la république des solitaires. Tourner le dos à la Norvège, protester violemment contre la paisible majorité. Rompre avec le passé, tout comme pour Kalle. La différence, c'est que Tjostolv et Joshua étaient deux. Ils avaient foncé à deux sur leur moto, droit dans la zone des troubles. Ils avaient affronté le danger côte à côte. C'est eux deux que les tribunaux militaires avaient condamnés à mort. Ils étaient deux à croupir dans la prison centrale de N'dolo. Deux individus contre le reste du monde.

# GRAND HÔTEL, KINSHASA, AOÛT 2013
# DES GENS QUI EXISTENT

Jasper m'a déclaré au téléphone qu'il venait d'apprendre une grande nouvelle.

J'étais dans la salle de restaurant quand j'ai reçu l'appel. Le serveur au visage grave venait de verser du café fumant dans ma tasse. La voix de Jasper a fait irruption dans mon crâne.

— On a eu des sous pour continuer.

— Continuer ?

— Sur le film.

— Ah ?

— Il ne nous manque plus que l'histoire.

J'ai essayé de rire.

— Je suis sacrément curieux, a dit Jasper.

— Curieux de quoi ?

— De ce que ça donne, de ton côté.

Je lui ai expliqué tout ce qui s'était passé à Kinshasa, et que j'avais besoin de plus de temps pour réfléchir.

— Je comprends. Mais…

Il y avait du bruit sur la ligne, comme s'il se trouvait sur une piste d'atterrissage.

— Je comprends que ça prenne du temps de collecter les éléments, mais en même temps, il faut bien aussi… que tu te mettes à rédiger ton texte, non ?

— *Mon* texte ? Mais c'est de la réalité qu'il s'agit.

— Oui oui. Mais…
— Quoi ?
— Il ne faudrait pas qu'on ait les mains trop liées.
J'avais beau être décidé à donner de moi une image professionnelle, à ne rien laisser transparaître de ma perplexité, j'ai senti la claustrophobie m'enserrer le front.
— Quand il s'agit de gens qui existent dans la réalité…
Conscient de mon ton de voix trop véhément, j'ai pris une gorgée de café brûlant et repris mon souffle.
— Jasper ?
— Je suis là.
— Ça ne se fait pas d'un coup de baguette magique.
Son rire a éclaté à travers le téléphone.
— Qu'est-ce qui te fait marrer ?
— Je ne me moque pas de toi. J'aime bien ton côté passionné. Vilde m'avait prévenu.
— Quoi ?
— Quand je l'ai croisée, l'autre jour. Elle m'a dit : Il est complètement dévoré par ce qu'il fait.
— Elle a dit ça ?
— Rappelle-toi que c'est un film.
— Mais ces gens existent vraiment, ai-je murmuré en faisant tournicoter ma tasse de café.
J'avais une sensation de vertige.
— Je comprends tout ça, m'a répondu Jasper, mais il faut prendre un peu de recul. Le réalisme, qu'est-ce que c'est, en fait ?
— Quoi ?
— Ce qu'on cherche à faire, ce n'est pas un documentaire. C'est un film de fiction basé sur des faits réels. Un récit clair, avec du suspense, pour un public large.
J'ai objecté que beaucoup de choses m'échappaient.

— Oui, oui. Et il y en a aussi beaucoup d'autres qu'il faudrait approfondir pour s'y retrouver. Mais je ne crois pas que ce que tu écris puisse ambitionner d'être exact à cent pour cent. C'est une vraie maladie, cette idée qu'un film biographique doive correspondre à une vérité absolue. Un trait est à la fois un trait et autre chose, n'est-ce pas ?

Nouvelle gorgée de café.

— Si tu te mets à parler philosophie de la perception, ça va me rendre nerveux.

Rire au bout de la ligne.

— Du calme. On n'a personne à juger ni à acquitter. Ce qu'on a à faire, c'est un film sur un drame humain. Un film qui ratisse large, distrayant et émouvant.

— Hum. C'est vraiment ça ?

— Un film sur des jeunes Norvégiens – peut-être coupables, peut-être innocents – qui se retrouvent en taule au Congo. En cours de scénario, on fait connaissance avec l'humain derrière les masques.

L'humain derrière les masques. C'était sans doute le plus beau cliché du jour, mais je n'ai rien dit.

— On a deux mois pour trouver le financement. Il me faut une histoire.

— Je comprends.

— Alors dès que tu tiens quelque chose – une idée, un axe quelconque –, envoie-moi ce que tu as trouvé. Je ne veux pas laisser passer cette chance.

*Une histoire n'est rien de plus qu'un noyau de vérité déguisé en mensonge.*

En m'asseyant à mon bureau, j'avais cette citation en tête, sans réussir à me rappeler qui en était l'auteur. Je l'ai cherchée sur internet, mais n'ai rien trouvé de convaincant. Je me trompais peut-être. Je n'avais sans doute retenu qu'un bout de phrase que le temps et ma mémoire avaient peu à peu déformé. Ce n'était plus une citation d'écrivain, mais une formulation bâtarde pour une part usurpée, pour une autre empruntée, pour une troisième inventée.

Le propos de la citation – ou de la phrase, ou de tout ce qu'on voudra – tournait en tout cas autour d'une idée très optimiste, à savoir que la fiction recèlerait une vérité plus profonde. Pourtant, en la relisant, je lui trouvais quelque chose de déplaisant. Tout ce que je produirais s'inscrirait donc dans l'esprit de cette citation, d'une manière que je ne voyais pas clairement, que je ne comprenais pas. Comme si je m'imaginais naïvement en train d'écrire une vérité déguisée en mensonge, alors qu'en réalité je débiterais des mensonges déguisés en vérité.

# PROVINCE DE L'EST, MAI 2009
# LE GÉNÉRAL

Le lieutenant le guida depuis le parking, lui fit traverser un petit bois d'acacias et le mena jusqu'à une porte que deux jeunes militaires leur ouvrirent. Ils franchirent une grille à leur suite, entrèrent dans un bureau où des empilements précaires de tables et de chaises se dressaient comme des tours, passèrent une portière en tissu menant à un long couloir sur lequel donnaient deux portes verrouillées.

... Et débouchèrent dans une salle à manger.

Un lustre à l'européenne pendait au plafond. La table était nappée de blanc, le couvert dressé pour un repas de fête, les verres déjà remplis de vin. Deux gardes armés de kalachnikovs se tenaient près de la porte.

Au bout de la table était assis le général Kazumba. Son uniforme étincelait de décorations. C'était un homme impressionnant, avec des mains énormes. Quand il vit paraître Joshua, un grand sourire qui semblait à la fois sincère et malin se dessina sur son visage. Il se leva et administra à Joshua une solide poignée de main.

— Ça fait du chemin, depuis la Norvège, n'est-ce pas ?

— Oui, *sir*.

— J'aime particulièrement cette pièce, déclara le général en tirant une chaise pour son hôte. Asseyez-vous, je vous en prie. Nous allons boire un peu de vin et manger un bon petit plat.

Deux types à l'air gêné avaient pris place à l'autre extrémité de la table.

— Je crois que vous vous êtes déjà rencontrés ?

C'étaient les deux passagers de la voiture. Joshua esquissa un signe de la main, mais ils évitèrent son regard. Ils avaient sauté du plateau et fui dès que les coups de feu avaient commencé, et Joshua ignorait ce qu'ils avaient vu au juste.

Le lieutenant s'était planté dans un coin de la pièce. Il prit une petite boîte dans sa poche de poitrine, en sortit un cure-dents qu'il glissa entre ses lèvres.

— Vous aimez le poisson, *mister* Joshua ?

Joshua tourna les yeux vers son interlocuteur. À Kampala, Ben leur avait montré une photo de cet imposant personnage.

— Où est mon ami ?

— Assieds-toi d'abord, qu'on puisse causer.

Joshua s'assit.

Le général adressa un signe de tête au serveur. Un gamin vêtu d'un uniforme blanc un rien trop grand entreprit nerveusement de leur servir du poisson grillé. Kazumba considérait le plat avec une mine de fierté.

— Vous avez beaucoup de poisson en Norvège, si je ne me trompe. Beaucoup de saumon, hein ? Et du pétrole, aussi. C'est un pays très riche, la Norvège, n'est-ce pas ?

Joshua s'abstint de répondre.

— Mais froid, hum ?

Joshua regardait le poisson posé dans son assiette.

— C'est riche et beau, là-bas, mais on s'y gèle les couilles.

Il leva son verre.

— Un toast pour la Norvège !

— À la Norvège, marmonnèrent les deux passagers.

— La patrie parfaite.

Kazumba entama son assiettée. Joshua but un peu de vin avant de tâter prudemment de son poisson. Les deux autres mangeaient rapidement.

— C'est une spécialité de Kisangani, expliqua le général.

— Très bon, répondit Joshua en hochant la tête.

— Tant mieux.

— Avez-vous trouvé Moland ?

Le général avait toujours le sourire.

— Oui, bien sûr.

Joshua leva les yeux.

— Tu étais déjà venu à Kisangani, *mister* French ?

— Jamais.

— Mais tu étais venu au Congo ?

— Je cherche mon ami, *sir*.

Le général lança un coup d'œil au lieutenant.

— Malheureusement, il est mort. Désolé. Te voilà tout seul. Mais n'aie pas peur. En fait, c'est un avantage.

Que voulait-il dire ?

— C'est moi qui dirigerai l'enquête. Je pense qu'il est important que nous collaborions tous le mieux possible pour parvenir à la vérité sur ce qui s'est passé. Les deux passagers de la Toyota ont été très prévenants, dit-il avec un signe de tête approbateur vers les deux hommes. Ils m'ont raconté exactement ce qui s'était passé là-bas, et ce qu'a fait Mr Moland.

Joshua se tourna vers les deux passagers.

— Ce qu'il a fait ?

Le général opina en souriant, puis s'adressa en lingala aux deux hommes, qui se levèrent immédiatement et sortirent de la pièce.

— Où avez-vous trouvé Moland ? demanda Joshua.

— Je ne suis au courant de rien. Ça, c'est l'affaire de Destin, répondit-il avec un geste désinvolte de la main vers le lieutenant qui suçotait toujours son cure-dents près du mur. C'est lui qui informera l'ambassade et s'occupera du rapatriement.

Joshua ne croirait pas à la mort de Tjostolv avant d'avoir vu son corps.

Kazumba remplit de nouveau les verres.

— En Norvège, tu es dans l'armée ?

— J'étais dans l'armée.

La carte d'identité militaire de Joshua fit son apparition sur la table.

Joshua la regarda. Savait-il ce que cela signifiait, au Congo ? lui demanda Kazumba.

— Ça signifie que tu es un espion.

Il avait quitté l'armée, se défendit Joshua. Et le général le somma d'expliquer pour quelle raison, dans ce cas, il se promenait encore avec cette carte. Pour aucune raison particulière, répondit Joshua. Le général se pencha au-dessus de la table, et Joshua eut l'impression de ressentir le poids de ce grand corps prêt à l'écraser au sol.

— Quand j'avais douze ans, mon père, le général Basenga Kazumba, a été invité à une réunion secrète avec les rebelles, déclara le général.

Le reflet du lustre luisait sur son front.

— C'était à Bukavu, la ville de l'espoir. Mon père a offert des cigares aux rebelles, et ils se sont mis à négocier la paix en fumant. Mais en pleine réunion, leur chef a posé son cigare sur le bord de la table, il a sorti un petit pistolet, et il a tiré sur mon père, cinq balles dans la figure. Le second de mon père n'a pas cillé. Jusque-là, personne n'avait eu de raison de le soupçonner de collusion avec l'ennemi.

Le général posa lourdement les mains sur la table. Il avait soudain une expression amère, quelque chose de fantomatique. Ses yeux brillaient.

— Quand ma mère est venue identifier le corps, elle ne l'a pas reconnu. Lui, l'homme avec qui elle avait vécu pendant vingt-six ans... Tellement il était défiguré... Sa large mâchoire et ses dents blanches... La même année, les troupes rwandaises ont envahi le Congo et marché jusqu'à la capitale. Des centaines de milliers de Congolais sont morts... l'armée a été anéantie... Mais je n'arrivais à penser qu'à la bouche de mon père, à sa manière de fumer.

Joshua regardait fixement ces mains larges et abîmées, ouvertes sur le plateau de la table.

— Désolé pour vous.

— Ici, les espions ont de la valeur. Ils sont précieux. Et encore plus intéressants s'ils travaillent pour notre voisin de l'Est.

— Je ne suis pas un espion, *sir*. Je ne travaille pour personne.

Le général le dévisagea longuement, et l'espace d'un instant, un soupçon de douceur passa sur ses traits. Son ton se fit presque affectueux quand il chuchota au prisonnier :

— Tu crois que j'aime qu'on me traite comme un chien ?

— Comment ?

— Tu te figures vraiment que tu peux venir au Congo voler nos diamants et me traiter, moi, comme une vulgaire petite pute ? Tu t'imagines que ta nationalité et ta fausse carte d'identité te donnent le droit de nous dévaliser ? Tu croyais donc qu'il n'y avait pas de lois dans notre pays ? Que ça nous plaisait, d'être volés et maltraités ? Je vais t'expliquer quelque chose. Nous avons une longue expérience des espions.

— *Sir*, croyez-moi, je vous en prie, je ne suis pas un espion.

La réponse de Joshua était sortie plus vite qu'il ne l'avait voulu, et le son de sa propre voix lui déplut.

— Mais si tu étais un espion, est-ce que tu nous l'aurais dit ?

Joshua garda le silence.

Le général se redressa sur sa chaise.

— Qui vous a embauché, à Kampala ?

Joshua voulait se taire, mais l'envie de répondre était irrépressible, sa bouche s'ouvrit malgré lui sur des phrases qu'il aurait mieux valu retenir.

— Personne ne nous a embauchés, *sir*. On n'était que des touristes naïfs, tous les deux. Partis à l'aventure.

— L'aventure ?

— Oui.

— Est-ce que tu comprends dans quoi tu t'es fourré ?

— On n'était que...

Kazumba repoussa violemment son assiette, et Joshua entendit un son de verre qui se brise.

— De toute façon, ton donneur d'ordres pourra dire ce qu'il voudra, à partir de maintenant, ton destin dépendra du dédommagement.

— Le dédommagement ?

— Son importance. Votre générosité.

— Quoi ?

— Combien d'argent vous verserez.

— Mais je n'ai pas d'argent.

Le général lâcha un rire bref, avant de se taire soudain, comme si ses pensées avaient migré de la salle à manger vers un tout autre endroit.

— C'est ce qui déterminera la suite des événements pour toi, murmura-t-il. Il faut bien que vous dédommagiez la veuve de Kasongo, la malheureuse Bibiche. Notre peuple. Et moi.

## KINSHASA, AOÛT 2013
## LA RÉCLUSION

J'avais devant moi deux semaines dans ma chambre d'hôtel, deux semaines pour écrire sans possibilité de visite à la prison. J'étais exclu et reclus à la fois. Joshua m'a appelé depuis N'dolo. Je lui ai expliqué que le vice-directeur m'avait banni après avoir trouvé un enregistreur dans ma poche. Il m'a demandé ce qu'on pouvait entendre sur l'enregistrement, et j'ai répondu que je n'avais pas mis l'appareil en marche, ce qui a semblé le soulager. Mais quelque chose le tourmentait quand même.

— Comment va Tjostolv ?

Il a hésité.

— Pas terrible.

— Mais encore ?

— Il dort mal et parle dans son sommeil.

— Qu'est-ce qu'il dit ?

— Il est malade. Mais il ne veut pas voir de médecin.

— Pourquoi ça ?

— C'est une longue histoire, mais pour faire court : il n'a pas confiance en eux. Je crois qu'il n'a pas compris qu'il était malade.

— Ah.

— Il va être évacué.

— Où ?

— À l'hôpital.
— C'est bien, non ?
Silence.
Non, ce n'était pas bien.

Je restais à mon bureau toute la journée. Le soleil tapait à travers la fenêtre. Je ne sortais de la chambre que lorsque le jour commençait à baisser, pour descendre au restaurant. Manger. Et boire une bière locale. La dernière fois que Tjostolv était tombé malade, à Kisangani, pendant l'épidémie de paludisme cérébral, l'affaire avait mal tourné : aveugle pendant plusieurs jours, il avait eu des hallucinations et s'était comporté bizarrement. S'agissait-il d'une nouvelle crise ?

Je reprenais l'ascenseur. Écrire m'était plus facile quand il faisait sombre dans la chambre.

## KISANGANI, MAI 2009
## LE SURVIVANT

Toute la nuit, dans son cachot, Joshua entendit gratter à l'intérieur du mur. Comme si quelqu'un était prisonnier de la maçonnerie, un homme miniature, ou un enfant. Il imaginait le personnage recroquevillé qui essayait de sortir en raclant au couteau. Quand le sommeil eut raison de lui, le bruit se transposa dans ses rêves. Au réveil, il eut l'impression qu'un petit garçon logé dans son cerveau tentait de se libérer en grattant.

Il se leva dans l'obscurité du cachot. Se lava la figure dans l'auge.

Il ne pouvait pas rendre les armes. Il ne pouvait rien dire de ce qu'ils voulaient savoir.

Il n'était pas militaire pour rien.

Il s'était entraîné à subir la captivité.

Il se rassit par terre, le dos contre le mur.

Règle numéro 1 : accepter la situation. Dorénavant, ce réduit serait son habitation. Pas de panique. Son sort n'était pas insupportable. Loin de là. Il aurait pu avoir droit à bien pire.

S'il commençait à se dire "c'est insupportable", il était cuit.

Il avait mal à la tête et à l'épaule, et respirait difficilement. Quand il ferma les yeux, il vit une tombe étroite dans laquelle on avait jeté les restes de Tjostolv. Il rouvrit les paupières. La prochaine fois qu'il les fermerait, il verrait le visage de son amoureuse, se promit-il, de profil dans la lumière hivernale. Elle se tournerait vers lui, le regard souriant, la bouche à la fois triste et belle.

Il s'était entraîné à être fort et endurant.

Lui, le soldat d'élite, l'expert en combat rapproché.

Il était de l'étoffe des survivants.

Pas de celle des faibles, des mouchards, des morts-vivants.

Il réussirait à respirer calmement, et quand il fermerait les yeux, à revoir le visage de sa copine dans la lumière de l'hiver.

Il se recoucha sur le sol. Tira sa chemise sur sa figure, se força à ralentir son souffle, à imaginer son amoureuse, et se rendormit subitement.

— Debout.

Son corps était lourd de sommeil. La voix semblait venir de très loin.

Le lieutenant lui asséna un coup de pied au ventre sans qu'il ait eu le temps de se protéger.

Il vomit à genoux.

— Sale petit con blanc, siffla le lieutenant en le frappant de sa matraque.

Joshua, depuis son coin puant, leva les yeux vers le militaire.

C'était tout ?

On le poussait maintenant dans une grande salle de bains. Une ampoule clignotait au plafond.

Les murs s'effritaient. Contre l'un d'eux était appuyé un long évier métallique, surmonté d'un miroir fendu. Le centre de la pièce était occupé par une grande baignoire ancienne, à demi remplie.

Quelqu'un était assis par-derrière, contre la cloison.

— Qui... ?

Joshua s'approcha de la silhouette immobile. L'homme se tenait courbé, comme s'il dormait. Joshua se pencha au-dessus de lui.

— Tjostolv ?

Un visage aux traits tirés apparut dans la lumière tombant du plafond.

— Je n'avais pas le choix...

— Quoi ?

— J'étais trop épuisé.

La porte s'ouvrit derrière eux, et trois hommes portant l'uniforme sombre des services de renseignements entrèrent dans la salle de bains. Le plus athlétique prit place derrière une table installée dans la longueur de la pièce, bientôt encadré de deux assistants.

Il se racla la gorge.

— Je vous en prie, messieurs.

Joshua jeta un coup d'œil autour de lui.

Pas de chaises.

— *Sir*...

— Je vous en prie, asseyez-vous, répéta l'enquêteur, l'index pointé vers le sol mouillé.

Ils s'assirent par terre.

— Mon nom est Agrubo, dit l'homme, et il entreprit de passer en revue le contenu de son porte-documents avec des gestes précis, opinant à sa propre intention.

— Nous avons ici un certain nombre de photos prises en 2007 tout près de la frontière sud-ouest. Que s'est-il passé là-bas ?

Joshua se tourna vers Tjostolv, mais celui-ci regardait ailleurs.

— J'ai cru que tu étais mort, chuchota-t-il.

Un sourire tourmenté passa sur le visage de Tjostolv.

— J'ai tenu aussi longtemps que j'ai pu, mais je n'avais plus d'eau.

L'enquêteur se leva.

— Vous comprenez le français ?

Non, firent-ils de la tête.

— Alors, parlons anglais. En 2007, vous avez participé à une opération illégale à Katanga.

— C'est faux, répondit calmement Joshua.

Agrubo soutenait son regard.

— Nous avons des rapports. Des photographies.

— Ce n'était pas nous. Je peux voir ?

Mais l'enquêteur ne manifestait pas l'intention de lui montrer quoi que ce soit.

— Ils nous servent des conneries, chuchota Joshua.

Tjostolv semblait perplexe.

— En anglais !

— *Of course, sir*.

— Vous faisiez également partie d'un groupe rebelle qui a ouvert le feu sur les troupes gouvernementales à Goma. Travaillez-vous pour les autorités rwandaises ?

— Absolument pas.

Tout ça était absurde : ce décor, ces affirmations fantaisistes, le sérieux de l'enquêteur. Le but était-il de faire en sorte qu'ils nient en bloc pour qu'ils aient l'air de ne pas vouloir coopérer ?

— Vous répondez trop vite, dit Agrubo. Réfléchissez avant de parler. Rappelez-vous que ce que vous dites pourra soit être retenu contre vous, soit peser à votre avantage. Demandez-vous en permanence : qu'est-ce que je veux ? Rester enfermé, ou sortir d'ici ? Ne cessez pas de vous poser la question.

Joshua se couvrit la bouche d'une main et chuchota :

— Ils veulent du fric pour nous relâcher.

Un ricanement qui sonnait creux s'échappa de la gorge de Tjostolv.

Mais y avait-il une quelconque raison de rire ?

— Quel genre de mission aviez-vous en venant ici ?

— Aucune.

— Qui vous a embauchés ?

— Personne.

— Qu'est-ce que vous faisiez en RDC ?

— Du tourisme.

Aux mêmes questions répétitives, les mêmes réponses.

Tjostolv fixait le sol, l'air distrait, sans jamais tourner les yeux vers l'enquêteur.

Agrubo posa son stylo.

— Vous n'êtes pas très coopératifs.

La conclusion était claire.

La porte s'ouvrit, et le général Kazumba fit son entrée. Il s'avança vers Tjostolv et se posta derrière son dos.

— Je te croyais mort.

Tjostolv secoua la tête.

— Je suis vivant, marmonna-t-il. Je ne suis pas mort.

Kazumba, immobile, le regardait.

— Mais c'est ce que je croyais. Je croyais que tu étais mort.

Puis il se retourna avec un mouvement brusque qui obligea Tjostolv à se ratatiner par terre, et s'assit sur le bord de la baignoire.

— Je n'arrive à rien tirer d'eux, annonça Agrubo.

Joshua entendit dans son dos la voix du général, une voix joyeuse, lui sembla-t-il, optimiste.

— Ils ne savent pas ce qui est dans leur intérêt.

Joshua lança un coup d'œil par-dessus son épaule. Le visage de Kazumba était dans l'ombre, et sa voix avait l'air de sortir d'une caverne.

— Je souhaite vous informer du fait que le tribunal militaire vous accusera du meurtre d'Abedi Kasongo.

La nausée s'empara immédiatement de Joshua.

— Sur quelle base ?

— Des dépositions de témoins.

— Pourquoi aurions-nous tué notre propre chauffeur ? En pleine jungle ?

Kazumba poursuivit comme s'il n'entendait pas.

— En vertu de la loi, vos agissements - à moins que vous ne vous décidiez à coopérer - pourraient entraîner la peine de mort.

La colère tourbillonna dans le crâne de Joshua.

— La Norvège nous rapatriera.

Le général le regarda avec une mine stupéfaite. Comme si Joshua avait formulé une affirmation si ridicule qu'elle méritait à peine un commentaire.

— La Norvège ? Mais nous sommes au Congo.

## GRAND HÔTEL, KINSHASA, AOÛT 2013
## LA NUIT

Une lumière venait de s'allumer dans ma tête. Je me suis retourné sur mon matelas pour regarder le vieux réveil numérique. Les chiffres rouges disaient 2 h 57. Une fois encore, je m'étais réveillé à la même heure que Tjostolv. J'ai senti un sourire me passer sur les lèvres. L'idée que Tjostolv Moland et moi puissions ouvrir l'œil précisément à la même heure dans cette ville étrangère me mettait dans un curieux état d'esprit.

J'ai titubé jusqu'à la salle de bains pour me rincer le visage à l'eau froide. Voilà que mon genou gauche me faisait de nouveau mal. Il y avait douze ans que je m'étais écrabouillé la rotule, il m'avait fallu presque une année entière pour pouvoir tenir debout, et j'avais marché avec une canne pendant deux ans. À présent, je m'en passais la plupart du temps, mais il arrivait que la douleur me tire du sommeil. J'ai avalé deux ibuprofènes, attrapé mon paquet de cigarettes et suis sorti sur le balcon. Il soufflait une douce fraîcheur, chargée d'odeurs de béton et de sciure de bois. À quelques kilomètres de là, Tjostolv fumait à la lucarne de sa cellule. Des pas dehors, un gardien qui traverse la cour. Puis le silence. Tjostolv recrache une colonne de fumée par la fenêtre. Juste après, il entend une voix, venant du mur, à l'intérieur de la cellule, au ras du sol. Il y a un petit homme assis dans un coin, un homme pas plus gros qu'un poing serré. Il regarde Tjostolv avec ironie, son petit visage est écumant de rage…

J'ai jeté mon mégot par-dessus la balustrade, je suis rentré, me suis assis à mon bureau, et j'ai ouvert mon ordinateur.

L'un des fichiers que m'avait envoyés Jasper contenait un lien vers l'organisme Invisible Children. L'un de ceux qui avaient fleuri au début des années 2000, au moment de la vague d'action sociale par voie numérique. Depuis 2004, cette ONG œuvrait efficacement à attirer l'attention sur les activités de l'Armée de résistance du Seigneur (Lord's Resistance Army, LRA) et de son chef de sinistre réputation, Joseph Kony. Invisible Children produisait des films et des campagnes sur internet pour mettre un terme aux enlèvements d'enfants par ladite Armée, et au recours aux enfants soldats. L'ONG demandait avec insistance au gouvernement américain de lancer une opération militaire pour stopper les activités de Joseph Kony. La production intitulée *Stop Kony* était devenue virale sur le web. Malgré les objections de certains critiques visant le caractère pompeux des moyens cinématographiques utilisés, elle avait enregistré plus de cent millions de vues.

Mais lorsqu'on s'était avisé de projeter sur grand écran, à Kampala, le film publicitaire de l'organisation, le public avait réagi par des sifflets et une pluie de fruits pourris. Les Ougandais y avaient vu leur pays dépeint comme une terre de chaos et de barbarie, alors qu'en réalité, peu de communautés nationales de la région fonctionnaient aussi bien. Le conflit entre la LRA et les autorités gouvernementales y était présenté de manière simpliste. Qui plus est, les auteurs donnaient l'impression de ne pas être au courant du fait que Joseph Kony ne se trouvait plus en Ouganda, mais s'était réfugié des années auparavant en RDC, où il s'était volatilisé.

L'un des partenaires avec lesquels Invisible Children s'était ligué pour arrêter cet homme était l'Armée populaire de libération du Soudan. Or il s'était rapidement avéré que cette dernière enrôlait elle aussi des enfants.

Aux États-Unis, l'idée que des enfants puissent en tuer d'autres dans la jungle pour apaiser la mauvaise conscience de millions de privilégiés adeptes du militantisme sur Facebook avait suscité l'indignation.

Désormais, des voix s'élevaient de toutes parts pour accuser Invisible Children de pratiquer l'exagération et la simplification, et de manipuler des faits pour des motifs stratégiques. La campagne *Stop Kony* avait fait paraître naïf d'un bout à l'autre le mouvement pétri d'émotions qui visait à sauver le monde, exposant à l'ironie la plus brutale tous les griefs que véhiculait le net, jusque dans ses moindres recoins – exploitation, racisme, maltraitance des enfants ou des animaux, pollution, etc.

Joshua et Tjostolv exprimaient un dédain du même ordre pour "les socialistes du centre d'Oslo, ces dandys politiquement corrects qui carburent au café latte" et pour cet "État féministe, antiblancs et antimecs" qu'était la Norvège. Les deux jeunes hommes s'assumaient comme réactionnaires. Convaincus de la nécessité de dirigeants forts et du caractère impératif du pouvoir, ils se disaient adeptes de la Dame de Fer, feue Margaret Thatcher.

On n'est pas racistes, affirmaient-ils. Mais mieux valait que les différentes races vivent séparément. Ils se voulaient chrétiens, orientés à droite, clamaient qu'ils en avaient assez de la "tyrannie d'extrême gauche" qui sévissait en Norvège. On était en plein combat de valeurs, disaient-ils encore. Un combat qui se déroulait à l'échelle du monde. Eux étaient des soldats. Des guerriers, des mercenaires et fiers de l'être. Ils s'entraînaient en se soumettant à une sévère discipline. Ils avaient appris à endurer la douleur et la torture. Certains hommes étaient nés pour être des guerriers. Se battre, ils aimaient.

— La guerre est nécessaire à l'évolution des civilisations, arguaient-ils. On devrait la reconnaître pour telle et l'embrasser : elle peut être un bien.

Ils se réclamaient d'une virilité vieux jeu, à mille lieues des hipsters, de la mollesse de l'*Homo technologicus* et du libéralisme des multiculturalistes.

Des hommes solides et courageux, voilà ce qu'ils étaient.

Ils croyaient en la nation, une nation forte.

En Norvège, on n'aime pas les gens comme nous, ajoutaient-ils. Qu'on soit aussi honnêtes, ça déplaît.

Ils se gaussaient de "ces naïfs, les socialistes norvégiens", qui venaient ici pour jouer "aux bons Samaritains" et faire montre d'un profond respect envers les institutions et traditions locales. Les Congolais jouaient volontiers ce jeu-là, expliquait Joshua, mais derrière le dos des Norvégiens, ils rigolaient en se servant dans le pactole des aides au développement.

Pendant mes visites, j'avais pris note de leurs arguments sans protester, mais avec l'impression constante qu'ils me dissimulaient certaines de leurs opinions, un univers plus dur et des missions qu'ils n'évoquaient jamais, des choses dans lesquelles ils avaient trempé et qui restaient dans l'ombre.

Plus d'un élément indiquait qu'ils avaient participé à des actions illégales en RDC, et qu'ils flirtaient avec des idées politiques plus extrêmes. Dans le même temps, il se pouvait très bien que tout ça ne soit que du verbe, une façon de se mettre en valeur en se faisant passer pour des durs à cuire.

Je suis resté immobile un petit moment, en étirant les jambes sous le bureau, et j'ai senti approcher le coup d'aiguille dans mon genou, comme si je m'y attendais. Puis j'ai fixé le mur en comptant jusqu'à dix. Et la douleur est encore revenue. J'ai fermé les yeux, aussitôt aspiré par un maelstrom de pensées et d'impulsions déroutantes.

Mon corps envoyait des signaux que mon cerveau ne savait pas interpréter.

Les molécules de signalisation forçaient la porte de mes récepteurs en panne. J'avais déjà connu cette sensation, un jour où je fumais de l'héroïne avec mon copain Kalle : je tombais dans un tourbillon chaud qui m'attirait vers le bas, et je savais que ce que je faisais était mal, mais ne levais pas le petit doigt pour arrêter la chute, ni pour sortir du flux qui m'entraînait.

Nous sommes submergés d'information.

Nous ne savons que croire.

Nous nous laissons porter.

J'ai rouvert les yeux.

Bordel, ce que j'étais fatigué.

J'ai envoyé un texto à Vilde.

"Ici, tout va bien. J'écris. Je pense à toi. À l'instant, je vais me coucher."

En le relisant, j'ai eu le sentiment que ce message débordait de mensonges. Que toutes ces petites phrases étaient fausses. Creuses. “J’écris.” J’écrivais, ce qui s’appelle “écrire”, ou je m’astreignais à un exercice qui ressemblait à l’écriture ? “Je pense à toi.” À quelle fréquence, en fait ? Pourquoi pas davantage ? Est-ce qu’il n’aurait pas été plus exact d’écrire : “Je pense bien trop peu à toi. Je voudrais que ce soit plus souvent, mais je n’y arrive pas et je me demande pourquoi. Tu me sembles si loin.”

“À l’instant, je vais me coucher.”

C’était vraiment mon intention ?

# KISANGANI, MAI 2009
# LE CACHOT

Ils étaient assis dans leur cachot, épaule contre épaule. La terre battue du sol était humide, de l'eau gouttait du plafond. Une lucarne, en haut d'un mur, laissait passer un filet d'air et de lumière.

Rien de dramatique. Et la Norvège les sortirait bientôt de là.

— Ils m'ont pris mes chaussures.

Tjostolv tendit les jambes. Ses orteils crasseux pointaient au bout d'une paire de sandales usées.

— Il faut que tu te laves les pieds.

Tjostolv remua les orteils.

— Ils ne sont pas si mal.

— Ils sont dégueulasses.

Tjostolv eut un petit rire :

— Je suis fier de la peine qu'ils se sont donnée pour essayer de me faire sortir de ce pays.

— Sous-lieutenant Moland, vous êtes un scandale vivant.

— *A fucking disgrace.*

— Il y a une auge avec de l'eau, là.

— Oui oui.

Il ne bougeait pas.

Ils restèrent tous deux ainsi, adossés au mur, sans mot dire. Tjostolv était pâle. Joshua eut envie de lui poser une main sur l'épaule. Quand lui-même s'était retrouvé plié en deux, vomissant dans un ruisseau, Tjostolv s'était penché sur lui, lui avait donné à boire, s'était montré patient et amical. À présent, la fatigue se lisait sur son visage. Il avait des traces au cou, comme si quelqu'un avait essayé de l'étrangler. Il s'était recroquevillé entre des buissons. Avec la peur qui lui murmurait aux oreilles dans l'obscurité. Personne ne survit seul dans la jungle.

— Tu avais assez d'eau, là-bas ?

Non, fit Tjostolv de la tête.

— Quand je me suis enfui dans le bush, ma gourde a été touchée, une balle l'a percée, mais je ne m'en suis aperçu qu'une fois trop loin. Trois jours sans eau. Trois jours. Sans fumer.

Il s'essaya à un sourire bravache qui ne donna qu'une sorte de rictus.

— Putain, lâcha Joshua.

Tjostolv opina.

— Sans eau, l'envie redouble d'intensité.

— C'est dur.

— Tu peux le dire, confirma Tjostolv en allongeant de nouveau les jambes.

Joshua ne pouvait s'empêcher de regarder ces pieds dégoûtants.

— Ils m'ont pris mes chaussures à moi aussi, dit-il.

Tjostolv se frottait le visage, comme pour effacer une tache invisible.

— J'ai grimpé dans un arbre pour dormir, en m'attachant à une branche. Quand je me suis réveillé, il y avait des singes partout, perchés plus haut, qui me regardaient en silence. Et puis un groupe de militaires est passé sur le sentier juste en dessous de moi, et là, ces connards de singes se sont mis à faire un potin de tous les diables, ça criait, ça gémissait, comme s'ils voulaient leur dire que j'étais là, caché... Comme s'ils voulaient leur dire... Comme pour me dénoncer.

— Les sales bêtes.

— Ouais.

— Mais les militaires ne se sont pas arrêtés ?

— Non. Ils ont continué leur chemin. Et les singes ont eu l'air... Enfin merde, je sais bien que... mais ils avaient l'air déçu. Qu'on ne m'ait pas abattu, ou fait prisonnier. Après coup, je me suis dit que ça s'expliquait, j'étais un intrus, un intrus sur leur territoire, ils n'aiment pas ça, que des hommes s'amusent à dormir dans leurs arbres, j'ai pensé que c'était pour ça qu'ils ne voulaient pas de moi.

— Moi, je l'ai cru, qu'ils t'avaient abattu.

— Ils t'ont dit ça ?

— Oui.

— Ils m'auraient tué où ?

— Dans le bush. Ils ont prétendu qu'on t'avait enterré là-bas.

— Enterré ?

— Oui.

— Où ça ?

— On ne m'a pas donné de détails.

— Forcément, ils ne m'avaient pas retrouvé.

— Non.

— Comment ils auraient pu m'enterrer ?

Joshua haussa les épaules.

— Ils ont prétendu qu'ils me feraient sortir de RDC si je leur disais pour qui on travaillait. Si je leur racontais tout, j'étais libre. Mais je n'ai pas marché dans la combine.

— Ils t'auraient enterré, toi aussi.

— Oui.

— Sauf que je n'étais pas mort, dit encore Tjostolv.

— Non.

Tjostolv hocha lentement la tête. Puis il se leva, s'avança vers l'auge, plongea le visage dans l'eau. Quand il se retourna, un doute s'était installé sur ses traits.

— On devrait peut-être leur dire que c'était une balle perdue ?

— Quoi ?

— De toute manière, ils ne nous croient pas, alors ça ne serait peut-être pas plus mal si on disait que c'était nous.

L'eau dégoulinait de son cou sur sa chemise.

— Et pourquoi on dirait ça ?

— Ils veulent peut-être des aveux… C'est sans doute ça l'essentiel, pour eux. Donc si on leur raconte que ce foutu fusil est parti tout seul, peut-être… qu'ils nous relâcheront.

— Tu es malade ?

— Si c'était une balle perdue… murmura Tjostolv. Une balle perdue.

— Non. Il faut qu'on s'en tienne au plan.

Joshua sortit la cigarette que lui avait donnée le lieutenant, la tendit à Tjostolv et la lui alluma.

Tjostolv ferma les yeux en inspirant à pleins poumons.

— Ça fait du bien.

— On va nous relâcher de toute façon, dit Joshua. La Norvège va nous tirer de là.

— Oui.

— Tu ne crois pas ?

— Si.

Tjostolv fumait les yeux fermés. Il avait l'air de penser très fort quelque chose, sans parvenir à trouver les mots.

— C'était la nuit du soupçon, finit-il par dire.

— Quoi ?

— Là-bas. Pendant que je dormais dans l'arbre, avant que les singes ne commencent à brailler. C'est ce que j'ai pensé. Ce que j'ai pensé. Bientôt la nuit du soupçon.

Il lui était arrivé quelque chose. Son regard, sa façon de fumer, son intonation, sa voix en portaient la trace. Il avait vécu quelque chose dans la jungle, pendant sa fuite. Un changement dont lui-même n'avait pas pris conscience.

# KINSHASA, SEPTEMBRE 2013
# L'INFORMATION

*Il va de soi que la maladie psychiatrique peut aussi être considérée comme un mode d'adaptation tout à fait rationnel à un monde fou.*

R. D. Laing

Je venais d'écrire : "Si j'ai fini par accepter progressivement l'absurdité de ma situation d'écrivain au travail dans ce pays, c'est, entre autres, parce que les tâches qu'on m'a confiées sont si épineuses que mes efforts pour en venir à bout produisent indéniablement un effet comique."

Je m'efforçais de formuler une définition du genre de scénario que je cherchais à écrire – clarifier la motivation des personnages, leurs souhaits et leurs désirs cachés, le but des protagonistes – mais jour après jour, cette tentative me semblait de plus en plus vaine. Je n'en savais pas assez sur ce qui fait un récit clair. J'avais certes lu quelques livres sur la dramaturgie, mais il me paraissait impossible d'écrire de cette manière. Quand les maîtres en la matière affirmaient que l'auteur du texte devait connaître son personnage principal sous toutes les coutures, je ne comprenais pas ce qu'ils voulaient dire. En écrivant, j'essayais de découvrir ce qui était caché, non de montrer ce que je savais déjà. Pour moi, l'écriture consistait à explorer un site de fouilles inconnu. Je ne voyais pas l'intérêt d'écrire ne serait-ce que deux phrases sur le "but du personnage", quand j'ignorais même qui il était et quels actes il avait commis.

Les portes se verrouillaient.

Au fond, qu'est-ce qui motivait l'être humain ? Il me faudrait peut-être une vie entière pour trouver la réponse à pareille question. Alors je me demandais plutôt pour quelle raison les deux détenus voulaient bien de ma présence. Avaient-ils besoin d'attention ? De quelqu'un à qui parler, devant qui s'expliquer ? Comptaient-ils sur moi ou m'estimaient-ils facile à rouler dans la farine ?

Les deux mercenaires condamnés à mort se servaient-ils de moi pour se blanchir ?

La question de la motivation me semblait soudain monstrueusement complexe.

Si je tenais un propos de ce genre à Jasper, il penserait que j'aurais abandonné la partie. Or quelque chose en moi avait décidé de tenir bon et d'y arriver. Je ne voulais pas perdre la face.

Je me suis mis à écrire mon journal. Pour la première fois de mon existence. Je prenais des notes dans un petit carnet noir. Des confidences que je me faisais à moi-même. Plus jeune, j'avais considéré le journal intime comme une pratique ridiculement sirupeuse. Quand les pensées qu'on formulait pour soi dans le secret de sa boîte crânienne se retrouvaient couchées sur le papier, elles prenaient la tournure d'une confession, ou d'un texte supposant un auditeur imaginaire.

Dans un journal intime, on se représentait tel qu'on avait envie d'être vu par autrui, non pas nécessairement comme on était dans la réalité. Je me disais que ce genre, le journal intime où l'on se dévoilait, était idéal quand on voulait se mettre en scène et se tromper soi-même. Que la confession à soi-même était la plus insidieuse des formes de duperie, puisque l'auteur connaissait tous les points faibles du destinataire, ses rêves, ses aspirations, ses craintes. Comme il était facile de tromper la part de soi-même qui voulait être séduite, se perdre dans le rêve d'une "vérité difficile à admettre", qui n'était au fond qu'un mensonge déguisé, lequel ignorait encore qu'il servait de couverture à quelque chose de bien pire !

À l'époque, cette prétendue authenticité, cette nudité doucereuse me donnaient la nausée.

Je connaissais toutes ces objections, mais je n'en ai pas moins continué à griffonner dans mon journal :

"Qu'est-ce que tu écris ? Qu'est-ce que tu sais au juste ? Qu'est-ce tu fabriques ici ? Tu écris des poèmes en prose sur des meurtriers doués de sensibilité ?"

Ce qu'il y a d'extraordinaire avec les pensées, c'est leur nature évanescente, on n'a pas à les affronter comme des affirmations à haute voix. Les pensées ont un côté libre et mystérieux qui ne les engage pas. Sitôt écrites dans un petit carnet noir – comme celui que je remplissais à ce moment-là –, elles n'avaient plus ce caractère de pensées libres. Elles perdaient leur innocence au contact d'une feuille de papier ou d'un écran. La confession écrite, lourde de responsabilité, donnait au petit carnet noir une aura suspecte.

Je continuais quand même. Qui sait si, au bout du compte, il n'en sortirait pas autre chose, une autre fiction…

Plus je découvrais la ville, plus j'en apprenais sur la République démocratique du Congo, et plus la mission que j'avais acceptée me semblait impossible. En compensation, son absurdité se muait peu à peu en qualité. Le fait que je doive écrire quelque chose de "clair" sur cette situation totalement déconcertante tenait du non-sens parfait.

Le non-sens peut fournir un bon point de départ à l'écrivain. Quiconque s'est essayé à l'écriture littéraire sait cela. Mais ce n'était sûrement pas ce que Jasper avait en tête quand il m'avait envoyé au Congo en me chargeant d'écrire "un récit clair et avec du suspense, pour un public large".

Le soir venu, couché sur mon lit, je lisais des articles d'information sur la RDC. Les fichiers envoyés par Jasper renfermaient tout un arsenal de descriptifs, de rapports et de statistiques. Je me complaisais dans les chiffres et la froideur des faits, même si le tableau qui en ressortait était de la pire noirceur. Pour une raison qui m'échappait, cette lecture me calmait.

Au cours des années 2012 et 2013, les conflits au sein de la RDC avaient connu une escalade. Des milliers de gens avaient été poussés à la fuite. Les violations des droits de l'homme s'étaient répandues, vols, viols, tortures, meurtres de civils. Sur tout ce territoire peuplé de presque quatre-vingts millions d'habitants, les droits fondamentaux en matière judiciaire faisaient défaut. Les habitants étaient constamment exposés au risque d'arrestations et d'emprisonnements arbitraires. En mai 2013, cinquante et une personnes avaient perdu la vie dans des combats armés à Beni, et les milices continuaient à recruter et exploiter des enfants à leurs fins guerrières. Dans la partie est du pays, ni les instances gouvernementales, ni les Casques bleus ne contrôlaient la situation en termes de sécurité. Celle-ci était particulièrement précaire dans ces provinces, dans le Kivu et les zones voisines de l'Ouganda et du Rwanda. Le groupe islamiste ADF avait attaqué la ville de Kamango, jetant soixante mille de ses habitants sur les routes.

Amnesty International décrivait comme suit l'état du pays au regard de la sécurité judiciaire :

"À l'heure actuelle, en RDC, les victimes d'agressions sont terrorisées à l'idée de porter plainte ou de déposer un témoignage, tant est forte la crainte des représailles de la part des agresseurs. Les dispositifs de protection des témoins sont quasi inexistants. Le personnel judiciaire – y compris les juges et les procureurs – fait lui-même l'objet de menaces et de tactiques d'intimidation.

D'une manière générale, le citoyen moyen de RDC connaît mal le système judiciaire et n'y a que difficilement accès. Les ressources en matière d'aide juridique gratuite manquent cruellement.

La justice est loin d'être indépendante. Les « interventions » dans les enquêtes et les procédures judiciaires sont monnaie courante dans les juridictions civiles, et à plus forte raison dans les tribunaux militaires. Les officiers défendent leurs hommes et la hiérarchie militaire protège ses instances les plus élevées, ce qui est particulièrement préoccupant dans un pays où l'armée est responsable d'une bonne part des infractions les plus graves. La corruption, très répandue, affecte la quasi-totalité des échelons du système judiciaire.

La justice militaire a des attributions très étendues. Elle est exclusivement compétente sur les dossiers de violations des droits de l'homme, de crimes de guerre et de génocide."

D'autres problèmes en termes de droits de l'homme étaient encore évoqués : des conditions de détention désastreuses, voire directement dangereuses, dans les prisons du pays, des violations arbitraires de la vie privée, des menaces à l'encontre des journalistes indépendants et des avocats spécialisés dans les droits de l'homme, la persécution de l'opposition politique par les forces de sécurité, la maltraitance des personnes internées, les restrictions infligées aux processus démocratiques, la corruption à grande échelle, la discrimination et les agressions dont étaient victimes les femmes, les handicapés, les peuples premiers, les minorités ethniques et sexuelles. Étaient en outre dénoncés comme des fléaux répandus dans la région le travail des enfants, la prostitution et, d'une manière générale, les défaillances en matière de droit du travail.

Bien peu de ces sujets trouvaient un écho dans les médias norvégiens. À titre de comparaison, j'avais lu dans un bilan du traitement de l'affaire dite "Moland et French" qu'elle avait été évoquée plus de neuf mille fois au cours des quatre mois consécutifs à leur arrestation, en 2009. Durant cette période, les deux jeunes Norvégiens avaient fait trente-deux fois les gros titres de l'actualité. Et les journaux en ligne nationaux avaient battu tous les records de consultation au moment du verdict, le 8 septembre 2009.

Jasper avait classé dans un dossier particulier tous les articles portant sur ce qui s'était passé devant la cour militaire de Kisangani, le 21 octobre 2009. Je ne me rappelais que quelques-uns de ces titres. À présent, je n'en revenais pas qu'ils aient été si nombreux, et qu'on ait fait pareil étalage de la crise de nerfs de Tjostolv.

Au moment où on l'introduisait dans la salle du tribunal, le prévenu avait crié quelque chose à propos de la libération de la Rhodésie. Le sens de cette exclamation était peu clair, sachant que la date anniversaire de l'indépendance rhodésienne était le 11 novembre. Certes, Tjostolv se comportait bizarrement depuis le premier jour du procès en appel, le 13 octobre. Il riait d'une manière étrange, adressait des doigts d'honneur à la cour, se disait mercenaire et exprimait son soutien au chef rebelle Laurent Nkunda.

Tjostolv avait clamé qu'il était venu en RDC pour espionner, ajoutant qu'il était mû par des raisons idéologiques, et convaincu que Nkunda était la bonne personne pour diriger le pays.

Dans la salle, il y avait vraisemblablement des proches des victimes du massacre de 2002, ou des gens qui les connaissaient.

Les hommes de Nkunda, collaborant avec un escadron de la mort rwandais, avaient tué et démembré cent soixante personnes, militaires et civils, dont on avait repêché les restes près des chutes Tshopo.

Ce 21 octobre, Joshua avait tenté de faire taire son camarade, mais Tjostolv s'était levé pour accuser les militaires congolais d'avoir assassiné Abedi Kasongo.

Il se serait exclamé :

“Longue vie à la mort et au saint mercenaire !”

Les juges l'avaient soupçonné de simuler la folie pour éviter d'avoir à répondre aux questions du tribunal.

J'ai cherché “paludisme cérébral” sur la toile.

La maladie peut provoquer une baisse du niveau de conscience, un état délirant, des manifestations neurologiques anormales, des tremblements, etc. Pendant son séjour à la prison centrale, Tjostolv avait transitoirement perdu la vue.

Lorsqu'il avait lancé au tribunal qu'il était au service de Laurent Nkunda, les médias norvégiens avaient interprété cette proclamation comme les propos d'un homme mentalement égaré. En Norvège, il était habituel de ne pas tenir compte des aveux proférés par les prévenus atteints de troubles psychiatriques, mais en RDC, on n'appliquait pas ce principe d'ordre médical. Tout ce que Tjostolv Moland avait dit pendant son procès pouvait peser dans la balance. Le tribunal militaire congolais considérait ces divagations comme des aveux ordinaires.

En octobre 2009, Tjostolv était manifestement malade, mais je me demandais quand même si sa déposition était fausse de bout en bout. Il parlait de lui-même en termes des plus emphatiques, se qualifiait de *serviteur* et de *saint mercenaire* qu'on aurait *tué* à moult occasions.

Ces déclarations, le juge les avait estimées plutôt sincères. L'accusé pouvait présenter des signes de psychose – à ses yeux, cela n'invalidait en rien ses aveux, au contraire, il était possible que la maladie et la "confusion mentale" ajoutent à leur véracité.

À en croire les différents comptes rendus du procès, le juge semblait convaincu que Moland était aux ordres de Laurent Nkunda – d'où le mot *serviteur* –, qu'il avait effectivement participé, à titre professionnel, à des opérations militaires illégales sur le territoire congolais – d'où l'expression *saint mercenaire* –, et s'était trouvé impliqué dans plusieurs missions difficiles.

On était frappé de constater que Tjostolv, d'une part, évoquait la "libération de la Rhodésie" – la déclaration d'indépendance de ce pays qui, en 1965, avait tenté de préserver les privilèges de l'élite blanche – et, de l'autre, exprimait son soutien à Laurent Nkunda, dont toutes les actions militaires avaient pour but de protéger les Tutsis, victimes du génocide rwandais, contre les miliciens hutus qui sévissaient dans l'Est de la RDC.

Un blogueur spéculait sur une possible cohérence idéologique à l'intérieur de ce discours :

"Même s'il était en pleine confusion mentale, Moland se faisait le porte-voix d'une idée controversée qui voyait dans les Tutsis du Rwanda les « Européens de l'Afrique », destinés à sauver le peuple congolais de la corruption et du chaos."

Tout au long du procès, une pluie d'invectives s'était abattue sur les deux prévenus. On les accusait d'être des criminels de guerre, des terroristes, des espions, des agents du renseignement, des Vikings malfaisants venus en RDC pour tuer des Congolais et voler les biens de la nation, on les traitait d'ennemis de l'État, de destructeurs et d'assassins.

Tous les comptes rendus décrivaient le comportement mutique de Tjostolv et Joshua. Pendant les pauses, les journalistes norvégiens s'étaient demandé si les accusés avaient du respect pour l'appareil judiciaire congolais. Leur silence ne pouvait être interprété que comme une marque de profonde défiance.

Il était aisément compréhensible que les Congolais interprètent ce mutisme comme l'expression d'une arrogance occidentale poussée jusqu'à l'absurde. La mine condescendante des deux mercenaires blancs accusés de meurtre ne ressemblait-elle pas à s'y méprendre à celle affichée en leur temps par les racistes belges qui avaient malmené ce pays ?

French et Moland avaient aussi leurs défenseurs en Norvège. Une partie des commentateurs de 2009 se disaient choqués par la passivité des autorités norvégiennes. D'après un blogueur furieux, elles réagissaient comme "un agresseur accusé d'un forfait qu'il n'a pas commis. En tant que méchants oppresseurs blancs, ils ont honte de crimes historiques, et ne se préoccupent pas des faits concrets de l'affaire…".

Un autre écrivait : "Quelle farce ridicule que ce procès, dans un État africain voyou et corrompu."

D'autres encore fulminaient à l'idée que la Norvège ait déjà dépensé des millions de couronnes pour faire sortir de RDC "deux imbéciles". N'était-il pas proprement scandaleux que les pouvoirs publics norvégiens prêtent assistance, en territoire congolais, à ces "deux racistes à la gâchette facile" ?

"Deux meurtriers imbus d'eux-mêmes…"

Le verdict prononcé dans le local du tribunal de Kisangani comptait cinq condamnations à mort à l'encontre de Tjostolv. Pour meurtre. Pour espionnage. Pour association de malfaiteurs. Pour attaque à main armée et détention illégale d'armes. Joshua, pour sa part, n'avait eu droit qu'à trois condamnations à mort : pour complicité de meurtre, espionnage et attaque à main armée. L'État norvégien était sommé de verser trois mille milliards de couronnes en dédommagement à la RDC.

Les applaudissements du public étaient montés jusqu'au plafond de la salle.

Puis on avait entrepris de ramener les deux Norvégiens à pied jusqu'à leur prison en les exhibant dans les rues.

Pendant cette "marche de Canossa", les militaires n'avaient pu contrôler la foule, qui s'était approchée de plus en plus des deux prisonniers barbus. Des pierres avaient volé et des bâtons frappé le sol au cri de "Tuez les assassins blancs".

Sous la pression des manifestants, le dispositif de quarante hommes armés n'ayant soudain plus rien d'une démonstration de force excessive, on avait poussé précipitamment les deux hommes dans une voiture.

On les avait reconduits en toute hâte à la prison centrale de Kisangani.

Toujours sur mon lit, je parlais avec Vilde. Un raclement me parvenait aux oreilles, venu depuis la chambre d'à côté. Comme si mes voisins s'étaient mis à gratter avec de petits couteaux les plaques de plâtre de la cloison qui nous séparait.

— Tu as fait quoi, aujourd'hui ?

— J'ai travaillé.

Sa voix sonnait plus grave. Grumeleuse.

— Tu es où ?

— Au lit. J'allais dormir.

— Moi aussi, ai-je répondu, je suis au lit.

— Mais pas dans le nôtre.

— Non.

J'ai écouté sa respiration pendant qu'on se taisait un instant. Puis elle a dit :

— Quelquefois, en me réveillant, je te crois couché à côté de moi, tout recroquevillé comme tu fais d'habitude. Ensuite, je me rends compte que c'est seulement la couette, et je la balance par terre d'un coup de pied.

— Il fait froid, en ce moment ?

— Aujourd'hui, il y a du vent. Une pancarte a carrément traversé la rue. Avec le bruit du métal contre le goudron.

— Je n'arrive pas à dormir.

— À quoi penses-tu ?

— J'ai l'impression de ne plus pouvoir me fier à mes propres pensées.
— Mais c'est sinistre, ça.
J'ai ri.
— Ne t'inquiète pas. Ce ne sont que des pensées.
— Tu es peut-être en train de – comment dit-on ? – de perdre la raison…
— Comme si la raison était un truc qui allait et venait.
— Ou quelqu'un qui pouvait vous laisser tomber.
J'ai voulu rire, mais n'ai produit qu'un drôle de gargouillis.
— Comment ça ?
Au léger son mouillé, j'ai deviné que ses lèvres remuaient. Elle souriait, peut-être ?
— Rien. Je dis n'importe quoi.
On a ri tous les deux. Puis le silence est retombé. Sa respiration. J'imaginais ses lèvres au plus près du téléphone. Sa voix :
— Il fait chaud, chez toi ?
— Chaud et humide.
— Tu n'as pas de couette ?
— Non, pas de couette. Juste un drap.
— Je n'aime pas les draps. Je veux dire : avoir ça sur moi.
— Une couette ici, ça serait malvenu. Je suis trempé de sueur.
— Ta fenêtre est ouverte ?
— Juste avant de t'appeler, j'ai entendu passer une ambulance.
— Tu vas bien ?
— Oui, ça va.
— Parce qu'on parle ensemble ?
— Oui.

— Mais ce que tu m'as dit à propos de tes pensées…
— Ce n'est rien. Je n'arrive plus à te voir. C'est bizarre. J'imagine la chambre. Dans l'obscurité. Un gros paquet de linge. La lumière du téléphone. Le blanc de tes yeux. Mais ton visage m'échappe.
— On n'aura qu'à se parler sur Skype, demain.
— OK.

Mes nuits n'étaient jamais continues, ce qui perturbait ma réflexion, je ne m'y retrouvais plus. Je me réveillais toutes les deux heures, et restais couché, à fixer le plafond, avec le sentiment que quelque chose ne tournait pas rond, mais j'avais beau me creuser, m'efforcer d'analyser à la loupe mon sentiment d'être en danger, mes conclusions avaient toujours quelque chose de suspect, comme si une source inconnue me les avait soufflées.

J'avais l'impression que le temps s'était arrêté, dans l'attente du moment où quelque chose d'irréparable interviendrait, où un ordre imaginaire se déliterait.

Un "scénario" sans sujet clair. Un personnage principal qui était peut-être coupable, ou peut-être ne l'était pas, à moins qu'il ne soit coupable d'autres crimes que ceux qui lui avaient valu d'être condamné. Pas d'éclaircissements. Pas de héros.

Le lendemain matin, en prenant ma douche, j'ai écouté le gémissement des tuyaux tout en me demandant quelle serait la réaction de Jasper quand il lirait mon manuscrit.

Une étrange poésie surréaliste empoisonnait ces pages. Les personnages ne se comportaient pas de manière logique, ils se livraient à des actes dont se serait abstenue toute personne normale. Des actes dangereux et incompréhensibles. Ils parlaient d'eux-mêmes comme de héros. Ne regrettaient rien. Ils se confiaient à la caméra. De leurs propres dires, ils étaient des menteurs professionnels. Ils racontaient l'histoire de saint Paul, devenu aveugle, qui recouvrait subitement la vue. Ils avaient confiance en Dieu, parlaient la nuit, avec du mystère dans la voix, de mercenaires divins et des exécrables socialistes de Norvège. Ils adoraient la violence, la guerre et l'infinie série des humiliations que peuvent s'infliger les hommes. Les Congolais étaient un peuple superstitieux, disaient-ils en se signant. Eux-mêmes n'avaient plus ni chaussures ni passeports. Ils avaient tout perdu, mais maîtrisaient parfaitement la situation.

Le récit était émaillé de curieux intermèdes musicaux et de grossières blagues racistes. Ils avaient des visions dans l'obscurité. Le Seigneur descendait dans leur prison sous la forme d'un général mort. Il les bénissait et leur parlait avec chaleur de la grande guerre des civilisations qui se préparait. Ils fumaient avec Lui de gros cigares.

Ces séquences étaient interrompues par des scènes de torture et des numéros de danse.

Des brutalités gratuites intervenaient au milieu de dialogues paranoïaques.

Ce texte, c'était l'insoutenable lamentation des esclaves. Des pleurs bruyants couvrant en permanence de lentes tentatives d'évasion, un ruissellement plaintif.

— Très… peu conventionnel, dirait Jasper.

Son regard se perdrait sur ce torchon surréaliste comme dans un gouffre.

Debout sur le balcon, le soleil sur ma peau mouillée, je n'ai pu m'empêcher de rire. En bas, sur le parking, une femme s'était arrêtée et levait les yeux vers moi.

Je n'ai pas décrypté le "Rosebud" de Joshua – la dernière parole mystérieuse prononcée sur son lit de mort par le héros du *Citizen Kane* d'Orson Welles. "Rosebud", c'était le nom de la luge avec laquelle jouait Kane, lorsqu'il était enfant, avant que Mr Thatcher, l'austère homme d'affaires, ne vienne l'arracher à ses jeux innocents pour le jeter dans les rouages sans pitié du monde adulte. On voyait d'abord le petit garçon s'amuser dans la neige, puis perdre sa luge et vivre un instant de solitude dont chacun ressentait l'authenticité – car qui n'a pas perdu la luge de son enfance ?

Joshua avait déclaré : Je veux être soldat. Je suis soldat. Je dis *yes, sir*, et *no, sir*, et j'exécute les ordres, mais des ordres, je n'en reçois pas des Congolais. J'ai la rage en tête. Avec un bouton qu'on peut tourner dans un sens ou dans l'autre. Être soldat revient à contrôler ce bouton. C'est devenir une machine.

## KINSHASA, SEPTEMBRE 2013
## LES MAUX DE DENTS

Dix jours s'étaient écoulés depuis mon éviction de la prison militaire quand j'ai reçu un appel de Joshua. Ils avaient mal aux dents, m'a-t-il déclaré. Tous les deux ? – Oui. On va aller chez le dentiste, a-t-il ajouté. Ah bon ? Il hésitait. Il avait quelque chose à me dire. Si tu ne nous revois pas… Comment ça ? – Si tu ne nous revois pas, écris ton récit. Puis on a été coupés. J'ai téléphoné à leur avocat en Norvège. Il n'était au courant de rien. Il n'avait pas entendu parler de cette histoire de dentiste. Je me suis adressé à la mère de Joshua. Elle m'a répondu : Je sais qu'ils ont mal aux dents. Et elle s'est tue. Apparemment, elle aurait aimé m'en dire plus, mais se retenait. Ils ont mal aux dents tous les deux, a-t-elle répété. C'était comme si elle aussi parlait un langage codé.

Le lendemain, j'ai essayé de rappeler Joshua. Le vendredi, jour des communications téléphoniques, on obtenait plus facilement de parler avec les détenus. Mais cette fois, son téléphone était éteint. J'ai contacté Ole Jakob. Il est passé me chercher pour me conduire à N'dolo.

— Il se passe quelque chose, tu crois ? lui ai-je demandé, en captant comme un écho d'inquiétude dans ma propre voix.

Ole Jakob a haussé les épaules.

— Je trouve juste bizarre qu'ils aient mal aux dents tous les deux en même temps.

— Oui.

Puis il m'a raconté leurs tentatives d'évasion de la prison de Kisangani et celle de N'dolo. À plusieurs reprises, ils avaient été à deux doigts de réussir. Ils étaient même parvenus à rouler un journaliste norvégien en se faisant apporter un paquet de lames de scie à métaux et une bombe lacrymogène cachés dans des livres et des flacons de vitamines.

— Ils sont toujours en train de mijoter un plan d'évasion, me dit-il. Mais le problème, en l'occurrence, ce n'est pas de s'extraire de la cellule, ni de franchir le mur de la prison. Tu risques de te faire tirer dans le dos, mais tu as quand même ta chance. La vraie difficulté, c'est de sortir de RDC.

— Pourquoi ?

— Deux hommes blancs en fuite dans Kinshasa, tu vois… Ils seraient une proie facile pour les militaires. Il leur faut de l'aide à l'extérieur. C'est ça qui est délicat à organiser.

Je lui ai jeté un coup d'œil de côté.

Il avait l'air de savoir de quoi il parlait.

— Tu en sais plus ?

Il a secoué la tête.

— Non, je ne sais rien, m'a-t-il répondu, mais son ton n'était guère convaincant.

— Elle pourrait venir de qui, cette aide extérieure ?

— Je n'en sais rien. Des mercenaires, sans doute.

— Engagés par Kampala, comme ils l'ont été eux-mêmes ?

Il s'est tourné vers moi.

— Je ne sais pas. Ça me paraîtrait…

— Rocambolesque ?
— Oui. Complètement dingue.

Au bout de longues tractations, j'ai pu parler avec le directeur. Il était de méchante humeur. Il y avait eu infraction au règlement, m'a-t-il déclaré. Je lui ai demandé de quelle infraction il s'agissait, mais il n'a pas voulu me répondre.

— Moland et French sont là ?

Il m'a semblé voir la colère gagner ses traits.

— Évidemment qu'ils sont là. Dans leur cellule.

J'ai demandé à leur parler. Pas question. Aucun contact avec les deux détenus ne serait accordé de sitôt.

Comme je voulais savoir ce qui s'était passé, le directeur a répété :

— Une infraction au règlement.

— Mais… Ils ne devaient pas aller chez le dentiste ?

— Pas de dentiste.

— Pas de dentiste ?

— Non. On n'a pas respecté le règlement, vous m'entendez. Alors ils restent dans leur cellule. Pas d'entrevues.

Il s'est levé brusquement et m'a montré la porte d'un coup de menton.

Je me suis levé à mon tour, lentement.

— Quelle est la sanction pour les détenus qui ont tenté de s'évader ?

— L'isolement.

Pendant quelques secondes, son regard s'est attardé sur moi.

— Mais personne ne s'évade de N'dolo, a-t-il ajouté.

J'ai senti un coup à l'estomac.

Le directeur me dévisageait.

— Qu'est-ce que ça peut bien vous faire ?

— Pardon ?

Il s'est approché d'un pas.

— Vous n'êtes pas journaliste ? Vous n'êtes pas censé écrire la vérité ?

— Je ne comprends pas.

Il a esquissé un hochement de tête.

— Ces deux-là… Vous n'êtes pas leur ami… Ce sont des crapules. Vous comprenez ? Des types dangereux.

Puis d'un seul coup, il m'a tourné le dos et a ouvert grand la porte.

— Bon après-midi.

Je suis reparti. Ce soir-là, j'ai dîné avec Ole Jakob et Jolien. Les sujets dont j'aurais voulu discuter ne manquaient pas, mais une fois attablé au restaurant, je n'ai plus eu envie de parler des deux mercenaires. J'ai interrogé Jolien sur son travail à Kinshasa. Elle collaborait à un important projet de formation d'enseignants. Le système éducatif local avait besoin d'être modernisé. Avec des bâtiments neufs et plus de matériel, mais surtout davantage de personnel. Tout le monde était d'accord pour considérer l'éducation comme essentielle au regard de l'avenir du Congo. Les pays donateurs et la bonne volonté étaient là, mais les problèmes commençaient dès qu'il s'agissait d'utiliser les financements.

On a pris une bière dans un bar, en écoutant un groupe de Kinshasa. Ce qu'ils faisaient n'était pas mal, mais à minuit, épuisé, j'ai pris un taxi pour rentrer à l'hôtel. Ole Jakob et Jolien sont restés danser.

Je dormais quand le message est arrivé. J'ai roulé entre les draps en cherchant vainement dans la pénombre d'où le son était venu. Quand j'ai enfin mis la main sur mon téléphone, c'était avec l'espoir de lire un mot de Vilde. Mais c'était un message de l'avocat de Joshua. Tjostolv Moland avait été retrouvé mort dans sa cellule à la prison militaire. J'ai relu plusieurs fois, comme pour m'assurer que mes yeux ne me trompaient pas, le cœur en folie pulsant dans ma gorge, le souffle coupé.

Je suis sorti sur le balcon. Combien de fois ne m'étais-je pas retrouvé là, à penser à lui en pleine nuit, à 2 h 57. Je ne savais pas à qui j'avais affaire. Si c'était un homme dangereux, ou un incompris. J'avais vu la noirceur du désespoir dans son regard. Mais j'ignorais quel genre de pensées il avait en tête. Il était passé par l'hôpital, et j'avais le sentiment que ce séjour ne lui avait pas fait de bien… J'ai soudain pris conscience que je ne connaissais pas la cause de sa mort. Pour une raison ou une autre, j'avais immédiatement pensé au suicide. Mais qu'est-ce que j'en savais ? Je me suis assis sur le sol du balcon. L'air était chargé de poussière jaunâtre. En bas, des voitures klaxonnaient.

Mon regard, passant entre les barreaux du garde-corps, s'est posé sur la rue.

Comment en était-il arrivé là ?

Le caractère définitif de la mort lui donne à nos yeux quelque chose d'irréel et d'étranger à la condition humaine. Comment cela se peut-il, alors que toutes les expériences que nous engrangeons aboutissent précisément à ce point final ? C'était peut-être ainsi que raisonnaient les personnes suicidaires ? En regardant la mort non comme une fin tragique, mais comme le principe inhérent à toute vie, recelant une mystérieuse force propre.

Était-ce là ce qu'avait pensé le défunt soldat ?

Je suis retourné me coucher et j'ai dormi quelques heures, pour me réveiller en sursaut.

Alors que le soleil surgissait du fleuve Congo, j'ai composé le numéro de Joshua, et à ma grande surprise, j'ai entendu sa voix, toute proche, nouée, comme s'il me parlait sans desserrer les dents.

## N'DOLO, SEPTEMBRE 2013
## LA FUITE

Son séjour à l'hôpital avait changé Tjostolv, Joshua s'en aperçut dès le retour de son compagnon à N'dolo. Son absence n'avait pourtant duré que huit jours, mais il avait le visage enflé et la voix rauque. Les mots sortaient de sa bouche avec une curieuse lenteur. Ses yeux étaient voilés. Joshua lui demanda comment il s'était senti pendant son hospitalisation, et Tjostolv le fixa longuement, comme s'il s'agissait d'une question philosophique.

— Je ne sais pas, finit-il par répondre. Les médicaments me desséchaient terriblement la bouche.

Ils s'étaient assis sur le banc, dans la cour. Le soleil était au zénith. La journée promettait d'être torride.

— Le général est venu me voir.

— À l'hôpital ?

— Il m'a filé un cigare. Il s'est mis sur mon lit pour fumer. La cendre tombait sur mes draps. Il m'a dit qu'il avait vu Jamilla.

— Kazumba a vu Jamilla ?

Tjostolv acquiesça.

— Elle voulait que j'avoue tout.

— Tout ? Alors, qu'est-ce que tu as dit ?

— Rien.

Joshua le regarda du coin de l'œil.

— Quand ils m'ont reconduit ici, depuis l'hôpital, reprit Tjostolv sur le même ton de voix ralenti, il s'est passé quelque chose d'incroyable. C'était le matin, à l'heure de pointe. On s'est retrouvés à l'arrêt dans les embouteillages. Le chauffeur s'énervait. Au bout d'un certain temps, le surveillant et lui sont sortis pour fumer. Je suis resté tout seul. Ils se sont mis à flirter avec des filles qui faisaient le pied de grue dans l'ombre. Dans la voiture, c'était le silence. Je regardais ces filles, le surveillant et le chauffeur. Il y avait des gosses qui jouaient avec une balle de tennis. Le ciel était bleu.

Tjostolv prit une inspiration. Il avait l'œil humide.

— Et je me suis rendu compte que la portière n'était pas verrouillée. Ils avaient oublié, et moi, je n'avais pas fait attention. J'ai repéré un bus un peu plus bas dans la rue. Ils ne m'avaient pas passé les menottes, j'avais les mains libres. J'ai été pris d'une telle joie. Comme si je m'étais déjà échappé de la voiture, que j'étais dans ce bus, en train de rouler vers le quai. Je me suis vu monter dans un ferry sans qu'on me reconnaisse, passer la frontière, arriver à Brazzaville, et me retrouver libre.

Le soleil l'éblouissait. Il courba la nuque et leva les yeux vers Joshua.

— Désolé.

— De quoi ?

— De ne pas avoir réussi à m'évader.

Joshua, désemparé, cherchait quoi dire.

— Te voilà à la maison, en tout cas.

Tjostolv sourit à travers les larmes qui lui roulaient sur les joues. Ils restèrent silencieux un moment, pendant que le soleil, devant eux, montait à l'assaut du ciel.

Le soir les trouva à leur table rudimentaire, buvant du whisky en jouant aux cartes. Joshua observait à la dérobée le visage de son ami par-dessus son jeu. Au cours de la journée, Tjostolv s'était apaisé, comme si une dignité nouvelle avait conquis son grand corps.

Un colis était arrivé pour lui, envoyé par sa mère, une chemise neuve et une paire de chaussures.

Tjostolv avait mis la chemise et l'avait boutonnée jusqu'en haut.

Ils jouèrent sans rien dire.

Tjostolv sirotait prudemment son whisky, s'abstenait de reposer coup sur coup son verre avec fracas, comme il le faisait d'habitude le vendredi soir.

— Est-ce que tu as pensé quelquefois...

— Quoi donc ?

— Si tu étais tout seul ici ?

— Comment voudrais-tu que ce soit possible ?

— Tu n'as été condamné que comme complice. Sans moi, tu serais peut-être déjà rentré en Norvège. En Norvège.

Joshua ne commenta pas.

— Chez ta copine. Au bout de quelques mois, tu aurais tout oublié, le Congo, la prison, cette cellule.

Joshua posa ses cartes sur la table. Se reversa du whisky.

— Et toi, tu serais où ?

Pour toute réponse, Tjostolv eut un sourire de travers. Joshua revissa le bouchon de la bouteille.

C'était quoi, ces conneries.

— On était forcément ensemble.

Tjostolv opina, l'air absent.

Joshua avait assez bu. Les murs de la cellule oscillaient. Il grimpa sur sa couchette, se faufila sous le drap. Il resta immobile un petit moment, le regard vers la table, à travers la moustiquaire. Tjostolv y était toujours. Il s'attardait devant une réussite en fumant. Disposait les cartes, avalait son whisky à petites gorgées et tirait sur sa cigarette avec des gestes lents, comme un somnambule. Quelle paix étrange à cette table. Joshua se tourna contre le mur et ferma les yeux.

Il entendit un bruit sec, changea de côté dans son sommeil, mais le son ne s'amplifiait pas, ne se répétait pas : il n'ouvrit pas les yeux et se rendormit en quelques secondes. Il ne sursauta qu'une petite heure plus tard. Il s'assit sur son lit, força son regard à explorer l'obscurité de la cellule à travers la moustiquaire.

La bouteille de whisky, sur la table, était vide. Joshua repoussa la moustiquaire, sauta à terre et appela Tjostolv.

Pas de réponse.

Il tira le rideau de la salle d'eau, et vit, au-dessus du sol, les pieds écartés de Tjostolv. Ses chaussures neuves sagement lacées sur sa peau nue. Les yeux de Joshua ne s'en détachaient plus.

Il ne voulait pas voir les mains démissionnaires. Ni la bouche fuyante, ni le regard qui ne fixait rien. Ni le cordon de nylon enfoncé dans la chair du cou. Pendant quelques secondes, il ne regarda que ces pieds.

Puis il courut au tiroir de cuisine, en sortit le couteau à pain et détacha son compagnon. Le corps s'affala par terre, Joshua chercha du bout des doigts une pulsation au creux de la gorge, mais n'en trouva pas.

Il souleva son ami, l'adossa au mur, comme s'il dormait, et s'assit près de lui.

Ils étaient là, par terre, côte à côte. Aucun des deux ne disait rien.

Les heures passaient. Le silence régnait dans la prison endormie.

— Tu as voulu que je reste ici tout seul ? chuchota Joshua.

Tjostolv ne répondait pas.

— On ne devait pas devenir des légendes, tous les deux ?

Il entendit du bruit dans le couloir. Bientôt, les autres détenus se réveilleraient. Les gardiens surgiraient, et ce serait reparti. Bientôt.

## GRAND HÔTEL, SEPTEMBRE 2013
## LES LUMIÈRES DE KINSHASA

Décrire une mort, c'est évoluer aux confins des mots, en regardant dans le gouffre qui sépare le langage des vivants de celui des défunts. Je ne savais pas comment cette mort s'était produite. Ni ce que Tjostolv avait traversé, ni ce que Joshua avait éprouvé en trouvant son ami. Ni même si c'était bien ainsi que les choses s'étaient déroulées.

Les lumières rouges et jaunes de la mégapole Kinshasa clignotaient comme des lucioles dans l'obscurité. Il était trois heures, et je fumais sur le balcon, au treizième étage, en suivant des yeux les phares des voitures qui glissaient, traversaient la rue pour entrer sur le parking devant les portes de l'hôtel. La mort de Tjostolv pulvérisait mon récit. J'allais devoir tout réécrire, tout repenser. Tout ce que j'avais cru le concernant était remis en cause.

On veut parler gentiment des morts.

L'homme proche de la nature. Le loup solitaire. L'aventurier. Le meneur. Le soldat-né.

Quelque chose chez lui m'avait inquiété.

Un secret qu'il dissimulait, dans cette affaire.

## N'DOLO, SEPTEMBRE 2013
## LES PIÈGES

Les voix ondulaient contre les murs de la pièce bétonnée, des bribes de swahili, d'anglais et de français du Congo, venant des hommes plantés en demi-cercle autour de la chaise de Joshua. Les enquêteurs du quartier général de la police, les médecins légistes, le personnel de la prison et des représentants du parquet militaire. Des hommes en chemises blanches tachées de sueur sous les bras. Il savait ce qu'ils voulaient lui faire dire.

Oui. Oui. Oui. Oui. Il était coupable. Bien entendu. Il avouait tout, allez, il n'y avait qu'à écrire la liste de tout ce qu'il avait fait. Mais il ne se souvenait d'aucun détail. Tout s'effaçait quand il se mettait à parler. Les détails, ils se déversaient par milliers dans sa mémoire comme dans un entonnoir, et rien ne ressortait par l'autre bout.

Parlons plutôt de l'ours blanc. Parler de l'ours blanc, ça, il savait. Vous connaissez son odeur ? Aigre. Salée. Passez la main dans sa fourrure blanche, toute luisante, et le sel vous collera à la peau entre les doigts. L'animal ne lui faisait pas peur.

Pas d'ours blancs au Congo ? Foutaise. Regardez autour de vous. Il y en a un ici, dans l'encadrement de la porte. Avec des lunettes pendant à un cordon autour du cou. Sur celui-là, Joshua aurait eu bien des choses à dire, tout comme sur le brillant commandant qui se penchait sur lui pour lui brailler dans l'oreille gauche :

— *Je, kumuua ?*

Son oreille n'était qu'un coquillage écrasé. Les sons pénétraient les conduits auditifs et s'y transformaient.

Il courait seul sur les sentiers forestiers, si vite que la tête commençait à lui bourdonner, cerné par les bruits de la forêt, autant de voix chuchotantes. Il lui fallait s'arrêter pour cracher le sang et reprendre son souffle. Du Vestfold à la République démocratique du Congo, la route est longue. Il souriait à l'homme qui le fixait en plein visage.

— Vous avez vu l'ours blanc ? dit-il en montrant du doigt le chef des enquêteurs, qui assistait au spectacle depuis la porte.

Les hommes tournicotaient dans la pièce en le traitant d'assassin et de menteur, de pervers, de salopard blanc. En voilà un qui se glissait derrière lui pour lui murmurer dans l'autre oreille quelque chose qu'il ne comprenait pas.

Joshua restait impassible. Salut les mecs ! Ils pouvaient bien le suspendre au plafond, le frapper à coups de câble. Lui maintenir la tête sous l'eau.

Allez-y.

Il s'en foutait.

Il était avec les ours, là-bas, sur la banquise.

Un peu plus tôt dans la journée, on avait autopsié son meilleur ami dans le sous-sol, juste au-dessous.

Son estomac se nouait. Il eut envie de vomir, chercha des yeux un lavabo, se leva, mais retomba sur sa chaise, poussé par des mains sorties de nulle part.

Le chef des enquêteurs était un homme d'âge mûr, vêtu d'un costume bleu foncé froissé. De son nom, Victor Makuni. Un digne représentant des autorités de police locales. Un gentleman. Il se penchait lentement vers lui par-dessus la table. Ses tempes grisonnaient.

Les voix s'assourdissaient, se fondaient en une rumeur qui le cernait.

— Tu l'as étranglé ?

— Pardon ?

— As-tu étranglé Moland avec une corde ?

— Quoi comme corde ?

— Pourquoi aviez-vous bu ?

Il ne répondit pas.

— Je sais que vous avez bu de la vodka. Quelle quantité ?

Joshua regarda ses mains. Elles reposaient calmement sur la table. Les petites plaies sur les doigts, qui remontaient jusqu'aux poignets, ressemblaient à des caractères japonais.

Ha.

Il avait ri et leva les yeux sur Victor Makuni.

— Qu'est-ce qui te fait rire ?

Il regardait, stupéfait, l'enquêteur en chef.

— Je ne me rappelle pas.

— Qu'est-ce que tu ne te rappelles pas ? Si tu lui as donné des médicaments ? Si tu l'as empoisonné ?

— Quoi ?

— Vous vous étiez déjà battus, n'est-ce pas ? À Kisangani.

— Je ne sais pas. Peut-être.

— Vous avez bu. Vous vous êtes soûlés. Lui as-tu donné des médicaments ?

— On ne s'est pas battus.

Makuni pencha la tête de côté.

— L'alcool, dit-il d'une voix radoucie, a un effet désastreux sur le cerveau. Certains deviennent quasiment fous.

Joshua détailla longuement le visage de Victor Makuni.

Le réseau de ridules autour des yeux. Le vaisseau éclaté dans l'œil gauche. Les pupilles qui se dilataient. Il regarda aussi ses mains, posées sur la table juste en face des siennes. Larges, grossières. Une cicatrice traversait en zigzag l'une des paumes.

Il avait peut-être raison.

Peut-être que tout le monde était fou, dans cette pièce.

Lui aussi, peut-être.

— Écoute, reprit Makuni. Toi et moi, on sait que tu es un menteur. C'est une maladie, chez toi.

Makuni n'était pas le pire des enquêteurs auxquels il avait eu affaire, loin de là, mais dans ce pays, on ne pouvait se fier à personne. C'est ce que lui avait dit Tjostolv, la première fois qu'ils s'étaient rendus en RDC. Tout le monde, ici, était lié par allégeance secrète à des hommes qui ne plaisantaient pas. Les enquêteurs étaient dirigés par ces personnages qui ne se montraient jamais dans des endroits comme celui-ci.

Des hommes sérieux qui dormaient la nuit en gardant leurs lunettes de soleil.

Des hommes pour qui la différence entre la vie et la mort n'existait pas.

— Je ne suis pas expert en psychiatrie, French, mais j'ai l'impression que tu appartiens à la catégorie des détenus incurables. Je t'ai observé de près. Depuis que tu es arrivé ici, tu nous mens. À chaque interrogatoire, tu as fait des entorses à la vérité. À chaque procès. La seule certitude te concernant, French, c'est qu'on ne peut pas se fier à toi. Et j'ai pitié de toi, en fait, parce que je pense que tu ne sais plus ce qui est vérité ou mensonge. Tu es perdu. Tu crois peut-être dire la vérité, alors qu'en réalité tu mens. Tu es un spécimen unique de la race blanche, on devrait étudier ton cas. Est-ce que tu crois en Dieu, d'ailleurs ? Est-ce que tu te souviens de ce qu'écrit saint Jean ?

— Saint Jean ?

—"La vérité vous rendra libres."

Le rire éclata en même temps que la nausée. Joshua se plia en deux et vomit par terre un liquide jaune pisseux. Son estomac se retournait sans avoir rien à rendre, et il prit conscience qu'il n'avait pas mangé depuis longtemps, depuis des heures et des heures. Il avait bu un peu de thé, tôt le matin, du thé noir avec du sucre, mais n'avait rien mangé de la journée, et pourtant, sa seule sensation était la nausée.

Affalé au sol, il tremblait, secoué par l'effort, mais tout ce qu'il pouvait dégueuler, c'était cette eau tiède. Puis le noir se fit dans la pièce, il sentit qu'on le soulevait et lui versait quelque chose de sucré dans la bouche. Du coca, c'était le goût du coca. Il but, puis se retrouva de nouveau sur sa chaise, devant le visage de Victor Makuni.

L'enquêteur en chef parlait toujours sur le même ton doux et paternel.

— Calme-toi, reprenait-il. Tant que tu me dis ce qui s'est passé, tout ira bien. Peut-être faut-il que je t'aide un peu ? Tu as besoin d'un petit coup de pouce pour te lancer ? Je pense que tu as tué Moland. Que tu l'as empoisonné et étranglé avant de l'asseoir contre le mur. Et je crois que tu as envie d'avouer. Ça te fera du bien de te débarrasser de ce poids. Tu peux me le dire. Tu ne l'as peut-être pas fait exprès ?

La porte s'ouvrit de nouveau, et trois Norvégiens entrèrent dans la pièce.

Joshua eut un sourire.

— Il n'y aura bientôt pas de place pour une personne de plus, dans cette pièce, remarqua-t-il.

Ils tournèrent vers lui leur triste pâleur nordique.

Puis se présentèrent.

— Hallvard.

— Ane.

— Vous allez bien ?

— On vous a traité correctement ?

Ho ho. Que de sollicitude à la norvégienne, d'un seul coup.

— Je me régale, rétorqua-t-il, et ils le dévisagèrent avec étonnement.

Le médecin légiste norvégien se baissa et lui saisit l'épaule.

L'homme était grand et véhiculait l'odeur des forêts de chez eux.

Lui-même puait la sueur, le vomi et l'exhalaison paranoïaque qui imprègne les pores de tous ceux qui purgent leur peine entre ces murs.

Les Norvégiens se placèrent un peu en retrait.

Makuni se pencha de nouveau au-dessus de la table et le regarda avec sérieux.

— As-tu envie de parler, maintenant ?

— Oui, je voudrais bien, répondit-il. Mais je ne sais pas quoi dire.

L'espace d'un instant, le silence se fit dans la pièce. Puis le foutu rabâchage recommença. La journée serait longue.

— L'as-tu étranglé avec une corde ou une ceinture ?

— Quoi ?

— Tu l'avais drogué ?

— Quoi ?

— Vous vous êtes battus ?

— Quoi ?

— Vous étiez en froid ?

— Quoi ?

— Vous êtes-vous battus ? L'as-tu étranglé ?

La stratégie du jour consistait à répéter les questions jusqu'à ce qu'il finisse par répondre n'importe quoi pour qu'ils la ferment.

Makuni posa des photos sur la table, devant lui.

Des clichés pris de très près, montrant Tjostolv, sa gorge, ses ecchymoses, les taches violettes sur sa peau.

— Aviez-vous des rapports sexuels ?

— Si on avait quoi ?

Le médecin légiste norvégien regardait les photos à son tour. En notant forcément que ces lividités ovales n'étaient pas la marque de violences que Tjostolv aurait subies. Makuni le savait. Et tous les autres aussi. Tout ça n'était qu'une mise en scène. En réalité, Makuni était un bon enquêteur. Il savait pertinemment que ses affirmations ne tiendraient devant aucune autre juridiction au monde.

Joshua jeta un coup d'œil du côté des pâles Norvégiens.

Aucun d'eux ne croyait vraiment qu'il ait étranglé son meilleur ami et soulevé son grand corps pour le pendre à un bout de corde. Ce qu'ils croyaient n'avait d'ailleurs aucune importance. Si le tribunal militaire avait décidé de le juger, il le ferait.

— Pourquoi mens-tu, French ?

— Quoi ?

— Est-ce que tu l'as tué ?

— Quoi ?

— Est-ce que tu l'as empoisonné ?

— Je ne comprends pas, dit-il, sans entendre le son de sa propre voix.

Ses paupières s'alourdissaient. Le sommeil le gagnait, rampait le long de sa nuque.

Il eut de nouveau un vertige et chuchota :

— Il avait mis ses chaussures.

Makuni lui adressa un signe de tête méfiant.

— Qu'est-ce que tu dis ?

— Les chaussures neuves que sa mère lui avait envoyées.

Et c'en fut fini du premier interrogatoire.

Il dormit quelques heures dans la cellule d'isolement. Se réveilla en sursaut, toujours aussi nauséeux. Il s'assit, but de l'eau en luttant contre le malaise. Puis s'allongea par terre et regarda fixement le plafond, l'ampoule électrique allumée en permanence.

Il pensa à Tjostolv.

Assommés par l'alcool, ils écoutaient le haut-parleur fendu de leur radiocassette déverser le rock bouillonnant de Seigmen. Leurs oreilles s'ouvraient dans le murmure de la nuit. Tjostolv lui passait la bouteille de lotoko. On était vendredi, et comme tous les vendredis, ils étaient torchés. Mais les vendredis seulement. Tout le reste de la semaine, c'étaient l'entraînement, une vie sobre et régulière. Le vendredi, la cuite était de mise. Ils buvaient jusqu'à s'écrouler sur leurs matelas. Tjostolv versait sa larmichette. Pas de problème. Chialer quand il était soûl, il aimait ça.

— Qu'est-ce que j'aurais fait sans toi ?

Que répondre à ça ?

L'un sans l'autre, ils ne seraient jamais venus ici.

## N'DOLO, SEPTEMBRE 2013
## JE ME SENTAIS VRAIMENT MOI-MÊME

Trois jours après la mort de Tjostolv, Ole Jakob est venu me chercher pour me conduire à N'dolo. Au bout de dix minutes, on s'est retrouvés coincés dans un embouteillage. La poussière montait entre les voitures. Ole Jakob m'a glissé :

— J'avais un mauvais pressentiment.

J'ai vainement cherché quelque chose à lui répondre. C'était comme si chaque mot supplémentaire risquait de blesser le silence. J'avais passé la majeure partie de la nuit à écrire, m'efforçant de décrire la réaction de Joshua à la mort de son compagnon, mais au réveil, après quelques courtes heures de sommeil, le doute m'avait assailli. Et si ce que j'avais écrit ne correspondait pas à la réalité ? Pas du tout ? J'étais resté fixer mon texte qui clignotait à l'écran. Un instant pris de panique, je m'étais précipité dans la salle de bains pour me rincer le visage à l'eau froide, plusieurs fois. Le Tjostolv que dépeignait mon texte était une version fictive de l'homme réel. Surtout, que je n'aille pas oublier ça. En écrivant, je créais un personnage fictif qui venait côtoyer l'homme. Et le personnage et l'homme, naturellement, n'étaient pas identiques. Mon personnage était une interprétation. La mienne. Peut-être était-elle juste. Peut-être ni juste ni fausse. Quoi qu'il en soit, j'étais obligé de m'en tenir à ma propre interprétation. De compter sur la justification de cette interprétation, de ce que j'avais écrit pendant la nuit.

— La dernière fois que je l'ai vu…, a commencé Ole Jakob.

Il hochait la tête.

— C'était un sacré bonhomme, tu sais… même si…

Il ne trouvait pas les mots.

— Il avait un humour noir incroyable. Quand il se détendait et qu'il était en forme, il pouvait dire des trucs… à mourir de rire.

Il s'est détourné, et j'ai vu à quel point il était affecté, ce qui m'a étonné.

Plusieurs militaires se tenaient appuyés au mur de la prison. Le soleil faisait briller leurs lunettes noires et leurs kalachs. Ole Jakob a arrêté la voiture juste devant l'entrée, et s'est tourné vers moi.

— Je reste ici, je…

— Je comprends.

Au moment où je passais devant les militaires, l'un d'eux a retiré ses lunettes de soleil.

Il m'a pour ainsi dire tendu un regard.

J'ai attendu dans le parloir en fixant la porte en acier qui menait au quartier des VIP. Dehors, dans la cour, un détenu touillait du manioc dans une grande marmite. L'odeur douçâtre me parvenait à travers la fenêtre. On aurait dit que quelques heures seulement s'étaient écoulées depuis ma dernière visite. En réalité, je n'étais pas revenu depuis deux semaines.

La situation n'était plus la même.

La porte d'acier s'est ouverte sur un coup de pied, et deux gardiens en armes sont apparus. Ils m'ont regardé un instant avec des visages inexpressifs, puis se sont écartés, et Joshua est entré. Il portait les mêmes sandales, le même uniforme de prisonnier, et pourtant, en le voyant franchir la porte en se balançant, je l'ai trouvé plus petit, amaigri. Son pas semblait un peu instable, comme si son sens de l'équilibre était perturbé.

Je lui ai tendu la main.

— Salut.

Sa main à lui était constellée de petites plaies. Sa peau sentait la réglisse et l'armoise, l'eau amère dont sont remplis les récipients de la prison.

— Ça fait plaisir de te revoir, m'a-t-il dit en m'attirant vers lui pour une rapide embrassade.

Et il a ajouté en m'examinant comme si j'avais subi une transformation :

— Tu as minci. Tu ne manges pas ?

— Ah bon ?

— J'espère que cette affaire n'est pas en train de t'épuiser complètement, a-t-il ajouté en approchant l'une des chaises en plastique alignées contre le mur.

— Encore une fois : toutes mes condoléances. C'est horrible… Quand j'ai appris la nouvelle, ça m'a accablé.

Il promenait les yeux au sol.

— Oui. C'est horrible.

Il se passait une paume ouverte sur la gorge. Il faisait chaud, dans ce parloir. Les ombres se mouvaient lentement sur le mur, vers les angles. Dans le coin le plus sombre gisait une canette de coca éclatée.

— Est-ce que c'est arrivé comme ça, sans raison ?

— Sans raison ? Je ne sais pas. Non. Ou plutôt… Si.

Joshua a baissé les yeux sur ses sandales, puis les a relevés vers moi. Il avait le visage crispé. C'est un phénomène que j'ai observé chez les gens en deuil, ces muscles qui se tendent comme pour faire barrage au chaos qui menace la maîtrise de soi.

— On n'est jamais préparé à une chose pareille, j'imagine ?

— Non.

— Ça doit faire un choc.

— Me retrouver seul. Je n'y suis pas habitué, tu vois.

Il s'est essayé à sourire, une curieuse grimace.

— Vous étiez tellement proches.

Il battait des paupières, gêné. Comme s'il était ligoté.

— Les interrogatoires continuent ?

Joshua a jeté un regard autour de lui, mais il n'y avait personne d'autre dans la pièce.

— Oui. Ils usent leur salive à me poser toutes les questions du monde. En revenant sans cesse à la charge.

Les gardiens, dans la cour, allaient et venaient devant la fenêtre ouverte.

Un appel a retenti. J'inspirais l'odeur familière du béton et de la sciure.

— Quelles questions ?

Joshua a eu l'air un instant désorienté.

— La criminelle norvégienne est venue assister les enquêteurs. Ils doivent veiller à ce que tout se déroule dans les règles, il paraît.

— Ils ne veulent sans doute pas d'une nouvelle erreur judiciaire.

Une expression amère passa sur ses lèvres.

— Ce que les autorités norvégiennes veulent n'a pas d'importance. Mais tant qu'on ne se retrouve pas avec un autre chef d'accusation, ils comptent obtenir la grâce.

— Une autre accusation ? Laquelle ?

Ce regard, ce regard nu, plein d'un désespoir qui n'y était pas jusqu'à présent.

— Ils négocient. Mais ils disent que ça doit se faire sans que les Congolais perdent la face.

Il cilla vers le soleil qui affluait soudain par la fenêtre.

Nu et secret. Un mur et un visage.

— Il avait mis sa chemise, a-t-il murmuré.

— Pardon ?

— Bien boutonnée jusqu'au cou. Pour se faire beau.

Il a battu plusieurs fois des paupières et s'est penché en avant, m'a fait signe de m'approcher, comme s'il s'apprêtait à me confier quelque chose, mais la porte d'acier s'est ouverte et les gardiens sont entrés.

— La visite est terminée. French doit retourner dans sa cellule. Ordre du directeur.

On s'est levés, et Joshua est sorti sans se retourner, comme si je n'étais pas dans la pièce, comme si cette conversation n'avait pas eu lieu.

J'ai suivi l'un des gardiens, traversé la place derrière lui. Le soleil était grisâtre. Une bourrasque a chassé la poussière jusque dans mes chaussures.

En prison, le temps n'est pas le même. Une heure peut durer un an, ou se réduire à quelques minutes. La prison, c'est la colonie de la solitude.

Pendant qu'Ole Jakob et moi roulions vers la ville, j'ai soudain repensé à cette séquence vidéo sur laquelle Tjostolv se montrait inhabituellement émotif.

Ole Jakob s'en souvenait, lui aussi.

— Ça m'avait étonné, dit-il, c'était tellement peu lui.

Sur l'enregistrement, on voyait Tjostolv dans sa cellule de la prison centrale de Kisangani, racontant qu'ils étaient arrivés en RDC début mai 2009, pour "explorer les possibilités de boulot", comme il disait. Au milieu de ses explications, il s'interrompt.

Subitement, ses yeux se mouillent, et il énonce entre des lèvres tremblantes :

— On n'était pas assez informés. On n'était pas des amateurs non plus, mais on n'était pas assez informés.

Et les larmes roulent sur ses joues.

De retour à l'hôtel, j'ai visionné cette séquence plusieurs fois d'affilée.

Ces pleurs désespérés avaient quelque chose d'inquiétant et d'anormal. C'était comme si les mots "on n'était pas assez informés" étaient un code, comme si cette défaillance soudaine de Tjostolv couvrait quelque chose de tout à fait différent des intentions qu'il manifestait.

La caméra glissait ensuite vers Joshua, qui se tenait en arrière-plan et considérait son camarade avec un regard stupéfait. Il ne semblait pas comprendre de quoi Tjostolv parlait ni pourquoi il versait des larmes.

De nouveau, j'ai fermé les yeux. Je me suis imaginé dans un sac de couchage, sous le ciel nocturne, au fin fond de la forêt. Je voyais les étoiles entre les cimes des arbres et j'écoutais le bruissement du vent entre les branches. Je trouvais une sorte d'ivresse à être seul, couché en pleine nature, à savoir qu'il n'y avait aucun autre être humain à des dizaines de kilomètres à la ronde. C'était par une nuit comme celle-ci qu'un bouleversement pouvait se produire en moi, que je pouvais devenir un autre. Je me sentais comme soulevé de terre…

Et je me suis rendu compte que ce souvenir n'était pas le mien. Ce n'était pas moi, seul sous la voûte céleste dans ce sac de couchage… Cette scène, Tjostolv me l'avait racontée à N'dolo. "Ce qui me manque le plus, m'avait-il dit, c'est de dormir à la belle étoile très loin en forêt après une journée de chasse. C'étaient ces fois-là que je me sentais vraiment moi-même."

# N'DOLO, OCTOBRE 2013
# AUTRES DÉCLARATIONS

Tout du long de mes échanges avec Joshua, je guettais sur son visage un quelconque signe révélateur d'un secret. Un mot, un mouvement qui ouvrirait, l'espace d'un instant, un noyau caché. Je me doutais que son besoin de tenir les rênes, tout comme les incessants changements de cap dans le cours de la conversation, avaient leur origine dans des faits qu'on continuait à me dissimuler.

Y avait-il des circonstances autour de la mort de Tjostolv ou des événements antérieurs, dont il ne parlait pas, dont il ne voulait pas parler ?

Je n'avais jamais eu spécialement foi dans l'image qui fait de l'esprit humain une pyramide construite autour d'un centre, et je savais qu'il était illusoire d'espérer l'instant de vérité, d'une vérité claire comme de l'eau de roche, dans un lieu de paranoïa comme cette prison.

Et pourtant, je ne pouvais m'empêcher de chercher le point sur lequel il se trahirait.

— Bien dormi ? m'a-t-il demandé ce jour-là, avant que j'aie eu le temps de m'asseoir.

J'ai sorti mon carnet. L'ai posé sur mes genoux. Le gardien, dehors, s'était posté dos tourné devant la fenêtre ouverte. Le canon de sa mitraillette pointait par-dessus son épaule. Pendant le trajet jusqu'à N'dolo, la brume matinale pesait sur la ville, lourde et chaude, mais à présent, le soleil perçait de fins rayons la couche nuageuse. Mon regard s'est attardé quelques secondes sur sa mine enfantine, avant que je ne relève la question.

— Moi ?

— Tu as bien dormi, dans ta chambre d'hôtel ?

Pourquoi, au juste, jouait-il le jeu de ces entretiens ? Espérait-il devenir une légende du grand écran, un type fascinant, imprévisible, genre Leonardo DiCaprio dans *Blood Diamond* ? Il prétendait se moquer de l'image qu'on avait de lui en Norvège, mais il me parlait pendant des heures, avec un zèle que je trouvais à la fois touchant et de mauvais augure.

Il arrivait qu'il reconnaisse carrément avoir menti à des journalistes et auteurs divers pour les égarer, en ajoutant qu'à moi, il racontait la vérité, pour la première fois. "Mais en réalité…" disait-il, "pour être franc…", "le fait est que…" Et je pensais : il prend bien des précautions. Me soupçonnait-il de douter de ses propos et de mener d'autres investigations hors des murs de la prison ? La manipulation de l'information est un art de l'équilibre.

Il avait reçu une éducation chrétienne, me rappelait-il. Il croyait en Dieu, au diable et à la vérité. "J'ai une préférence pour l'Ancien Testament", ajoutait-il.

Mon problème, c'était que je ne disposais, dans cette affaire, d'aucune source fiable. Les policiers, les témoins, les accusés, les juges, le ministère public, les représentants du ministère de la Justice – tous étaient partie prenante dans cette maudite parodie de la vérité.

— Qu'est-ce que tu penses de l'enquête ? lui ai-je demandé.

— Je n'ai pas confiance dans les enquêteurs.
— En qui as-tu confiance, au juste ?
— Personne.
— Un Blanc qui ne se fie à personne en République démocratique du Congo ?
Un sourire sans joie est passé sur ses lèvres.
— Tu t'en es peut-être déjà rendu compte, mais les Congolais sont très spéciaux…
Il me jetait un coup d'œil prudent. Il prenait garde de ne pas tenir des propos qui le feraient apparaître comme un raciste bourré de préjugés, ce qui donnait l'impression qu'il évitait de dire le fond de sa pensée.
— Quand je m'informe pour essayer de comprendre comment ce pays… ou ses dirigeants… en sont arrivés là… continuait-il.
— Oui ?
— Il faut remonter avant l'ère coloniale… et voir le fonctionnement des tribus dans le coin… et puis, le regard sur la colonisation…
Tout en parlant, il parcourait la pièce des yeux, comme s'il cherchait de quoi étayer son propos.
— L'indépendance… ça n'a pas apporté tant que ça de… Une poignée de mecs se sont enflammés, et se sont imaginé qu'ils étaient en droit d'en profiter pour conquérir des positions dans la société… s'arroger des pouvoirs… rattraper le temps perdu, puisqu'on les avait traités si mal, ils allaient pouvoir à leur tour… se sentir libres de faire ce qu'ils voulaient… Petit à petit, tout le monde a compris que les nouveaux maîtres n'étaient pas mieux que les précédents… pas d'un iota… les généraux et les ministres, et le président, ils ont tous tiré parti du chaos… et plus tu étais haut placé, plus tu étais corrompu… Ça montait jusqu'en

haut de l'échelle, il n'y a qu'à voir Mobutu… le Léopard… qui voulait "combattre la corruption"… "rendre sa fierté au peuple"… Tout ça, c'était pour la façade – pour assurer sa propre réputation.

Son regard allait et venait dans le parloir.

J'ai haussé les épaules.

— Il y a peut-être du vrai là-dedans, mais ça n'explique pas ce que vous êtes venus faire en RDC.

— Qu'est-ce que tu ne comprends pas ?

— Il y a une bonne part des éléments de la première affaire qui…

— Quels éléments ?

— Par exemple, comment vos agresseurs savaient-ils où la voiture s'arrêterait ?

— Le chauffeur les avait appelés, m'a-t-il répondu après une hésitation.

— Pourtant, vous deviez aller jusqu'au kilomètre 109. Et la Toyota a fait halte avant.

— On voulait avoir un aperçu de la zone avant d'arriver au but.

— Donc, vous vous êtes arrêtés cent mètres avant le lieu du rendez-vous ?

— À peu près.

— Mais comment les militaires qui vous ont attaqués pouvaient-ils savoir que vous alliez vous arrêter à cet endroit précis, alors qu'on leur avait parlé de la borne 109 ?

Il n'a pas répondu.

— Qui a ouvert le feu contre vous ?

— Ça, je ne peux pas te le dire.

— Pourquoi ?

— Ce serait risqué… Où veux-tu en venir ? m'a-t-il demandé avec un hochement de tête.

— Je pense qu'il y a un lien. Entre 2009 et 2013.

Il examinait mon visage comme s'il y cherchait une tache, une cicatrice, un défaut auquel s'accrocher en cas de nécessité.

— OK. Alors parlons un peu de 2009, si tu y tiens. C'était un groupe de militaires. C'est tout ce que je peux te raconter. Et c'est déjà trop. En fait. Si je t'en dis plus sur ce qui s'est passé là-bas, et sur ceux qui ont ouvert le feu, et si tu colportes ça, ou si quelqu'un tombe sur ce que tu as écrit la nuit, ou le confisque en perquisitionnant dans ta chambre, et apprend ce que je t'ai révélé et ce qui s'est passé en réalité…

— Eh bien ?

Il a levé les yeux au plafond, une sorte de résignation crue passait par intervalles sur son visage.

— Pour eux, je ne suis rien, dit-il en tournant de nouveau les yeux vers moi. Si on ne m'a pas encore abattu, c'est pour une seule raison : certains pensent que je peux leur rapporter gros. Te dire qui a tué Kasongo, ce serait prendre un bien trop grand risque. Pour toi comme pour moi…

J'ai regardé fixement mon carnet. Cette déclaration sentait le prémédité.

Préméditée, peut-être l'était-elle, en effet. Ce qui ne signifiait pas qu'elle soit forcément fausse, mais qu'il y avait réfléchi un nombre de fois infini.

Un cafard faisait son chemin entre nos chaises.

Joshua a levé prudemment le pied, attendu que l'insecte soit arrivé sous sa semelle pour l'abattre d'un seul coup. Le son d'une coquille qu'on écrase. Il a chassé du pied la bestiole écrasée, avant de lever de nouveau les yeux sur moi.

— Et ce donneur d'ordres à Kampala, est-ce qu'il a seulement existé ? ai-je glissé très vite. Ou est-ce une histoire que vous avez inventée pour cacher autre chose ?

— Comme quoi, par exemple ?

— Comme ce que Tjostolv appelait *"Operation Decisive Action"*.

Joshua se taisait.

— Tu m'as raconté qu'un homme du nom de Marlon devait vous rencontrer à l'hôtel Riviera de Kisangani. Que ce Marlon connaissait un employé de la banque centrale, et le contenu des coffres. Ce que Marlon devait vous donner, c'était un inventaire de la salle des coffres. Et des indications pour pouvoir dévaliser la banque. C'est bien ça ?

— Quelle banque ?

Il savait où je voulais en venir.

— La Banque commerciale du Congo.

Joshua s'est appuyé au dossier de sa chaise, et m'a regardé en laissant son mutisme produire son effet pendant quelques secondes.

— Alors là, c'est l'affabulation la plus imaginative que j'aie jamais entendue.

— Les infos sortent de l'ordinateur que Tjostolv a laissé derrière lui à Kampala. Et que la police ougandaise a confisqué.

— De vieux ragots, rien de plus.

— Plusieurs sources confirment que votre intention, en venant au Congo, était de cambrioler une banque.

Il ne bronchait pas.

— Est-ce que cette mission pour une milice a existé ? Ou est-ce que votre but, en réalité, c'était de commettre un hold-up ?

Il s'est penché vers moi, brusquement.

— Les banques n'avaient pas de dollars américains. Tu sais ce que pesait le franc congolais, à l'époque ? Tu pouvais en avoir un camion plein à craquer, le camion valait quand même plus que son chargement de billets. Et en plus, Kisangani est à neuf cents kilomètres de la frontière. On se serait échappés comment ?

— Vous aviez un autre plan.

— Quel autre plan ?

— Votre contact à Beni devait vous fournir des uniformes de Casques bleus. Vous deviez rouler vers Kisangani en véhicule militaire, pénétrer dans la banque de force, et quitter le pays en traversant le lac Albert en bateau pneumatique. Et d'après les sources, ce n'étaient pas les devises que vous visiez, mais de l'or et des diamants.

Joshua a détourné le regard vers la fenêtre. Laissé passer quelques secondes.

— Je ne m'occupe plus de ce que disent les gens. Quelle importance ? m'a-t-il répondu d'une voix teintée d'indifférence rêveuse, comme s'il s'agissait de l'histoire de quelqu'un d'autre. Je ne dis pas que ce soit vrai, continuait-il sur le même ton, mais de toute façon, en supposant qu'on ait eu un projet de ce genre… le fait est qu'on n'a jamais cambriolé de banque, ni essayé. Et qu'on n'a jamais eu d'or ni de diamants entre les mains dans ce pays.

— Pour moi, c'est un élément important.

Il m'a longuement dévisagé.

— On est tombés dans un piège. Voilà la vérité. C'est comme ça, ici. Les gens ont toujours guetté des proies et tendu des pièges. C'est la tradition. Quelqu'un finit par tomber dedans.

Il s'est adossé de nouveau, faisant disparaître son visage dans l'ombre du mur.

— Est-ce que vous aviez vraiment une mission pour un groupe rebelle ?

Le silence rampait au ras du sol, remontait le long des murs. Je ne distinguais que le blanc de ses yeux, par éclats fugaces.

— Je ne l'ai pas tué.

— Qui ça ?

— Tjostolv.

À mon tour, je me suis penché.

— Je n'ai jamais pensé que ce soit le cas.

— Si tu ne crois pas à ce que je t'ai dit pour 2009, pourquoi me croire maintenant ? Qui a abattu le chauffeur ? Comment Tjostolv est-il mort ? Je peux dire ce que je veux, ça ne compte pas. Pour le tribunal, c'est sans importance. Tout le monde se fout de savoir de quoi je me souviens ou non, comme de ce que j'ai fait ou n'ai pas fait.

Il a baissé la tête, et pendant une seconde, j'ai eu l'impression qu'il en appelait à ma compassion, mais quand il l'a relevée, ses lèvres étaient blanches d'indignation. Je n'y ai vu ni remords ni la faiblesse de qui s'apitoie sur lui-même. Il me fixait intensément entre des paupières mi-closes, comme si, dans sa juste colère, il imaginait pouvoir me transpercer du regard.

— Si on parlait un peu de toi ?

Je me suis senti sursauter sur ma chaise.

— De moi ?

— Pourquoi pas ?

J'ai quitté des yeux son visage pour lorgner la fenêtre, comme lui, à l'instant. Le gardien nous tournait toujours le dos, comme figé par le gel, le canon de son arme pointant par-dessus l'épaule.

— Qu'est-ce que tu veux savoir ?

Il m'a répondu entre ses lèvres.

— Tu dors, la nuit ?

— Si je dors ?

— Oui.
— Il m'arrive de me réveiller.
— Et qu'est-ce que tu fais, dans ces cas-là ?
— Je pense à ma copine.
— Au sexe ?
— À son visage.
— Et puis ?
— Et puis je me lève et je sors sur le balcon. On voit toute la ville de là-haut. Ma chambre est au treizième étage. C'est une ville immense et poussiéreuse, mais la nuit… elle rougeoie comme la braise.
— Et tu fais quoi, sur ton balcon ?
— Je fume. Une cigarette. J'ai toujours un paquet sur moi. Normalement, je ne fume plus. Il y a plus de dix ans que j'avais arrêté. Mais quand je me réveille la nuit, j'ai envie d'une clope. Je reste là, à fumer en laissant mes yeux s'habituer au noir… ensuite, je rentre dans la chambre, et il m'arrive de noter les idées qui me sont venues pendant que j'étais dehors, avant d'éteindre et d'essayer de me rendormir…
Le gardien derrière la fenêtre a bougé, disparu pour aller trouver à l'autre bout de la cour un prisonnier qui poussait une brouette rouillée, et le guider vers un potager, dans un rituel muet. Joshua m'a glissé :
— Il y a un truc étrange, ici. Aucun détenu ne dit qu'on le maltraite, pas un seul. Même si sa situation est catastrophique… côté droits de l'homme et tout. On dirait qu'ils ont accepté. Personne ne proteste. C'est comme si l'idée de justice s'était volatilisée.
Je me suis redressé, plongeant mon visage dans l'ombre. Il ne me voyait plus aussi clairement.
— Tu sais quel est le pire problème de ce pays ? continuait-il. Ce n'est pas la guerre, ni l'abominable héritage que leur ont laissé les Belges.

— Alors, qu'est-ce que c'est ?

— Le syndrome de l'homme blanc. L'idée qu'il n'y aurait plus rien à faire pour changer l'histoire, une fois le pays pillé et violé… qu'ils seraient condamnés à souffrir éternellement des torts que les Européens leur ont infligés autrefois. Dès qu'il est question de politique, les gens sortent "les Européens" par-ci, "les Américains", ou "les Blancs" par-là. Ce sont toujours les autres qui sont en cause.

— Autrement dit, tu penses qu'ils se défaussent de leurs responsabilités.

— C'est ça. Ils se défaussent.

— Vous étiez peut-être un élément de ce système-là, vous aussi ?

L'air soudain épuisé, Joshua s'est saisi de la bouteille d'eau posée par terre et l'a lentement débouchée ;

— On est tombés dans un piège, a-t-il répété avant de boire.

C'était le refrain de leur récit. De la même manière qu'un écrivain campe des personnages fictifs dans un environnement littéraire, ils s'étaient créé un mythe dans lequel la question de la faute morale n'entrait nullement en jeu. Dans cet univers-là, Tjostolv et Joshua n'étaient que des militaires de passage dans le chaos congolais.

Cette légende ne me convainquait pas.

— À un moment donné, Tjostolv a reconnu le meurtre de Kasongo… On a des aveux signés.

— Mais il a dit aussi qu'il était Dieu et moi le Christ. Ces aveux, il les a faits à l'hôpital. Il était shooté.

— Mais si…

— Si quoi ?

— On tente une expérience mentale ?

— Comment ça ?

Voilà qui ne lui plaisait guère.

— Admettons que votre chauffeur se comporte de façon suspecte. Vous êtes en pleine jungle. Vous vous arrêtez pour pisser. Et une fois que vous êtes dehors tous les deux, vous vous dites que la situation est intenable. Vous tombez d'accord pour prendre le volant vous-mêmes et l'empêcher de se barrer. Mais quand vous retournez à la voiture, Kasongo refuse de descendre de son siège. Tjostolv sort son fusil.

— Moi aussi, je pourrais échafauder des tas d'hypothèses… a-t-il répliqué très vite. En voilà une autre : on est effectivement attaqués, Tjostolv se précipite vers le chauffeur en lui criant *"get out, get out, get out"*. Le chauffeur ne bouge pas, et ne veut pas non plus démarrer. Tjostolv tire. Il n'a pas le choix. Je me précipite, j'arrache ce connard du siège conducteur, et on fout le camp.

— Mais ce n'est pas ce qui s'est passé ?

— Non.

J'ai fermé les yeux en imaginant que je me trouvais sur la route rouge, au kilomètre 109, avec le vent dans la figure et le cœur qui cogne.

— Il fait sombre, tu ne connais pas ces gens, mais tu sais qu'il y a un truc qui cloche. Se retrouver largué dans un endroit pareil… Tu aurais très bien pu tirer…

Il me regarde droit dans les yeux.

— C'est ça que tu veux entendre ? Que c'est moi qui l'aurais tué ?

— Non, mais je n'ai pas de mal à imaginer que ç'aurait pu être le cas, voilà tout.

— Il y a une chose qu'il faut que tu comprennes, dit-il, d'une voix où affleurait la nervosité : le chauffeur s'est mis lui-même dans cette situation. Il était de l'expédition. Ce n'était pas n'importe quel type innocent. Il savait pertinemment ce qui pouvait arriver là-bas, et rien qu'en s'y rendant, il a ouvert la possibilité d'y laisser sa peau. C'est une manière indirecte de ne pas dire les choses.

— Comment je dois entendre ça ? L'expression courante, c'est : "une autre manière de dire les choses", non ? Pas "une manière indirecte de ne pas dire".

— Je n'en ai rien à cirer, de l'expression courante.

— Mais qu'est-ce que tu veux dire par là, "une manière indirecte de ne pas dire les choses" ?

— Tu n'as qu'à y réfléchir, m'a-t-il répondu en se tournant vers la fenêtre.

Il avait soudain l'air exténué, comme si cet échange avait aspiré toute son énergie.

— Tu comprends bien que…

— J'ai fait quelques conneries, a-t-il admis, me coupant la parole en hochant la tête comme pour retrouver sa concentration. Mais je ne vais pas raconter n'importe quoi pour dénoncer un ami qui est mort.

— J'essaie seulement de trouver la vérité.

Il a ri, et comme il tendait les bras en avant, j'ai remarqué un filet de sang sur la manche du tricot de coton blanc qu'il portait sous son uniforme de détenu.

— Tu saignes.

— Quoi ?

— Sur ta chemise. Là, sur le bras.

— C'est rien.

— Rien ?

— Il faut que j'y aille. En fait, j'avais l'intention de te dire un truc, aujourd'hui, mais ensuite… on s'est remis à parler des vieilles histoires… Il faut que je m'allonge un peu… J'ai juste un petit vertige… ça va passer.

Il s'est levé.

— Viens là.

Je me suis levé aussi, il m'a attrapé la main, et j'ai senti qu'il glissait quelque chose dans ma poche de blouson.

Puis il est allé vers la fenêtre et a appelé le gardien, avant de se retourner vers moi avec un petit rire moqueur. Comme si tout ce que nous nous étions dit n'était qu'une sorte de jeu, qu'il n'y avait pas de tache de sang sur sa chemise et que rien de tout ça n'était jamais arrivé.

## GRAND HÔTEL, OCTOBRE 2013
## LES BOUTS DE PAPIER

Encore une boîte d'allumettes. Encore des papiers noircis d'écriture miniature.

De nouveaux fragments qui venaient compléter le tableau ou accentuer encore le flou.

Pourquoi avoir dit oui à ce travail ? Couché sur mon lit, épuisé, je méditais sur la relation entre les affaires de 2009 et de 2013.

Mes pensées tournoyaient de plus en plus vite, prises dans une spirale qui finissait par les ramener à leur point de départ.

Y avait-il un lien entre la mort d'Abedi Kasongo et celle de Tjostolv Moland ? Kasongo était-il vraiment en contact avec les services de renseignement ? Savait-il depuis le début comment se terminerait cette expédition ? Moland le savait-il ? L'assassinat de Kasongo marquait-il le début du syndrome psychiatrique de Moland ?

Ce pays avait transformé les deux Norvégiens. Il s'était insinué dans leurs cerveaux, les avait rendus vulnérables, quoi qu'aurait pu en dire Moland, qui aurait certainement nié que cet affaiblissement de sa personne puisse être dû à autre chose que le paludisme.

L'épisode de 2009 s'était ancré dans ma tête. Chaque fois qu'une nouvelle péripétie apparaissait, j'en revenais à l'événement qui avait tout déclenché.

Une idée m'obsédait : si je ne comprenais pas ce qui s'était passé ce jour-là, je ne pourrais pas non plus comprendre intégralement la suite.

Or, en 2009, il n'y avait pas eu d'enquête technique digne de ce nom. Les fondements du jugement restaient peu clairs, les circonstances réelles de la mort de Kasongo n'ayant jamais été élucidées. Les soupçons, les rumeurs et les explications fallacieuses s'infiltraient dans le dossier par toutes ses failles.

Au moment de mon arrivée à Kinshasa, j'étais convaincu de la culpabilité des deux Norvégiens. À présent, je ne savais plus que penser. Qu'ils l'aient abattu restait possible. Mais la balle qui avait tué Kasongo pouvait aussi venir des forces gouvernementales congolaises. D'un membre des renseignements. Ou d'un bandit de grand chemin. Tjostolv pouvait avoir tiré, c'était l'avis de beaucoup de monde, mais je n'en étais pas sûr.

Ce sentiment d'une vérité qui m'échappait, dans cette histoire…

Il existait beaucoup d'alternatives au tableau des événements sur lequel s'était appuyé le tribunal de Kisangani pour condamner Tjostolv et Joshua. Toutes généraient elles-mêmes une foule de nouvelles hypothèses. Et je ne réussissais pas à trouver le point incontestable qui brillerait par sa clarté. Quand je croyais le tenir, d'autres éléments venaient recouvrir la lueur que j'avais entrevue.

Je fouillais. Et le rideau retombait.

Ce n'était pas un jeu de puzzle sur lequel on avance lentement, mais sûrement, pour obtenir à la fin une image parfaite. Le meurtrier, au bout du compte, ne serait pas démasqué. Plus je posais de pièces sur la table, plus l'incertitude devenait évidente. Je ne découvrais que des contradictions, des exagérations, des mensonges, des affirmations absurdes qu'on m'avait servies avec une mine sérieuse.

L'enquêteur que j'étais mettait au jour son propre doute, couche après couche.

Les enquêteurs congolais, quant à eux, prétendaient que de forts désaccords séparaient les deux Norvégiens. Certes, leur relation avait dû pâtir de ce qui s'était passé en 2009, mais à N'dolo, je n'avais jamais vu aucun signe de dissension entre eux.

Joshua, pour sa part, affirmait que la réalité, dans toute cette affaire, était naturellement aux antipodes de ce qu'on pouvait en penser. Le général et ses soutiens craignaient que les infos détenues par Joshua ne puissent leur nuire. Kasongo faisait lui-même partie des renseignements. Joshua n'avait aucun doute à ce sujet. Le chauffeur, d'après lui, aurait été désigné pour les conduire dans la jungle, d'où la gravité relative du meurtre. Mais si l'on venait à apprendre que c'était un groupe de militaires qui avait tiré et l'avait tué, les conséquences pourraient être très graves, tant sur le plan national qu'international. Selon Joshua, les tribunaux militaires seraient intervenus délibérément pour dissimuler le rôle joué par les renseignements dans l'affaire. D'où sa propre crainte qu'on l'accuse d'avoir tué Tjostolv. Aucun des deux détenus, d'après lui, ne devait être libéré avant que le crime ne soit prescrit, ou qu'ils soient morts l'un et l'autre.

Sur l'un des nouveaux petits papiers, il avait écrit :

“Un groupe de soldats avait été dépêché pour nous éliminer.”

“Les renseignements voulaient nous faire sortir de RDC.”

“Ici, les murs ont des yeux et des oreilles.”

J’ai ajouté le contenu de ces nouveaux billets au document qui contenait déjà les autres infos. Et tout en m’appliquant à les recopier mot pour mot, je me suis efforcé d’imaginer ce qui se cachait entre les lignes. Ce qui revenait à regarder les crêtes d’une chaîne de montagnes, en essayant de deviner quel paysage était enfoui sous la neige.

Ailleurs, j’ai noté : “L’intérêt de l’écriture n’est pas d’avoir raison. Chercher est un but en soi.”

J’ai fini par fermer mon ordinateur et me glisser entre les draps.

Le visage de Vilde m’est soudain venu à l’esprit, plongé entre ses mains. Et je me suis souvenu de la première fois où je l’avais vue pleurer. On était pour quelques jours à Hvaler, dans le chalet de vacances où elle avait passé la plupart de ses étés de petite fille.

Et elle m’avait raconté cette histoire :

Un week-end, elle était venue au chalet seule avec ses parents. Pour une fois, ses sœurs ne faisaient pas partie de l’expédition. Elle pouvait avoir six ou sept ans, et s’était fait une fête à l’idée de cette exclusivité. Mais une fois au chalet, elle avait compris que les adultes avaient planifié ce week-end pour pouvoir parler d’un sujet sérieux. Un sujet dont ils ne pouvaient pas discuter en ville. Elle avait donc passé tout l’après-midi à jouer dans le jardin, pendant qu’ils étaient en conciliabule sur la terrasse.

Le lendemain matin, elle s’était réveillée très tôt, avant eux, alors qu’il n’y avait encore, à l’horizon, qu’une bande de lumière rouge au-dessus de la mer. Les mouettes volaient bas. Sa mère dormait profondément dans la chambre, son père dans le salon, emmitouflé dans un plaid. Vilde était sortie dans le jardin, faisant filer un écureuil dans l'herbe mouillée de rosée. Elle s'était lancée à sa poursuite dans les bois.

Quand elle était arrivée au bord de l'eau, le soleil émergeait tout juste. Elle avait continué son chemin vers le débouché du fjord, en sautant de rocher en rocher. Ces gros rochers ronds qui ressemblaient à des dos d'éléphants endormis. Le soleil l'éblouissait. Elle s'était arrêtée, les mains au-dessus des yeux. Elle ne savait plus où elle était. Le vent commençait à jouer dans ses cheveux. Mais elle était allée plus loin encore.

Elle venait de grimper sur une butte quand une puanteur avait attiré son regard vers une faille en contrebas. Un cadavre de phoque gisait entre les rochers. Il avait la tête enflée. Le soleil luisait dans ses yeux morts. L'odeur lui avait évoqué les bouteilles d'ammoniaque qu'utilisait sa mère. Vilde s'était accroupie près de lui, avait tenté de le toucher, histoire de vérifier qu'il avait bien été vivant un jour. À peine avait-elle planté le bout des doigts dans sa peau froide et molle, qu'elle avait senti monter un sanglot. Elle s'était couchée près du phoque, en fermant très fort les paupières. Elle y était encore quand son père l'avait retrouvée.

Vingt-deux ans plus tard, alors qu'elle revenait avec moi à l'endroit où elle avait découvert l'animal, le chagrin s'était emparé d'elle, elle s'était assise sur le rocher, et avait voulu partager ce souvenir.

Quelques jours plus tard, sa tante était venue nous voir. Sara Marhus était une journaliste de renom, une femme impressionnante, avec une épaisse chevelure grise qui lui dessinait un arc électrique autour du crâne.

Sara, âgée de soixante et quelques années, approchait de la retraite. Elle avait parcouru la planète pendant quarante ans pour couvrir des événements mondiaux, des catastrophes, des affaires criminelles et des scandales. Elle avait consacré sa vie au journalisme. Vilde et moi étions déjà allés dîner plusieurs fois chez elle, dans son grand appartement décati de St. Hanshaugen. Vilde m'avait même présenté à sa tante avant de m'emmener chez ses parents pour la première fois.

Nous étions dans le jardin, devant un barbecue de poisson et une bouteille de vin, quand Vilde est revenue sur l'histoire du phoque mort. Ce week-end de juin, vingt-deux ans auparavant, comme Tante Sara était elle aussi en vacances dans le chalet voisin, elle avait aidé Vilde et son père à enterrer l'animal. La différence entre leurs deux récits était frappante. La journaliste expérimentée relatait les faits avec la précision qu'on pouvait attendre d'elle. Avec le sérieux et la froide objectivité qui caractérisaient tous ses articles, et qui avaient fait d'elle un exemple pour les journalistes débutants.

Le point de vue de Vilde était celui de la petite fille de six ans qui avait traversé l'herbe humide et les bois vers les rochers et l'océan, et c'était comme si je captais moi aussi les senteurs de mer et de forêt, avant que l'odeur d'ammoniaque du cadavre ne vienne me décaper les narines, et que son désespoir ne force la porte de mon cerveau pour y diffuser son effet paralysant.

La voix de Vilde, à l'autre bout de la ligne, était ensommeillée. Je lui ai demandé si elle dormait. Presque, m'a-t-elle répondu, et je me suis dit désolé de la réveiller, ne sois pas désolé, a-t-elle protesté, je suis contente que tu m'appelles, et je lui ai dit que je pensais au phoque.

— Au phoque ?

— Celui que tu avais trouvé quand tu étais petite, à côté de votre chalet.

— Pourquoi penses-tu à ça ?
— Je ne sais pas.
— Tu ne pourrais pas rentrer, tout simplement ?
On s'est tus l'un et l'autre.
— Tu ne pourrais pas juste…
— Juste quoi ?
— Rentrer.
J'ai regretté de l'avoir appelée. J'aurais dû attendre un peu.
— Tu m'entends ?
— Je t'entends, oui.
Nouveau silence. J'ai fini par répondre :
— Ça ne serait pas correct.
Voilà précisément ce qu'elle n'arrivait pas à comprendre. Ça n'était jamais qu'un contrat de travail, argumentait-elle.
— Non, ce n'est pas qu'un contrat de travail.
— Alors c'est quoi ?
Elle avait soudain la voix cassée.
— Tu te souviens, quand on était sur le balcon, juste avant mon départ ? Avant que je me décide à y aller ?
Oui, elle se souvenait.
— Tu te rappelles ce que tu m'as dit ? "Ce qu'il veut, c'est un regard personnel."
— J'ai dit ça ?
— Oui. Ou quelque chose du genre. En ajoutant que je finirais par comprendre. Il n'y a pas de hasard.
— Qu'est-ce que tu veux dire ?
— Ce n'est pas par hasard, si je suis là. J'ai fait certaines choses.
— Lesquelles ?
— Il y a longtemps. J'ai marché dans des combines. Des trucs violents que je dois de nouveau regarder en face.

— Pourquoi ?

— Pour pouvoir leur tourner le dos.

Soupir.

— Si tu le dis.

— Tu comprends ?

— Je ne sais pas. Je voudrais bien que tu reviennes. Tu fais peut-être une fixette sur quelque chose qui n'existe pas ? Mais… j'entends ce que tu dis.

— Tu me manques.

— Je sais. Je vais me coucher.

— Bonne nuit.

— Reviens vite !

Et elle a raccroché.

Mais je savais que je ne pouvais pas rentrer.

J'ai lâché le téléphone.

En posant ma tête sur l'oreiller, je me suis dit qu'il était bien trop tard pour rentrer.

## GRAND HÔTEL, OCTOBRE 2013
## LES RAPPORTS

Les flics norvégiens logeaient au Grand Hôtel. Je les ai vus à la réception et dans la salle de restaurant, et je m'apprêtais à aller leur parler quand ils ont tourné les talons, leurs téléphones à la main, et disparu dans l'ascenseur puis traversé le parking à grandes enjambées vers des voitures qui les attendaient. Impossible d'engager la conversation pour savoir ce qu'ils savaient.

Derrière l'hôtel, il y avait une piscine. C'est là que les clients s'installaient en fin de journée, pour prendre une bière sous la voûte bleutée de la nuit africaine. Tard, un soir, j'ai repéré les Norvégiens attablés tout au bout, au bord du bassin. Je suis allé les trouver. Ils ont commencé par me regarder d'un air méfiant.

Je me suis avancé mains ouvertes, en signe d'innocence :

— Je ne suis pas journaliste…

— Ça ne serait pas vous, l'écrivain ?

J'ai acquiescé.

— On ne peut pas trop nous faire confiance à nous non plus, mais au moins, vous ne verrez pas votre photo dans le journal, demain matin.

Ils ont ri. Il y avait quelques bouteilles vides au milieu de la table, et je leur ai demandé si je pouvais leur payer une tournée. Pas de problème. J'ai commandé des Primus au bar, et quand je suis revenu avec mon plateau, ils s'étaient manifestement mis d'accord sur ce qu'ils pouvaient se permettre de dire à ce compatriote écrivassier.

On a trinqué en silence.

Le respect que j'éprouvais pour ces spécialistes sérieux du crime me faisait hésiter. J'ai attendu pour me lancer que le médecin légiste me regarde avec un petit sourire. Je lui ai demandé comment s'était passée sa collaboration avec l'équipe locale. C'était un grand type, avec une tête sympathique et une expression réfléchie.

— Bien, m'a-t-il répondu. Ça nous aura valu quelques longues journées.

— Fatigués ?

— Un peu.

Il a pris une gorgée de bière et m'a de nouveau souri. Ce qui m'a mis plus à l'aise.

— Et l'autopsie ?

Il a haussé les épaules.

Cette fois, son sourire avait disparu. Il hésitait.

— Heureusement que j'avais emporté dans ma valise du vieux matos qui était censé partir au musée de la Police. J'avais pris ça au cas où, et j'ai bien fait, parce qu'ici, il leur manquait tous les instruments de base, scalpels, caméras, scanners, etc. Finalement, on a pu faire une analyse toxicologique approfondie.

— Mais alors, comment avaient-ils l'intention de…

Le médecin légiste m'a jeté un coup d'œil où j'ai entrevu du tourment.

— Je ne crois pas que le gars qui était censé pratiquer l'autopsie ait jamais fait quoi que ce soit de ce genre avant, a-t-il murmuré.

— Ah bon ?

Il plongeait maintenant du regard dans son verre.

J'ai pensé à Tjostolv.

On a pu dire que l'âme pesait vingt et un grammes, et qu'au moment de la mort, quand elle se libérait ou cessait d'exister, le corps s'allégeait. C'est certainement un mythe. Tous ceux qui ont essayé de déplacer un mort ont plutôt eu l'impression inverse, comme si chaque partie du corps prenait soudain un poids énorme. Qu'on puisse devenir si lourds, si peu maniables, c'est étonnant.

J'ai bu un peu de bière en regardant mon interlocuteur à la dérobée. Il me faisait l'effet de quelqu'un de solide et droit.

Un hélicoptère est passé bas au-dessus des toits. Pendant quelques secondes, le bruit des pales a couvert le bavardage des jeunes Congolaises, à la table voisine. Le médecin légiste s'est penché vers moi. La honte frémissait dans ses yeux quand il m'a déclaré :

— Je crois qu'on a réussi à rectifier un peu le tir.

— Comment ça ?

Visiblement, il aurait préféré taire ce qu'il s'apprêtait à me dire.

— J'ai compris que pour avoir une chance de maîtriser la situation, il fallait clamer qu'en Norvège, l'usage voulait que les assistants exécutent le vrai travail d'autopsie, pendant que le responsable surveille que tout se déroule dans les règles de l'art.

À cet instant, il avait l'air de me révéler son secret le plus pénible :

— C'est comme ça que j'ai réussi à le convaincre de me laisser faire… Je crois que ça a soulagé tout le monde.

J'ai opiné sur le mode rassurant.

— Alors, vous allez réussir à rédiger un rapport commun ?

— C'est bien ce qu'on espère.

On est restés un peu siroter nos bières.

Et juste après, ils ont pris congé en me souhaitant bonne nuit. Je me suis encore attardé, j'ai fini ma bière en écoutant les filles d'à côté flirter avec les serveurs.

Une fois dans ma chambre, j'ai allumé la télé. Il y avait eu des troubles au centre de Kinshasa. La police avait dispersé les manifestants. Les images étaient brèves et peu éclairantes. Le présentateur s'attachait à apaiser les esprits. Le calme était revenu dans la capitale. J'ai lu sur internet que l'armée avait tiré sur la foule. On ignorait s'il y avait eu des blessés.

Et j'ai revu le visage du médecin légiste, ses yeux baissés, comme s'il avait participé à une action honteuse, et à ce moment-là, je ne comprenais pas pourquoi il avait honte. Il n'avait fait que son travail, c'était un homme intègre, du bois massif, comme on dit chez nous, et pourtant, on avait l'impression que la honte s'était insinuée dans son mental, dans le regard qu'il portait sur lui-même et sur son rôle dans cette affaire.

J'ai éteint la télévision.

J'avais perdu le rythme du sommeil.

Je continuais à me réveiller toutes les nuits à 2 h 57. Je m'asseyais à mon bureau, le regard perdu dans l'ombre. J'ouvrais mon portable, écrivais quelques mots-clefs sur une page, refermais, rouvrais pour relire le fichier dans lequel j'avais recopié le texte des bouts de papier, revenais sur les tout derniers, un à un, *la vraie histoire*, les différentes étapes du périple de Joshua et Tjostolv. Je disséquais les phrases en cherchant ce qui ne s'y trouvait pas. Puis je refermais l'ordinateur, sortais sur le balcon et me penchais pendant quelques secondes au-dessus du garde-corps, les yeux clos. L'obscurité refluait de ma tête pour y affluer de nouveau.

J'essayais de me représenter les traits de Tjostolv. Il est stupéfiant de constater à quelle vitesse les visages des morts se réduisent à des masques ou des surfaces nébuleuses. Les morts, nous leur courons après en essayant de les retenir, mais ils nous échappent avec une agilité qui n'est pas la nôtre, une timidité qui ressemble à l'intelligence. Ils sont poussés vers autre chose, nous ne comptons plus guère pour eux.

Écrire sur Tjostolv et Joshua, les circonscrire par des mots, c'était une sorte d'acte de destruction, une fois encore, un meurtre qui les transformait en fantômes. Leurs véritables personnalités se muaient en figures fictives. N'était-ce pas ce qu'ils souhaitaient ? N'était-ce pas leur motivation en acceptant de parler avec moi, la raison qui expliquait qu'ils m'aient fourni ces bouts de papier dans des boîtes d'allumettes, une histoire dans laquelle ils jouaient la légende de leur propre existence ? Que je les transforme, n'était-ce pas leur but ?

Une de ces nuits où je recrachais ma fumée dans le noir, l'idée s'est imposée à moi : ils *voulaient* réécrire leurs vies… ou plutôt, ce qui était plus malin, faire en sorte qu'un auteur, en écrivant à leur propos, les métamorphose sans avoir clairement conscience de ce qu'il faisait. Voilà qui revenait peut-être à me rendre complice d'un escamotage de la vérité… voire d'une tentative de dissimulation d'un meurtre.

J'en suis sorti troublé.

Si ce que j'écrivais faisait partie d'un complot dont ils tiraient soigneusement les ficelles – s'ils avaient vraiment tué leur chauffeur en 2009, et par la suite "accepté" de me laisser raconter qu'Abedi

Kasongo avait été abattu par des militaires postés en embuscade dans la jungle, le long de la route 109… j'étais un rouage dans une opération planifiée par leurs soins.

Un jour, dans un passé qui semblait hors du temps, alors que je circulais dans une voiture avec Viktor, Jostein et Harr, Viktor nous avait dicté les réponses qu'il faudrait donner à la police, dans le cas où elle nous rendrait visite le lendemain matin. L'espace de quelques secondes, alors qu'il se tenait encore au-dessus du pusher de Stovner, regardant le corps inerte à terre et le sang qui dégoulinait sur le blouson de cuir, j'avais capté dans ses yeux l'instant de panique. Aucun de nous ne savait si le gamin était mort ou vivant, amoché ou grièvement blessé, aucun n'osait se pencher pour vérifier ce qu'il en était. On n'avait pas voulu en arriver là. Ce devait être un avertissement, et voilà que c'étaient nous qui allions devoir nous cacher et inventer une histoire dans laquelle nous serions les témoins les uns des autres. Peut-être Viktor, au cours de la soirée, allait-il aussi en convaincre d'autres de nous inclure dans des alibis.

C'était la seule manière de s'en sortir.

La voiture s'était arrêtée tout en bas de l'allée Bjørnebærstien, et Viktor, sorti discrètement, s'était mis à arpenter les espaces entre les immeubles, traversant les zones de lumière des réverbères. Il avait l'air effrayé. C'est ce que je m'étais dit sur le moment, et je me souviens encore qu'entre nous, qui étions restés dans la voiture, on se regardait comme si la terre venait de s'ouvrir devant nous.

Je m'étais promis de ne pas être une marionnette, or rien qu'en me prêtant à la rédaction d'un texte dans lequel une histoire de mercenaires était considérée comme assez intéressante pour mériter d'être écrite, j'avais permis qu'on se serve de moi comme d'un instrument. J'ai jeté ma cigarette par-dessus la rambarde et suivi des yeux sa trajectoire vers le sol.

La nuit était chaude. Les lumières rouges de la ville clignotaient comme des vers luisants.

## N'DOLO, OCTOBRE 2013
## LE VIOLENT

— Café ?

Oui, a-t-il fait de la tête.

J'ai extrait du sac mon carnet de notes et le thermos. Versé l'expresso bien noir dans deux petits gobelets en plastique. Puis j'ai sorti le sachet contenant les morceaux de sucre. Le gardien avait fermé les yeux pour quelques dollars.

— Il faut un peu de sucre avec.

Joshua m'observait.

— Tu n'en veux pas ?

— Non.

— Moi, il m'en faut.

J'ai entrepris de mélanger le sucre roux à mon café.

Il regardait fixement le gobelet et la cuillère, et a fini par me tendre sa tasse.

— Un seul morceau.

J'ai ajouté une pierre de sucre dans son café.

Il a commencé à touiller et à siroter.

— Il est bon.

Il avait l'air tout juste réveillé, les mains ballantes le long du corps, les yeux pâles, une mine résignée que je ne lui avais pas encore vue.

— Tu te sens bien ?

Il a opiné distraitement, en regardant fixement dans sa tasse.

— Tendu ?

— Quoi ?

— Pour la conclusion.

— Quelle conclusion ?

— À propos de l'accusation.

— On s'habitue.

— À quoi ?

— À se préparer au pire.

— Tu t'attends à être accusé ?

— Oui.

— De meurtre ?

— Oui.

Pendant un petit moment, on a bu le café chaud à petites gorgées, en silence. Puis il a vidé son gobelet d'un coup, et l'a posé par terre.

— L'oppression mentale, a-t-il prononcé.

— Quoi ?

— Essaie de ne pas penser à un ours blanc… L'oppression mentale. Tu connais le principe ? Ils te disent : "Ne pense pas à l'ours blanc", et ils s'en vont. Toi, tu te retrouves là, à essayer d'éviter l'idée de l'ours blanc, mais tu n'arrives pas à imaginer autre chose. C'est une espèce de magnétisme cérébral. Tu finis par laisser tomber.

Ses pupilles vacillaient.

— Ils disent que je l'ai drogué et étranglé. Que je ne fais pas la différence entre le mensonge et la vérité. Que c'est une maladie chez moi, et que ça me ferait du bien d'avouer. Tu es un menteur. Ils me répètent ça à longueur de temps. Je ne veux pas y penser, mais dans ma tête, il y a une voix qui commence à me chuchoter *peut-être qu'ils ont raison, peut-être que tu ne sais pas qui tu es*. Et cette saloperie de bête surgit dans mon cerveau, énorme, glaçante. Qu'est-ce que je peux faire, hein ?

— Je ne sais pas.

Il s'est redressé avec un petit ricanement, et pendant un instant, il a paru retrouver son assurance teintée de ruse.

— C'est de la psychologie doublement inversée, a-t-il glissé en se penchant de nouveau. Il faut que tu te dises : ils ont forcément raison, mais pas complètement, parce que tu es bien pire que ce qu'ils imaginent.

Repoussant du pied le gobelet, il a ajouté :

— Ici, je me suis endurci.

— Qu'est-ce que tu essaies de me dire ?

— Je n'ai rien d'une victime. Je suis un soldat. Un violent. Un violent professionnel. C'est un type humain parmi d'autres. Le combat et la guerre, je trouve ça sain. Et je ne suis pas le seul de cet avis. Des millions d'hommes pensent la même chose. Des machos que ce genre de métiers attire.

J'ai secoué la tête.

— J'ai quelquefois l'impression que tu voudrais que je te décrive comme un type imbuvable.

Il m'a lancé un regard de défi.

— La Norvège s'est ramollie. On se fout de ce que pensent les Norvégiens, lui et moi.

Il a lu la stupéfaction sur mon visage.

— Je veux dire… Je m'en fous.

— Je comprends.

— Peut-être qu'on était des mecs imbuvables. C'est possible. On était peut-être même pires que tu ne l'as jamais imaginé.

— Mais peut-être aussi que vous étiez perdus, que vous ne saviez plus quoi faire ?

Il s'est mis à me fixer.
— Tu viens d'où ?
— Pardon ?
— Tu es d'où, en Norvège ?
— De Rykkinn.
— Bærum ?
J'ai confirmé :
— Le meilleur et le pire de Bærum. Pourquoi ?
— Qu'est-ce que tu faisais avant de te mettre à écrire ?
— Moi ?
J'hésitais.
— Je devais être ce qu'on appelle un jeune délinquant.
Il a rigolé.
— Un jeune délinquant ?
— Quelque chose dans ce goût-là.
Il avait l'air de trouver ça marrant.
— Tu veux dire trafic de drogue, bagarres, cambriolages et compagnie ?
— Ce genre-là, oui. Je n'étais pas le pire du lot.
— Pas le pire du lot ?
— Non.
— Moi, je n'aurais jamais pu donner dans la délinquance, dit-il. La drogue. Les vols par effraction. Je déteste. Ce n'est pas mon truc.
— Non ?
— Non.
— Pourtant, tu n'as pas toujours respecté la loi.
— Ce n'est pas la même chose.
— Tu crois ?
— Je suis un soldat.
— Pas ici, il me semble.
— Selon ma définition, si.

— La plupart de ceux qui transgressent les règles se croient uniques. Ils ont leur propre interprétation de la loi, et cette interprétation les exclut du champ de la criminalité. C'est la logique type du criminel.

— On n'en était pas, des criminels, en tout cas.

— La définition du criminel... c'est quoi ?... Quelqu'un qui commet des actes punis par la loi ?

— Je dirais plutôt : quelqu'un qui est condamné pour des faits punis par la loi.

— Justement, vous avez été condamnés.

— On ne reconnaît pas ce tribunal.

— Mais vous avez introduit des armes illégales en RDC, c'est de toute manière un acte qui tombe sous le coup de la loi. À moins que vous ne reconnaissiez pas non plus la législation internationale ?

— Tu as déjà été condamné à plus qu'une amende ?

J'ai fait signe que non. Il s'était détourné à demi, et je ne voyais plus que les contours de son visage.

— Non, j'ai eu de la chance. Je m'en suis sorti.

— Sans une égratignure ?

J'ai haussé les épaules.

— J'en ai quand même eu quelques-unes, des égratignures. Je me suis bousillé un genou.

Le voilà qui se penchait de nouveau vers moi. Son regard s'était assombri.

— Alors, c'est que tu n'étais pas un délinquant, hein ? Selon cette définition. Si tu n'as pas été condamné.

— J'en étais un, si. C'est comme ça que je me voyais.

Il m'a regardé bien en face.

— Nous, en tout cas, on n'était rien d'autre que des soldats. Écris-le.

— Que vous étiez des soldats ?

— Oui. Pas des criminels.

Puis, dans un sursaut, il s'est levé de sa chaise et a appelé le gardien.

— Quelque chose ne va pas ?

— J'ai juste un peu de vertiges.

Il s'est dirigé vers la porte et a frappé trois fois.

Un gardien lui a ouvert.

Quand il s'est retourné vers moi depuis le seuil du parloir, j'ai vu pour la première fois le désespoir à nu sur son visage.

## N'DOLO, NOVEMBRE 2013
## LE JUGEMENT

J'ai lu sur News24 qu'un prêtre kidnappé dans la province du Kivu venait d'être libéré au bout de quatre mois de détention. Les ravisseurs exigeaient de l'Église catholique une rançon de cinq cent mille dollars. Le père Ngono avait donc été relâché. On avait retrouvé les deux autres prisonniers dans un fossé, décapités. L'Église se refusait à dire combien elle avait versé pour obtenir cette libération. Un porte-parole du Vatican exprimait le soulagement de la communauté catholique.

Vilde m'a appelé sur Skype.

Son visage était plus pâle que dans mon souvenir. Ses yeux plus sombres.

— Il s'est passé quelque chose ?

Nos conversations avaient changé. Quand je l'ai vue sur l'écran, cette image floue, sa mâchoire vue de dessous, j'ai pensé brutalement : on n'est pas ensemble. Tant que je serai ici, on ne sera pas ensemble.

— Non. On attend. Le rapport médicolégal est sûrement prêt.

— C'est une bonne chose, non ?

— Oui.

— Et s'il n'y a rien eu – je veux dire – rien de criminel, il va peut-être pouvoir rentrer en Norvège ?

— Ce n'est pas si simple.

— Non. Mais je veux dire : à terme.

— Oui.

— Il y a un espoir, alors ?

La lumière venant de la fenêtre de la cuisine lui inondait le visage.

— Peut-être.

— Tu as l'air tellement…

— Tellement quoi ?

— Je ne sais. C'est comme si…

— Vas-y.

— Non. Je ne sais pas quoi dire.

Je me suis passé la main sur le front, comme pour chasser quelque chose de collant. C'était le matin, encore tôt. Réveillé plusieurs fois dans la nuit, j'avais déambulé dans la chambre. J'étais encore à jeun et la tête me tournait. Mais rien de tout cela n'avait d'importance. Je me demandais pourquoi je me sentais comme un étranger devant elle, comment se pouvait-il que le fait de parler avec elle me soit une épreuve. D'ordinaire, c'était un soulagement. J'avais l'impression de rentrer à la maison. Cette fois, je me disais que je ne connaissais pas ce visage. Ce n'était pas celui de Vilde, mais une sorte de copie de celui que j'aimais.

— Pour être honnête, je voudrais bien rentrer, lui ai-je avoué tout bas, sans regarder l'écran. Comme s'il était doté d'une espèce de pouvoir de transformation qui faisait de nous des inconnus l'un pour l'autre.

— Pour être honnête ?

— Mais je ne peux pas m'en aller.

J'ai senti que j'avais dit quelque chose de mal.

Comme si je l'avais repoussée.

Ou si j'étais parti pour une mission dangereuse en la laissant seule en Norvège.

On a raccroché sans avoir réussi à clarifier ce qu'on avait besoin de se dire.

Je me suis recouché.

Le sommeil n'est pas revenu. Chaque fois que je fermais les yeux, je voyais devant moi une image indésirable, le Norvégo-Pakistanais qui gisait à mes pieds, l'éclat blanc de ses yeux, le sang qui coulait à flots de la plaie sur sa tête.

Je me suis relevé d'un bond.

Je suis allé dans la salle de bains et j'ai rempli le lavabo. J'ai maintenu mon visage sous l'eau froide, jusqu'à voir surgir des taches noires devant mes yeux.

L'envoyé spécial du ministère et le médecin légiste s'étaient installés tout au fond de la salle du petit-déjeuner, derrière une plante et une colonne. J'ai entraperçu le visage barbu du médecin, et j'ai foncé droit vers eux sans réfléchir. Les deux hommes parlaient bas, penchés l'un vers l'autre. Je suis arrivé devant leur table et le médecin a levé les yeux. J'ai salué son acolyte d'un signe de tête. Je ne l'avais pas encore rencontré, mais le connaissais de visage pour avoir vu sa photo dans les médias.

— Bonjour.

Ils me regardaient, sidérés.

L'envoyé spécial du ministère était un homme grisonnant, costume impeccable, chemise blanche. Gueule sympathique, regard attentif, ai-je encore observé. Avec une voix étonnamment douce.

— Bonjour. Je ne crois pas que nous…

Le médecin légiste l'a interrompu :

— Le tribunal militaire a décidé d'accuser French du meurtre de Moland…

Je me suis assis à leur table, et j'ai caché mon visage dans mes mains. J'ai bien vu qu'ils me fixaient, mais ça m'était égal.

— C'est terrible.

L'envoyé spécial a acquiescé, plein de compréhension.

— Ce n'était pas ce que nous espérions.

— Je croyais que vous étiez entièrement d'accord, entre médecins légistes ? Le rapport commun établissait pourtant que vous n'aviez relevé aucun signe de violence ?

Le médecin hochait la tête.

— Ça, c'était avant que le tribunal militaire n'ait vu l'affaire dans son intégralité.

— Quelle intégralité ?

Pendant quelques secondes, ils m'ont regardé en silence tous les deux. Encore une de ces questions auxquelles personne n'était capable de répondre. L'envoyé spécial s'est levé.

— On doit y aller, m'a-t-il dit, l'air de s'excuser. Il va y avoir une réunion…

Je me suis levé à mon tour.

— Je suis désolé, a lâché le médecin légiste.

Il avait l'air torturé, comme s'il y était personnellement pour quelque chose.

— Ce n'est pas votre faute.

La phrase m'avait échappé. Un imperceptible sourire s'est esquissé sur ce visage si grave.

Puis il m'a salué de la tête, et tous deux se sont hâtés vers la sortie.

Allongé sur mon lit, j'ai parlé avec Ole Jakob au téléphone. Il semblait inquiet. D'après lui, une accusation revenait quasiment à un verdict.

Il m'a demandé si je voulais venir déjeuner en ville avec lui et sa femme, mais je ne me sentais le courage d'aller nulle part.

Je suis descendu au bar prendre une bière. Une deuxième, une troisième, une quatrième. Ma réflexion rétrécissait comme si j'étais coincé au fond d'un puits.

Le lendemain, j'ai pu voir Joshua brièvement.

On s'est retrouvés dans le parloir habituel. Il n'avait pas dormi de la nuit, m'a-t-il dit d'une voix rauque. Il avait la peau du visage sèche, et une ecchymose de la taille d'une prune sur une joue. Je le lui ai fait remarquer :

— Tu as quelque chose sur la joue.

Il a tourné vers moi un regard vide.

— Quoi ?

— Sur le côté du visage.

Je lui montrais du doigt ma propre joue, mais il n'a pas eu l'air de comprendre.

— J'ai déjà trois condamnations à mort. Une de plus ou de moins, ça ne changera pas grand-chose. Tjostolv en avait cinq. Si j'arrive à deux de plus, on sera à égalité.

Que lui dire ?

— Je n'arrive pas à avoir les idées claires, s'est-il plaint. Je crois que j'ai dû attraper un truc. Ça bourdonne dans ma tête.

Il regardait ses mains, qu'il tenait devant lui. Il ne tremblait pas.

— Je ne suis pas malade, continuait-il, mais je ne me sens pas bien. Je n'ai pas trop chaud. Pas de fièvre. Mais des vertiges.

Se rapprochant de moi, il a ajouté :

— C'est peut-être la drogue.

— La drogue ?

— Ils essaient de me démolir. Pour que j'avoue. Ils ont fait pareil avec Tjostolv. Ils veulent me casser le moral, tu vois, ma force intérieure. La dope, je n'en ai jamais pris. Je déteste. Mais là, ils n'arrêtent pas. Dans l'eau. Dans ce que je mange. Ils veulent me détruire le cerveau. C'est pour ça que ma mémoire flanche, et que je n'arrive pas à penser aussi clairement que je voudrais.

Il chuchotait, mais il y avait dans sa voix une intensité pénétrante.

— Ici, je ne peux pas m'alimenter. Je suis obligé de faire semblant d'ingurgiter leur bouffe toxique, je la garde en douce dans la bouche et je la recrache la nuit. Et puis je fais comme si mon cerveau se dégradait, petit à petit. Tu comprends ? Comme ça, ils pensent que je vais finir par craquer. Et pendant que je reste couché et qu'on me croit malade et au bout du rouleau, je me reconstitue lentement, mais sûrement, sans qu'ils s'en rendent compte. Ils ne comprennent pas. Il y a longtemps que je sais où ils veulent en venir. Ils s'imaginent qu'ils vont réussir à me rouler et à m'empoisonner, mais c'est moi qui les roule.

Son sourire était littéralement éclatant.

— Tu n'arrives pas à dormir ?

Cette fois, son visage s'est durci.

— Ils foutent ça dans la bouffe et dans l'eau, ensuite, ça passe dans mes veines. Et je l'ai là, dans la tête. En plus, ils restent plantés à côté de mon lit pendant la nuit.

— Qui ?

— Les gardiens.

— Pour quoi faire ?

— Ils me regardent. Ils restent immobiles à me regarder. Une nuit, ils m'ont aspergé d'eau. La nuit suivante, ils sont revenus avec des bouteilles vides, et chaque fois que je m'endormais, ils cognaient les bouteilles contre les ressorts du lit. Pour que je ne puisse pas me reposer. Je sais ce que ça signifie, leur foutu silence : que je ne dois rien dire au procès.

De retour à l'hôtel, je suis resté figé à mon bureau. Le clavier me fixait ironiquement. Verrouillé. Quoi que j'écrive, ce serait faux. J'aurais beau taper fort sur les touches, les mots s'effaceraient d'eux-mêmes. J'ai avalé un somnifère et me suis allongé sur le lit. Dehors, il faisait encore jour, mais il fallait que je dorme.

J'ai glissé dans des rêves intermittents.

J'étais en voiture avec Vilde, je roulais sur l'autoroute, à la sortie d'Oslo. Il neigeait sur le pare-brise, c'était tôt le matin. Un semi-remorque nous a dépassés à grande vitesse et s'est mis à zigzaguer devant nous.

Il y avait un cheval mort sur la route, la tête fracassée, écrasée par les voitures, avec de la cervelle étalée sur la chaussée et de grandes flaques de sang. Un camion de transport d'animaux était renversé sur le terre-plein central.

— Pourquoi conduis-tu si lentement ?

Je me suis tourné vers Vilde.

Sa voix venait du plus profond de sa personne.

— Qu'est-ce que tu dis ?

Du sang lui dégoulinait sur les cheveux et le visage. Elle avait une balafre sur un côté du crâne.

J'ai pointé le doigt par-dessus mon épaule vers le cheval mort et le camion renversé, mais je n'arrivais pas à prononcer un mot.

— Qu'est-ce qui t'arrive ? s'est-elle étonnée.

— Quoi ? Qu'est-ce que tu veux dire ?

Elle m'a lancé que je me comportais bizarrement depuis quelque temps, je lui ai demandé ce qu'elle entendait par "bizarrement", et elle m'a répondu que je me montrais froid et distant. Je ne comprenais pas, me suis-je défendu, j'étais juste fatigué. Et elle m'a dit que je ne la regardais plus.

— Quoi ?

Comme je voulais qu'elle s'explique, elle a répété que je ne la regardais plus, au sens propre.

Je fixais la route devant moi. Le semi-remorque s'était rabattu sur la file de droite. Il continuait à zigzaguer, et je me suis dit qu'il glissait parce qu'il avait les roues souillées par le sang du cheval.

— Même là, tu ne me regardes pas. De quoi est-ce que tu as honte ?

À présent, des nuages sombres passaient à l'intérieur de la voiture.

— Je conduis.

— Ça dure depuis longtemps, a-t-elle rétorqué, ce n'est pas nouveau. Quand je te regarde, tu détournes les yeux, et quand c'est moi qui détourne les yeux, toi tu me regardes.

— Je fais ça ?

— Oui.

Je continuais à fixer la route, inquiet comme si quelque chose de terrifiant était sur le point de se produire.

— Je suis seulement fatigué.

Vilde a poussé un soupir excédé.

— Je ne te crois pas, je te connais, je suis sûre qu'il y a quelque chose.

— Quoi donc ?

Je lui ai jeté un rapide coup d'œil. Elle se passait les paumes sur le visage comme si sa peau était couverte d'une substance gluante invisible. Le sang qui coulait de sa plaie sur la tempe s'est étalé en une tache de la taille d'un ongle.

Je ne sais pas pourquoi les mots ne voulaient plus sortir. J'avais le sentiment qu'il pourrait être dangereux de dire quelque chose, que ce que je dirais pourrait être utilisé contre moi, que je pourrais avoir des propos dont la teneur pourrait être bien plus déplacée que je ne m'en rendrais compte. Je ne lâchais pas le semi-remorque du regard. Les lumières de l'autoroute balayaient l'intérieur de l'habitacle, le silence est retombé, et j'avais l'impression que ce n'était plus Vilde, mais une autre personne qui s'était faufilée dans son corps et jouait le rôle de celle que j'aimais.

## KINSHASA, NOVEMBRE 2013
## LE PROCÈS

D'une certaine manière, je n'étais pas là. Toutes ces longues journées passées dans le tribunal improvisé de N'dolo, j'ai eu l'impression que mon esprit avait migré dans un autre corps.

On avait aligné quelques vieilles tables dans le vestibule qui servait de salle d'attente au bureau du directeur, et posé dessus des piles de papiers. Les juges étaient assis dos au mur. Devant eux s'alignaient des rangées de chaises. L'uniforme immaculé du juge principal captait l'attention du public.

Joshua est resté debout pendant des heures. Il faisait chaud, la sueur traversait le tissu de son uniforme de détenu. Il se penchait en avant en s'appuyant prudemment du bout des doigts sur la table.

J'avais pu m'asseoir deux rangs derrière lui. En m'inclinant, je distinguais son profil entre les épaules de deux diplomates en costume. Sa joue était humide de transpiration. Je saisissais au vol son regard agité. La chaleur lui collait les cheveux au front. Lui seul a dû garder cette position vacillante pendant toute la durée du procès, ordre du tribunal. Certains jours, plus de huit heures d'affilée.

Le premier jour, le juge principal, Serge Kabondo, s'est raclé la gorge sans lever les yeux du porte-documents ouvert devant lui.

Le procureur Nkulu s'est avancé en gesticulant avec fougue. Il portait l'uniforme militaire congolais. Les pans de sa veste voletaient. Il a examiné le prévenu en affichant une mine de curiosité scientifique. Puis il s'est retourné vers les juges avec un sourire triomphant, et s'est adressé à eux sur un ton de confidence :

— French est un homme dangereux.

Il s'est brusquement tourné vers le public.

Et sa voix m'a percé les tympans.

— Vous l'avez vu en photo, avec cette longue barbe et ces cheveux en bataille.

La gravité s'est peinte sur son visage.

— Mais si vous le relaxez, vous verrez qui il est en réalité, et de quoi il est capable. Tel que vous le voyez là, tête baissée, il n'a pas l'air dangereux, mais nous savons à quel acteur, à quel menteur nous avons affaire.

Le procureur s'est planté tout près de Joshua, de l'amertume et du mépris plein la voix, et il m'a soudain semblé qu'il parlait de moi.

— On le fait passer pour un homme aimable, mais il est brutal et égoïste. Il y a chez lui un potentiel de cruauté caractérisé.

Le regard du procureur a traversé la salle pour se planter dans ma poitrine. J'ai soudain eu du mal à respirer. J'ai tourné les yeux vers Joshua.

Il avait courbé la nuque et se tenait voûté, regardait fixement ses doigts qu'il écrasait contre le plateau de la table.

À présent, Nkulu murmurait, mais toute la salle l'entendait clairement :

— La raison veut que French passe le reste de sa vie en prison.

Joshua n'a pas levé les yeux. Les deux diplomates devant moi se sont mis à chuchoter, quelques mots en norvégien que je n'ai pas saisis.

Joshua s'appuyait de tout son poids à la table.

Comme dans un film au ralenti, il a tourné la tête vers sa mère, qui était assise dans la rangée derrière lui.

— On ne pourra jamais lui faire confiance.

Joshua a toussoté et essayé de dire quelque chose, puis, la main sur la gorge, il s'est penché au-dessus du sac en plastique posé par terre à côté de lui, et s'est plié en deux pour vomir.

Une nuit de plus à l'hôtel. Il y avait quelque chose d'artificiel à loger si longtemps dans une chambre comme celle-ci. Quand je suis rentré, il faisait noir, je me suis couché, et les pensées ont commencé à me revenir par bouffées. Je revoyais le visage du procureur. Joshua plié en deux par-dessus la table. Le sac de vomi. Je me suis levé, j'ai sorti une bouteille d'eau fraîche du minibar, et j'ai bu, assis au bord du lit. Je ne reprendrais pas de somnifère. Je me suis recouché en essayant d'imaginer l'appartement d'Oslo, et me suis assoupi. Le visage de Vilde. Elle me disait quelque chose que je ne comprenais pas. J'ai tendu l'oreille. Elle parlait une langue étrangère.

Nouveau réveil en sursaut. J'étais trempé de sueur dans la lumière matinale.

J'ai pris une douche écossaise. Ma tête grouillait de bulles d'air. J'ai bu trois tasses de café. On est repartis pour N'dolo, Ole Jakob et moi. Encore une journée dans cette salle. Puis le retour à l'hôtel. Le repos sur le lit, avant de me mettre à écrire. Et de sombrer dans le sommeil. Puis le réveil titubant jusqu'à la douche.

Combien de temps cela allait-il encore durer ?

Je n'étais pas moi-même.

Ole Jakob m'attendait à la réception.

— Tu es pâle.

Pendant qu'on traversait Kinshasa, j'ai sorti la tête par la fenêtre.

Il y avait une voiture renversée sur le bord de la route. Elle avait l'air d'y être depuis un bout de temps. J'ai fermé les yeux et repensé à ce que j'avais écrit, cette nuit-là.

En se réveillant, il les vit debout à côté de son lit. Il faisait nuit. Il entendait leur respiration. Ils ne disaient rien, ne bougeaient pas. Il resta immobile et feignit de dormir encore. Il avait caché une lame de rasoir sous son matelas. Il se mit sur le côté. Les ombres autour du lit ne réagirent pas. C'étaient des hommes empaillés. Comme morts. Figés. Il sortit la lame de rasoir. S'entailla la poitrine et sentit un réseau de petits ruisseaux tièdes l'inonder.

Plus tard, dans la nuit, il se retrouva sur une civière. Ses plaies saignaient. Une à la poitrine, l'autre à l'aine. Il avait si mal qu'il en riait.

La seule manière d'échapper aux tortionnaires empaillés, c'était l'infirmerie. Là, il pourrait dormir. On lui donnerait des médicaments, pas du poison. Il aurait la paix. La prochaine fois, il se sectionnerait un doigt ou une oreille. Les gardiens le transportaient à travers les couloirs. Un lit, enfin. Les entailles étaient pansées, on lui avait administré un antalgique. Les yeux au plafond, il guettait un bruit de pas discret, une respiration, mais n'entendait rien, et il sentit que le médicament commençait à produire son effet. Enfin, il allait pouvoir dormir tranquille.

Une sonnerie retentit, et le silence se fit dans la "salle du tribunal". Des journalistes norvégiens, des enquêteurs, des représentants du ministère norvégien des Affaires étrangères et une poignée de curieux avaient pris place sur les douze rangées de bancs.

Joshua se trouvait à la même place. Était-ce la veille que le procureur l'avait traité d'acteur ? Il ne se souvenait plus.

Hier, ou la semaine dernière ?

Le temps était un trou, il se sentait glisser sur un toboggan. La sensation le chatouillait désagréablement, il aurait voulu rire, mais un rire ici, en aparté, ça ferait peut-être mauvais effet. Hé hé... il n'avait pas l'intention de se montrer méprisant vis-à-vis du tribunal, il avait le plus grand respect pour ce cirque... enfin, pour ce procès... pour la cour militaire, le procureur et les juges... mais les coins de ses lèvres se contractaient, voulaient l'obliger à s'esclaffer, il se mordit la langue pour ne pas écumer de rire... "écumer de rire", est-ce que ça se disait, en norvégien ?

Il commençait à perdre sa langue maternelle... Ho ho ho... il s'imaginait soudain, lui, l'accusé *mzunguen*, la gueule tout écumante, et aussitôt il repensa à Tjostolv, le revit rire et pleurer au procès de Kisangani, se lever, s'avancer vers le juge et lui déclarer sérieusement qu'il avait quelque chose d'important à lui dire, qu'il était partisan du chef rebelle Laurent Nkunda. Mais ensuite, on l'avait vu tour à tour en proie au fou rire et aux larmes, et danser tout nu sous la pluie.

Le président du tribunal militaire, Serge Kabondo, arborait un uniforme d'un blanc étincelant. C'était impressionnant. Comment réussissait-il à rester si propre dans pareil environnement, c'était un mystère. Pas un grain de poussière, pas la moindre salissure, ni même une goutte de sang d'accusé. Le public suivait chaque geste de l'honorable personnage. Serge Kabondo le regarda et ouvrit l'épais dossier renfermant les comptes rendus de séance. Voici que ses collègues entraient en file indienne dans la salle et s'installaient à ses côtés.

Ho ho.

Joshua se mordit la lèvre.

Kabondo lut son dossier pendant quelques minutes. Puis il leva les yeux.

— Le prévenu a-t-il des commentaires à formuler ?

Joshua se mordit un peu plus fort la lèvre. Ce n'était pas le moment. Surtout, ne pas bouger, se retenir.

Non. Il n'avait pas de commentaires. Il sentait battre sa plaie à la poitrine, sous le bandage.

Son cœur était peut-être en voie de foutre le camp.

À travers le murmure de la salle, il perçut le son d'un ventilateur qu'on mettait en marche, le battement arythmique des pales qui commençaient à tourner.

— Pardon, monsieur le Juge ? Vous disiez ?

— Avez-vous quelque chose à ajouter ?

Il hocha la tête.

— À ajouter ? Non.

Sortir d'ici, voilà ce qu'il voulait.

— Est-ce que je peux m'asseoir ?

Le premier juge assistant installé à gauche du président s'est levé.

— Le prévenu doit rester debout pendant les débats.

Joshua opina.

— Bien sûr.

Un soldat entra dans la salle, s'avança jusqu'au président et lui tendit un dossier de plus. Kabondo l'ouvrit, et se mit à lire de sa belle voix grave.

Joshua regardait la blancheur de son uniforme.

"S'agissant de la question de savoir dans quelle mesure l'on serait en présence de circonstances atténuantes, une majorité de votes s'est dégagée en faveur de la réponse « oui »."

Joshua avait beau écouter le juge, il ne parvenait pas à le comprendre.

Comme si le propos était formulé de manière codée, comme s'il signifiait autre chose que les mots prononcés par le digne personnage, et que lui-même, incapable de se concentrer, ne savait pas interpréter leur sens caché. Il allait être condamné, là n'était pas la question, mais ce qui l'inquiétait, c'étaient les conséquences. Il savait bien sûr à quoi on le condamnerait... à plus de prison, à plus de tout ce qu'il connaissait déjà... mais aux yeux du juge, qu'avait-il fait ?

On n'allait évidemment pas le condamner pour le meurtre de Kasongo ni celui de Tjostolv, ça, c'était la formule codée. Mais qui signifiait quoi ?

Il écoutait la voix fière du juge.

Il sentait les regards du public s'enfoncer dans sa nuque. Il leva les yeux vers la pendule, au-dessus de la porte d'entrée. Il était encore tôt. La température, dans cette pièce, serait bientôt intenable. Il y aurait des évanouissements... Il se tamponna le cou. Il fixait le visage du juge, ses lèvres qui lisaient les conclusions d'une voix qui sonnait comme celle du Très-Haut.

"Sur la question de savoir si le prévenu était coupable du meurtre susmentionné, une majorité de voix, à l'issue de scrutins réitérés à bulletins secrets, s'est dégagée en faveur de la réponse « oui »."

Oui, oui.

Mais quel était le sous-entendu ?

Kabondo leva les yeux, son regard se promena sur l'assistance. Un instant, il s'arrêta sur la mère du prévenu, juste derrière son fils.

Joshua se retourna. Elle était pâle, aujourd'hui. Peut-être avait-elle compris, elle, ce que le juge voulait dire. Il eut pitié d'elle. Une mère ne devrait pas être obligée d'écouter ce genre de choses sans comprendre. On aurait au moins dû l'autoriser à s'asseoir, mais ici, inutile de demander quoi que ce soit.

De nouveau, il regarda la pendule murale, au-dessus de la porte. La trotteuse s'était arrêtée sur le chiffre six, et faisait du surplace en tressautant.

Un signe, ça aussi ?

"Joshua French est condamné à la prison à perpétuité pour le meurtre susmentionné de son codétenu Tjostolv Moland."

Nouveau coup d'œil vers la pendule.

Merde. Elle était complètement arrêtée.

Et il ne savait même pas pour quelle raison on l'avait condamné.

Était-ce ainsi qu'il pensait ?

Mes pensées à moi – celles que je convertissais en texte – ressemblaient-elles aux siennes ?

Ma voix se mêlait à une autre, plus rauque. Ce n'était pas sa voix à lui, mais pas la mienne non plus. Il y avait dedans cette vibration que j'essayais d'identifier, les yeux fermés, pour retrouver d'où elle venait, à qui elle appartenait. Peut-être était-ce un mélange de divers fragments, des bouts de phrases venus de lui, des choses que j'avais lues, déduites par interprétation, ou inventées, une voix fictive composée d'éléments réels ?

Qui donc parlait en moi ?

D'où venait cette vibration ?

Assis dans ce tribunal de circonstances, les yeux fermés, je me suis soudain senti transporté loin de la chaleur de la pièce, loin du ronronnement du ventilateur qui tournait au plafond, pour me retrouver dans la nuit, sur un parking de Rykkinn, derrière les immeubles de la rue Bjørnebærstien. Le vent sifflait par-dessus les toits. Devant moi, un homme gisait à terre, le visage enfoncé dans le sol.

## KINSHASA, NOVEMBRE 2013
## RUE ROBERT

*Une histoire n'est jamais qu'un noyau de vérité déguisé en mensonge.*

Pourquoi les auteurs – quels qu'ils soient – n'écrivaient-ils pas à quel point leur attention pouvait être assiégée par la force électrique du doute, un doute à vous rendre fou ?

Je traverse un bâtiment constitué de voix, de lambeaux de souvenirs et d'informations mortes. Je m'arrête. Je sais que je dois continuer si je veux trouver le point lumineux : une salle, une salle de tribunal où les gens disent vrai. Quelque chose me paralyse : je cherche, mais comment savoir que j'aurai trouvé si je ne sais pas ce que je cherche ?

Tôt, le lendemain matin, le téléphone a sonné et une voix connue a prononcé mon prénom.

J'avais la tête affreusement lourde.

Le soleil dessinait des lettres pâles sur les rideaux.

— Qui est à l'appareil ?

— Tu ne reconnais pas ma voix ?

Assis nu dans mon lit, je parcourais la pièce du regard en plissant les paupières, et je savais bien que je connaissais ce timbre, mais n'arrivais pas à le relier à un nom ni à un visage.

— Si…

Elle a ri.

— C'est Sara, la vieille tante de Vilde. Je n'avais pas l'intention de te réveiller, mais je suis à Kinshasa.

— À Kinshasa ? Qu'est-ce que tu fais ici ?

— À ton avis ? Je t'ai vu à la prison hier, mais tu as disparu avant que j'aie une chance de t'adresser la parole.

— Tu étais à N'dolo ? Quand es-tu arrivée ?

— Hier. Je ne reste que quelques jours. On pourrait se voir aujourd'hui ?

En écoutant Sara, j'avais devant moi le visage de Vilde. Personne, à les voir, n'imaginerait qu'elles puissent être de la même famille, je pense, et pourtant, au son de la voix de Sara, mon regard intérieur venait de voir surgir le visage de Vilde avec une netteté incroyable, comme si nous étions de nouveau tous les trois dans la cuisine du chalet, à Hvaler, et qu'en tendant la main je pouvais les toucher l'une ou l'autre.

Nous sommes convenus de nous retrouver à midi au restaurant de la rue Robert.

J'ai pris une douche, je me suis rasé, me suis lavé les dents. Puis j'ai enfilé une chemise et l'ai boutonnée devant le miroir.

J'aurais de l'allure.

Je suis resté quelques secondes devant la glace, à regarder mes joues rasées de frais, ma chemise bien repassée.

Ce n'était pas pour Sara que je voulais me faire beau.

Ni pour moi-même.

C'était pour Vilde.

J'ai remonté à pied les avenues décrépites, je suis passé devant la caserne de pompiers incendiée, l'alignement de garages automobiles, les parcs desséchés et les immeubles inachevés. Dans une vitrine, il y avait une photo de Mobutu Sese Seko, souriant. Je me suis arrêté devant. Le dictateur Mobutu tenait le Zaïre d'une main de fer, mais il avait le grand projet visionnaire de rendre à l'Afrique sa fierté et sa foi dans l'avenir. L'espoir d'un nouvel âge d'or avait vu le jour quand il avait dû partager le pouvoir avec l'opposition. Mais l'invasion du pays par le Rwanda, en 1996, avait marqué le début des guerres africaines.

Au bout d'une demi-heure de marche, je suis arrivé rue Robert, au restaurant Chez Moi. Je me suis installé à une table sous le store de plastique, j'ai commandé une bière et j'ai guetté l'arrivée de Sara.

Je me faisais une joie de revoir la tante de Vilde.

Comme je fermais les yeux dans la chaleur de la rue, je me suis retrouvé d'un coup devant le tribunal militaire provisoire de N'dolo. La nausée m'a saisi à la gorge. Je me suis levé pour faire signe au serveur.

Je pourrais avoir un verre d'eau, s'il vous plaît ?

J'ai descendu le verre d'un trait. Aucun mouvement dans la rue. Puis un taxi est arrivé, lentement. Il fallait que je garde les yeux ouverts. Surtout, ne pas trop réfléchir. Garder la tête froide comme l'eau fraîche que je venais de boire.

Et je l'ai vue devant le restaurant : Sara portait une robe longue en coton noir qui faisait briller sa crinière grise.

Je lui ai dit qu'elle était belle en la serrant dans mes bras sous le store de plastique.

Elle s'est dégagée avec un petit rire goguenard.

— Hier soir, je me suis endormie à dix heures. Je n'en pouvais plus. J'ai du mal à tenir plus tard, je te dirai. Une soirée comme celle-là, et il n'y a plus personne. Encore heureux que je tire ma révérence bientôt. Et toi, tu as fait quoi, hier soir ?

— Rien. Je suis resté au bar une heure, j'ai bu deux bières. Et je me suis écroulé. Sur mon lit. J'étais… Je ne me sentais pas très bien.

— Ah.

Elle m'a attrapé la main :

— Je dois dire que tu n'as pas très bonne mine.

Une mouche aux ailes jaunes tournait sans relâche autour de l'ampoule grillée qui pendait à un câble, dans une fente du store. Le serveur s'est approché de notre table. Je lui ai souri et on a jeté un œil au menu. En réalité, il n'y avait ici qu'un seul plat à commander, mais un très bon plat, très épicé.

— Du poulet ?

Sara a levé les yeux de la carte.

— Du poulet et une bière.

Le serveur est allé porter la commande en cuisine.

— Il est costaud, leur poulet.

Elle souriait, m'observait.

— Il est temps que tu rentres, maintenant, tu commences à avoir un teint de jaunisse.

J'ai fait signe que oui.

— Je pars dans quelques jours, ai-je répondu, tout en sentant que je n'étais pas encore prêt à partir.

— Il est comment, ce Joshua ?

— Qu'est-ce que tu veux dire ?

— Ça te laisse quelle impression, après coup… Quand tu retournes dans ta chambre d'hôtel et que tu y repenses ? Tu ressens quoi ?

Il y avait de l'exigence dans sa voix, comme si elle me faisait comprendre que je lui devais une explication.

— Il y a chez lui quelque chose qui…

— Oui ?

— Tu vas sûrement trouver ça bizarre, je veux dire, d'ordinaire, les égarements des mercenaires dans la jungle, ça n'a pas le don de m'émouvoir… mais je ne sais pas, il y a quelque chose…

— Quelle chose ?

Elle posait sur moi son regard inquisiteur, il fallait bien que je m'explique.

— Comment dire…

— Quoi donc ?

— Au début, j'étais extrêmement sceptique à propos de cette affaire et de tout le foin qu'on a fait autour, je considérais ces deux types comme des meurtriers de bas étage, n'est-ce pas, mais une fois ici, j'ai commencé à les voir comme…

— Des machos qui avaient mal tourné ?

— Non. Pas ça. C'est un peu comme une machine qui se serait mise à ronronner dans ma tête, en me soufflant que ces gens étaient des êtres humains, et que même si je les méprisais, d'une certaine façon, il y avait quand même chez eux quelque chose de fier, de touchant et d'effrayant… Ça n'a peut-être ni queue ni tête, ce que je dis… mais je me suis mis à me demander comment on en était arrivé là.

— Vous, les hommes, tu veux dire ?

— Non. Nous, le genre humain.

Elle a ri.

— Je crois que tu as besoin d'une bière, mon garçon.

J'ai souri.

— Oui… c'est possible.

— Je ne vois pas ce qu'il y a de touchant là-dedans. Ce n'est pas tout simplement bête et tragique ?

— C'est peut-être le mélange des deux qui rend la chose intéressante, lui ai-je répondu… Intéressante à mes yeux. L'attitude de l'aventurier machiste, rien-ne-me-résiste-personne-n'aura-ma-peau, et à côté, quelque chose de… d'égaré… J'ai parfois l'impression qu'il y a un petit garçon à l'intérieur du mercenaire, et… un petit garçon qui voudrait bien sortir de la camisole de force dans laquelle il est ficelé… pas la prison, je veux dire, la prison militaire, c'est un lieu de brutalité et tout ce qui s'ensuit, mais… je pense à la réalité qu'il s'est façonnée pour lui-même, sa réalité interne, derrière la façade, c'est là qu'il se trouve. Quelquefois, je n'entends que lui, sous la carapace, et… je ne sais pas… c'est peut-être moi qui m'imagine ça pour le transformer en quelqu'un que je puisse comprendre, mais il me semble qu'il y a quelqu'un là-dedans, un enfant qui ne demande qu'à sortir, et qui est… très seul.

Arrivé au bout de cette bouillie verbeuse, j'ai repris mon souffle en jetant des coups d'œil penauds dans le restaurant. Un jeune couple était assis, tête contre tête, à la table derrière Sara. Des étudiants d'une petite vingtaine d'années. Bien habillés. La future élite de la RDC. Leurs regards débordaient littéralement d'amour.

Puis j'ai tourné les yeux vers Sara.

— Désolé. Je t'arrose de mes discours. Qu'est-ce que tu en penses, toi ? De ce verdict ?

Sara a sorti un paquet de fins cigarillos, en a allumé un avec son briquet.

— Eh bien. Il faut le replacer dans son contexte historique, a-t-elle répondu de sa voix assurée. On ne peut pas considérer les procès diligentés par une cour militaire de la même manière qu'on observe une procédure judiciaire en Norvège ou dans n'importe quel pays de l'UE. Les situations sont totalement différentes, il ne serait pas constructif de les comparer. Mais… je pense surtout qu'il s'agissait de faire un pied de nez à la Norvège.

Le serveur se présentait à notre table avec deux bouteilles de Primus. Il les a ouvertes et nous a servi la bière dans de grands verres. On a trinqué avant de boire.

— La police norvégienne a quand même été invitée à se rendre en RDC pour assister à l'enquête… Nom de Dieu, ce qu'elle est bonne, cette bière ! s'est-elle exclamée avec un grand sourire en désignant les bouteilles de Primus.

Elle a pris une autre gorgée et s'est essuyé la bouche du revers de la main.

— Tout ça, c'est clairement la honte pour les autorités norvégiennes. Rappelle-toi que cette invitation est venue alors que des voix critiques s'élevaient chez nous à propos de ces procès. Manifestement, les renseignements congolais suivent de très près ce qu'on écrit sur la RDC dans les médias étrangers, et le rapportent immédiatement aux instances politiques. À mon sens, l'invitation devait avoir pour but de contrôler les critiques norvégiennes.

Je pensais à l'humiliation subie par la police norvégienne au tribunal.

— L'enquêteur technique m'a carrément dit qu'on ne l'avait jamais traité aussi mal au cours d'un procès.

— Ils ont sûrement fait de leur mieux, m'a-t-elle répliqué sèchement. Mais tu sais bien comment sont les Norvégiens, ils arrivent là avec leur savoir-faire technique et stratégique, leur sentiment de supériorité occidentale rivé au corps. Ils ont sûrement essayé de le cacher, mais ça leur sort par tous les pores. C'est le genre de choses qui agacent les Congolais. On a demandé aux Norvégiens d'assister les enquêteurs, pas de les supplanter.

— Mais putain, les rapports n'ont fait qu'appliquer les normes scientifiques. Qu'est-ce que tu voulais que le médecin légiste fasse, qu'il abaisse le standard pour faire plaisir à un système judiciaire pourri ?

Le serveur arrivait avec deux grandes assiettées de poulet au piri-piri. La viande luisait sous le soleil, on s'est mis à manger. Je n'avais pas déjeuné et me suis soudain aperçu que j'étais affamé. Le poulet était savoureux, le piri-piri brûlait la langue et la bière était bien fraîche.

Sara, souriante, a repris son monologue :

— Pour les Norvégiens, les "normes scientifiques" sont peut-être un critère indiscutable. Mais pour le tribunal militaire, c'est de l'arrogance. Imagine quelle humiliation ç'aurait été pour eux si les Congolais avaient reconnu que les Norvégiens étaient plus compétents. Aux yeux de leur ministre de la Justice, ç'aurait été inacceptable. En plus, le soupçon aurait été jeté sur les trois procès précédents, tout aurait été remis en question, les affirmations qui faisaient de ces deux types des assassins, des voleurs et des espions, je veux dire… Enfin, l'intervention norvégienne était condamnée soit à étayer les conclusions des enquêteurs, soit à se prendre une claque. Il aurait été incroyablement naïf d'imaginer que le tribunal puisse se plier à un correctif formulé par les Norvégiens.

Mon regard, traversant le restaurant, s'est posé sur un camion arrêté dans la rue, d'où sortait une bande de grandes jeunes femmes rieuses.

— Qu'est-ce que la délégation aurait dû faire, alors ?

— Je n'en sais fichtre rien, répondit Sara. Honnêtement, la question est plutôt de savoir si c'était malin d'envoyer du monde ici. Les médecins légistes norvégiens ont sûrement fait du bon boulot, ils sont restés discrets, aussi politiquement corrects qu'ils le pouvaient, et tout et tout, mais le fait est que leur mission était vouée à l'échec. Il se pourrait même que la présence de la délégation norvégienne ait rendu plus difficile l'acquittement de French. Quand les techniciens leur ont mis sous le nez leurs arguments pour le disculper, le juge ne pouvait plus faire autrement que de protester et de lui infliger une nouvelle condamnation à perpétuité.

J'ai regardé Sara sans rien dire. Elle avait passé sa vie à voyager dans les zones les moins fiables de la planète. Et pourtant, elle n'avait pas l'air de douter le moins du monde de son interprétation concernant l'attitude du tribunal militaire. Moi, je n'étais pas si sûr que la situation soit aussi claire.

Je n'étais pas sûr que la cour ait déjà décidé du verdict avant le début du procès. Il se pouvait aussi que cette décision doive plus au hasard et au chaos ambiant… L'expert médicolégal congolais et le médecin norvégien étaient peut-être tombés d'accord, avant que le juge ne décide de rayer d'un trait leurs conclusions. C'était peut-être son inspiration à lui. Qui sait si tout ça ne reposait pas davantage sur des comportements impulsifs, me disais-je, s'ils n'ont pas agi avec leurs tripes ?

Alors que nous parvenaient les voix d'une joyeuse compagnie attablée au fond du restaurant, je me suis demandé si l'affaire, vue par un Congolais, avait une allure très différente, si les deux Norvégiens ne se trimballaient pas une sorte de halo mauvais qu'on reconnaissait, ici, après s'être frottés pendant des siècles aux comportements caricaturaux de l'homme blanc sur le sol africain.

Nous ne savions rien des discussions qui avaient eu lieu entre les juges. En RDC, l'affaire Moland et French n'avait plus l'attrait de la nouveauté. Le pays faisait face à une série de problèmes plus ou moins insolubles, et ni le président, ni son ministre de la Justice, ni les juges n'étaient certains de pouvoir conserver bien longtemps leurs sièges. Ce dossier n'était peut-être qu'une bagatelle à leurs yeux, une question qu'il fallait traiter au plus vite et de manière efficace, en évitant le scandale diplomatique, et le plus simple était alors de condamner French à la perpétuité.

— Bon sang, je me demande bien pourquoi cette affaire attire autant l'attention chez nous, a soudain déclaré Sara. C'est quand même énorme. En tant que journaliste, ça me gêne, évidemment… Comment se fait-il qu'on n'écrive rien à propos de toutes les femmes qui se font violer dans ce pays ? Et la persécution de l'opposition – on n'en parle quasiment pas ! Les rédacteurs des médias ne veulent pas de ces histoires. Ça ne doit pas trop plaire au public… On se fait critiquer parce qu'on suit de trop près ce qui arrive aux deux prisonniers norvégiens, mais les lecteurs se jettent sur les gros titres qui les concernent. Et je ne suis même pas sûre de comprendre pourquoi.

— Les médias ont fait tout ce qui était en leur pouvoir pour les présenter comme l'antithèse du bon Norvégien. Les deux affreux jojos, quoi. Louches, ambigus… L'inverse de l'image que nous avons de nous-mêmes. Le côté ombre qu'on adore explorer.

Sara se dandinait sur sa chaise, un peu mal à l'aise.

— Je ne sais pas… C'est peut-être plus simple que ça. Le crime, ça vend bien. Et cette histoire-là était excitante, puisque l'énigme restait à résoudre, entre le drame d'espionnage, le meurtre raciste ou l'agression de deux baroudeurs innocents. Ils ont quelque chose de plus grand que nature, ces deux gaillards.

Elle m'a jeté un coup d'œil inquiet, et j'ai soudain eu le sentiment qu'elle considérait mes doutes et mon empathie comme une faiblesse.

— C'est terminé, maintenant. Il est temps que tu rentres retrouver Vilde.

On s'est tus un petit moment, en sirotant nos bières. À la table d'à côté, les amoureux s'embrassaient. Sara et moi, on se souriait, sans trouver les mots qu'on aurait voulu prononcer.

— Hier, au moment du verdict, tu as remarqué son attitude ?

Je me souvenais de son regard.

— Il était là, assis entre sa mère, aux petits soins, et les représentants de l'État-providence norvégien… Il avait l'air d'un gosse qui s'est mis dans le pétrin, et qui s'attend à ce que les adultes soient obligés de l'en tirer…

Elle s'est interrompue.

— Qu'est-ce que tu veux dire ?

— Il y avait qui, dans la salle, autour de lui, en train d'essayer de le tirer d'affaire ? Sa gentille petite maman et le bienveillant État norvégien, qui finissaient par se confondre, un gros maternage étouffant. Alors que c'était justement à la bienveillance norvégienne qu'ils voulaient échapper, non, ces deux va-t-en-guerre ? Mais voilà, elle les a rattrapés, et maintenant, French est à la merci de leur bonne volonté.

— Ça n'a pas dû beaucoup lui plaire, comme situation.

— Il avait l'air d'avoir envie d'être à mille lieues de leur protection, a-t-elle conclu avec un sourire, sans que je sache s'il fallait que j'y lise de la sympathie pour moi, ou de la condescendance.

Le repas était fini, les bouteilles vides, on s'est adossés, chacun sur sa chaise.

— C'était bon, a dit Sara. Sympa, comme endroit.

Puis on s'est levés de table, elle s'est approchée de la chaussée pour repérer un taxi, et m'a demandé :

— Tu perds pied ?

— Pardon ?

— Ma nièce est amoureuse de toi.

J'ai vainement cherché quoi répondre, perplexe.

Puis j'ai secoué la tête en signe de dénégation.

— Pourquoi me dis-tu ça ?

Sara a souri.

— Elle se fait du souci pour toi.

— Vraiment ?

— Bien sûr. Tu t'es peut-être fourré dans un truc dont tu n'arrives plus à te sortir ?

Je commençais à bouillir.

Elle a tendu la main et m'a caressé la joue.

— Ne complique pas les choses. Elles sont parfois exactement comme on les a vues au premier coup d'œil. Toi, tu doutes. Tu fouines et tu t'enfonces. Tu trouves du nouveau, de plus en plus. Tout finit par s'embrouiller dans ta tête. Et au bout du compte, il s'avère que ta première idée n'était peut-être pas si bête.

Elle m'a de nouveau souri en mettant le grappin sur le premier taxi qui passait par là.

— Rentre à la maison, m'a-t-elle lancé avant de plonger dans la voiture et de disparaître.

Planté sur le trottoir, je l'ai regardée s'éloigner en me disant que je devrais lui faire au revoir de la main, comme un gamin à sa tante qu'il voit partir pour la dernière fois.

On venait de mettre à fond la musique à l'intérieur du restaurant. J'ai levé la tête, et vu les Congolais, si jeunes et si beaux, se regrouper autour du bar. Un camion est passé devant moi en grondant avant de disparaître au bout de la rue. Pendant que la poussière jaunâtre retombait comme de la neige, j'ai fermé les yeux. Je l'ai sentie se déposer sur mon visage et mes paupières.

J'ai décidé de retourner à pied à l'hôtel, en longeant les avenues. Je suis de nouveau passé devant les parcs assoiffés et les garages, devant la caserne de pompiers incendiée, et pendant ce temps, je pensais sans arrêt à ce que m'avait dit Sara. Pas à propos du tribunal militaire et de la délégation technique norvégienne. Non, mais cette phrase : tu t'enfonces.

Un camion militaire bourré de soldats armés m'a dépassé, et je me suis arrêté sur le trottoir en les suivant du regard. Le soleil s'est caché derrière un nuage. J'ai acheté une bouteille d'eau dans une échoppe, je me suis mis à l'ombre d'un arbre, et j'ai bu à grandes goulées. Ma nièce est amoureuse de toi. Rentre à la maison. Était-ce Vilde qui lui avait demandé de me le dire ? Avaient-elles planifié une offensive pour me faire rentrer, toutes les deux, en tête à tête dans l'appartement de Sara ?

J'avançais à grands pas à travers la ville, en proie à des tourbillons de colère. Je me sentais écrasé. Comme si une main me pesait sur le corps. La sueur commençait à perler sur mon front. Je me suis arrêté. Sara m'avait rappelé l'expression d'impuissance qui s'était peinte sur le visage de Joshua dans la salle du tribunal. Ce n'étaient pas seulement ces horribles accusations, mais tous ces gens venus pour l'aider – sa mère, son avocat, les diplomates, les délégués du ministère des Affaires étrangères et les aimables policiers norvégiens –, tous représentaient la même mentalité qui voulait le bâillonner, effacer le personnage qu'il s'était construit. Sa force et sa fierté lui filaient entre les doigts à mesure qu'il serrait des mains. Il était cerné par les juges. Si les Congolais ne le condamnaient pas, tous ces gentils Norvégiens pétris de bonne volonté, eux, le condamneraient à être blanchi à perpétuité. Ce qui serait presque pire que la peine de mort en République démocratique du Congo. Être condamné au néant en Norvège. Oublié le soldat, oublié le guerrier. Il serait un pénitent humilié, une victime. Un fils chéri castré, condamné à babiller dans les jupes de sa mère. Un gentil garçon, enfin. Qui avoue ses fautes et remercie.

Et sur ce point, je me reconnaissais : la chute. Tombé de mon rocher, j'avais revêtu le rôle agréable de l'homme accommodant et inoffensif, sans ailes ni griffes. J'avais renoncé à la liberté qui m'avait permis de faire le choix de l'écriture. En acceptant la mission que Jasper m'avait confiée – et qui m'avait amené ici –, j'avais fait un trait sur ma liberté de penser, d'écrire exactement ce que je voulais, et non ce dont un producteur ou un spectateur imaginaire pouvaient avoir envie. Ce n'étaient pas la "bienveillance norvégienne" ni "l'État féministe" qui me retenaient en Afrique. C'était le choix que j'avais fait en disant oui à ce projet, un "film divertissant, clair et qui tienne le public en haleine" sur les deux mercenaires norvégiens.

En arrivant à l'hôtel, j'ai subitement retrouvé mon calme. Le fait que les deux femmes aient parlé de moi et préparé ce rendez-vous à Kinshasa n'était pas pour me déplaire. Je suis monté au plus vite dans ma chambre pour appeler Vilde, mais son numéro était occupé.

## N'DOLO, HIVER 2013
## LA DERNIÈRE ENTREVUE

Je l'ai revu pour la dernière fois dans la cour entre les bâtiments de la prison, sous une tente qu'on avait installée en guise de protection contre la pluie. Joshua était maigre. Son regard allait et venait entre mon visage et le flot qui dégoulinait de la toile de tente.

— C'est tellement silencieux, quand il pleut.

La pluie tambourinait sur la toile.

J'ai haussé les épaules.

— Moi, j'aime la pluie. Quand on était gamins, mon copain Kalle et moi, on se déshabillait et on se mettait sur le balcon quand il pleuvait à verse. Il y avait une vieille dame aigrie qui habitait juste en face, elle passait son temps à fumer à la fenêtre, et quand on sortait en courant, complètement à poil, c'était pour le plaisir de la faire rager.

Joshua m'a regardé.

— Ici, la pluie, ils n'aiment pas ça.

Il avait un petit sourire aux lèvres, mais on aurait dit que cette remarque ne le concernait pas, comme s'il avait déjà quitté la prison.

On est restés un moment sans rien dire, les yeux attirés par les flaques qui se formaient dans la cour.

Comme il se penchait, sa chemise de détenu lui a glissé des épaules.

— Tu ne manges pas ?

— Je me méfie.

— Ta mère – elle doit bien te donner de quoi manger ?

Il a jeté un coup d'œil aux alentours, pour s'assurer que personne n'écoutait. Les gardiens se tenaient à l'autre bout de la tente, au plus loin de l'averse.

— Ils inspectent tout ce qu'elle apporte et mettent des gouttes dedans, a-t-il chuchoté. Ça ne se sent pas au goût, mais ça me rentre dans le sang, ça me monte au cerveau. Je ne sais pas ce que c'est. Une drogue quelconque.

Il s'est rapproché un peu plus.

— J'ai pensé à une chose qu'il faudrait que je te dise…

Il cillait.

— Avant que tu ne partes.

Il m'a scruté un instant avant de me demander ;

— Tu savais que Tjostolv et moi, on s'était chargés d'une autre mission au Congo ?

— Une autre mission ? Avant 2009 ?

— Oui.

— Tu m'as juste dit en passant que Ben, à Kampala, avait fait un commentaire sur une mission que vous aviez faite.

— C'était pour des hommes d'affaires que Tjostolv connaissait déjà… ils nous ont embauchés pour reprendre des mines d'or qu'une bande de voleurs occupait au fin fond de la jungle, à… enfin, où c'était, on s'en fout.

— OK.

— Il y avait Tjostolv, moi et quelques autres mercenaires. On a cherché pendant plusieurs jours dans la jungle, un terrain impossible, mais un matin, on a fini par trouver la mine, dans un précipice, sous une crête. Quand on les a surpris, ils ont ouvert le feu. Je me suis mis à l'affût derrière un gros rocher. De là où j'étais, je pouvais les voir. Je me souviens de la lumière qui tombait à travers les feuillages jusque sur mes mains. Tjostolv s'est approché en rampant. J'ai commencé à tirer à mon tour. Ma respiration était calme. Mes mains bien visibles sous le soleil. Je l'ai fait comme si c'était le geste le plus naturel au monde.

Joshua avait le regard fuyant.

— Quand la bande a compris que nos tirs venaient de plusieurs côtés, ils se sont carapatés dans la jungle ou vers le fond de la mine. On les a poursuivis en tirant, jusqu'à ce qu'on n'entende plus rien. Je suis arrivé à l'endroit où ils avaient abandonné tout leur bazar. Et juste devant moi, j'ai vu un garçon à terre. Il avait perdu son arme. Ses cheveux lui pendaient sur le visage. Il n'était pas bien vieux. En me voyant, il a essayé de dire quelque chose, mais il était blessé à la gorge. Je me suis penché sur lui et j'ai entendu "Dieu pardonne". Et puis il est mort.

La pluie s'abattait lourdement sur la toile de tente au-dessus de nos têtes. Fallait-il le croire ? Cette scène, il l'avait peut-être lue ou rêvée ? Ou était-ce la drogue qui parlait à sa place ?

— Tu me racontes une histoire ? Tu as inventé ça pour… je ne sais pas… pour t'entourer d'une espèce de légende ?

— Non. C'est comme ça qu'on voulait vivre. En anglais, on appelle ça les "*big boys' rules*".

— Les règles des grands ? Par opposition à quoi ?

— Je connais beaucoup d'hommes qui sont comme moi. Et beaucoup qui sont bien pires. Des comme nous, il y en a depuis toujours. Mais la Norvège est devenue trop *soft*, il n'y a plus de place pour ceux de notre espèce. Par exemple, l'armée refuse la culture de la guerre. Moi, je pense que la guerre, c'est sain. Qu'elle fait partie intégrante de l'humanité. Certains hommes sont simplement ce que j'appelle des violents. Ce type d'hommes existe, c'est une prédisposition génétique. Il n'y a pas que Tjostolv et moi. On est des millions. Les gens doivent accepter cette réalité-là. J'existe, Tjostolv existait, les autres existent. On appartient à un type d'hommes bien défini, tu vois. Et on en faisait déjà partie en arrivant au Congo.

Une goutte d'eau est tombée sur le dos de sa main, lui faisant lever les yeux. Sa clavicule saillait sous l'uniforme de détenu orange et vert. Il commençait à être maigre.

— Tu n'as pas de remords ?

Il m'a souri avec un calme rêveur.

— Le soldat est un solitaire. Il doit faire des choix durs et irréversibles, c'est – comment dit-on – son lot… n'est-ce pas, le lot du soldat… il faut avoir le don de la dureté. Tuer fait partie de la vie.

— Pourquoi me dis-tu tout ça ?

— Ici, on a le temps de réfléchir. J'ai aussi réfléchi à Dieu. J'ai grandi dans le christianisme, comme tu sais. Je crois qu'Il peut descendre dans nos pensées. Pendant quelques années, j'ai un peu perdu de vue la foi. J'ai erré. Et puis un jour… je ne sais plus trop quand ça s'est passé… mais j'ai compris que Dieu me punissait pour mon arrogance. J'aime ce Dieu sévère. Celui de l'Ancien Testament. Celui qui punit et qui juge. Le Dieu impitoyable. Il a du caractère. C'est pour ça qu'Il m'a infligé cette peine de prison.

— Ça m'a l'air bien austère, comme religion.

— Il a voulu me tester. Dieu est dur envers les durs.

Un ruisselet d'eau sale courait entre nos chaises.

Cette religion-là m'était inconnue.

— Il sort du *Fantôme* de Lee Falk, ton Dieu vengeur ?

Cette fois, il m'a regardé droit dans les yeux. Puis il a rigolé.

— Non, non…

— Ton aventure, là, avec ces voleurs d'or, elle a quelque chose à voir avec Abedi Kasongo ?

— Kasongo ? Non.

Il s'est redressé.

— Ça t'a paru invraisemblable ?

— Je ne suis pas sûr de pouvoir croire un mot de cette histoire.

Il a souri en coin, à sa manière mystérieuse accoutumée, et j'ai repensé à tous les bobards dont ils avaient usé et abusé pour nous embrouiller, mais je n'ai pas eu le courage de le questionner davantage.

Je me suis levé et lui ai posé la main sur l'épaule.

— J'espère en tout cas que tu vas pouvoir rentrer.

— Rentrer ?

— En Norvège.

Ma conclusion l'a fait sourire.

— OK.

— Merci d'avoir accepté de me parler.

Joshua s'est levé à son tour.

— De rien. Bon retour.

Il est resté me regarder traverser la cour entre les flaques.

Alors que j'arrivais au portail, sa voix m'a rattrapé.

— Eh !

Il m'a rejoint à pas lents sous la pluie, il traînait la jambe gauche. Les gardiens, ratatinés sous la tente, l'avaient à l'œil. Son front ruisselait.

— Il y a une chose qu'il faut que tu comprennes.

— Laquelle ?

— J'ai été un enfant facile, un petit campagnard. Mon père me disait que j'étais pur et innocent. Je répondais oui, oui, et encore oui, *yes, sir*, et je faisais ce qu'on me demandait. Et puis il s'est passé quelque chose. Le monde est compliqué… Les humains sont parfois bourrés de choses malsaines… Il y a des hommes forts et cyniques. Je sais que la méchanceté existe. Mais il y a une innocence en moi. Je suis un peu comme une page blanche. Il faut faire le vide en soi. Surmonter ses faiblesses et devenir capable de dominer. Devenir quelqu'un qui aime souffrir et déteste ce qu'il a de pitoyable en lui. Le déteste de toutes ses forces. Putain. Parfois, j'ai l'impression de n'avoir rien vécu, tu comprends ? Comme si je n'avais pas eu de vie. C'est pour ça qu'ils n'ont pas réussi à me casser, ici.

Puis il a fait demi-tour et retraversé la cour vers les gardiens.

Le soir même, je prenais l'avion et quittais la République démocratique du Congo.

Il a fallu que je sois confortablement installé dans mon siège et que je ferme les yeux pour me rendre compte à quel point j'avais les idées décousues… des bribes de phrases, des fragments de mots se bousculaient dans ma tête… Je pensais aux routes de la jungle dans les provinces de l'Est, aux deux ex-militaires sur leur moto, et à leur mystérieuse mission… je voyais la prison de Kinshasa… ses murs, les kalachs des gardiens… la cellule exiguë, les plaies sur les mains de Joshua… Je pensais à cette mère qui faisait chaque jour des heures de route dans la capitale pour apporter à manger à son fils, lequel n'osait pas toucher aux paquets qu'elle avait joliment emballés pour lui, avec soin et amour… à l'uniforme d'un blanc éclatant du juge et à la poussière qui se déposait sur mes mains.

Je n'avais rien découvert de bien important concernant l'affaire Moland et French, pas de vérités objectivement vérifiables, pas de scénario pour un film commercial grand public. Ce que j'avais découvert, c'était autre chose.

Malgré tout le scepticisme avec lequel j'étais arrivé à Kinshasa, je souhaitais que Joshua French puisse rentrer en Norvège. Je m'étais attaché à ce type. Sa mentalité n'était pas "ma tasse de thé" – je me méfiais de ses tendances fascistes, de sa vision romantique de la chose militaire, le fait que tous deux soient venus au Congo pour ressentir la puissance de l'homme blanc m'écœurait –, mais l'empathie que j'éprouvais pour lui me perturbait. L'ambiguïté de cette sympathie doublée de répulsion m'était tombée sur la poitrine comme une maladie. Que ce soit une force ou une faiblesse de ma part, je crois que toute la littérature que j'avais lue y était pour quelque chose. En tant qu'écrivain comme en tant que lecteur, je m'étais exercé à me glisser dans des modes de pensée extrêmes qui m'étaient étrangers, sans les juger, en imaginant au contraire, quelques heures durant, que les idées en question étaient les miennes.

Même si l'Autre était mon ennemi, je m'efforçais de comprendre ce qu'il ou elle ressentait. Je croyais à ce principe. À mes yeux, il était précieux, c'était peut-être même ce que la littérature avait de mieux à nous apporter, cette entreprise si difficile, faire en sorte que les gens se comprennent par-delà les idéologies et les cultures, quel que soit leur sexe ou leur appartenance ethnique, et en dépit du pouvoir, de l'argent et des conflits. Cette folle ambition : chercher les facteurs humains dans n'importe quelle situation, aussi délétère et désespérante qu'elle puisse sembler.

Quand l'avion a enfin décollé de N'djili, et que j'ai vu s'éloigner en dessous l'aérogare, comme une pièce de Lego posée au sol, j'ai senti tout à coup que l'histoire de Tjostolv et Joshua serait bientôt oubliée dans ce pays, réduite à une minuscule impasse occidentale dans le labyrinthe congolais. Le ministère norvégien des Affaires étrangères pouvait bien clamer son intention de continuer à œuvrer pour trouver une solution à l'affaire, tout indiquait que les autorités congolaises, de leur côté, étaient désormais fermement décidées à garder le détenu norvégien pendant de longues années encore.

# OSLO, DÉCEMBRE 2013
# "L'HORREUR"

Une fois dans la dernière navette pour le centre-ville, j'ai appuyé la tête contre la fenêtre. Dans les tunnels, j'ai piqué du nez, avec l'impression immédiate d'être de retour à Rykkinn, sur le parking. À mes pieds, un homme blessé à la tête. Je me penchais, lui secouais l'épaule, et j'entendais au-dessus de moi la voix de Viktor : *Laisse-le, ce connard.* Je continuais à regarder l'homme inerte. Je voyais bouger la balafre sur son crâne, comme si elle respirait, le sang qui pulsait, formant une flaque devant moi. Viktor me tirait par le bras vers la voiture, de l'autre côté du parking. Puis on roulait, et personne ne disait rien, le silence qui avait envahi l'habitacle était comme un gaz toxique. Le contrôleur m'a réveillé en me touchant l'épaule. J'ai sursauté, l'ai regardé fixement, et il a reculé, comme s'il s'attendait à ce que je l'agresse.

— Désolé, a-t-il balbutié. On est au terminus.

— Oh, merci.

J'ai tenté de sourire, mais au même moment, j'ai senti monter la nausée, et j'ai dû me recroqueviller pour ne pas vomir.

Puis j'ai traîné ma valise à travers le hall de gare et je suis sorti. Il faisait nuit, les feux de circulation clignotaient, personne en vue. Le vent glacial qui balayait la place m'a mordu au visage. Foutue Norvège. Saleté d'hiver. Une petite grappe d'humains s'était ratatinée sous l'arrêt de tram. J'ai serré ma veste en jean contre moi et j'ai traversé la place en courant jusqu'à la station de taxis.

Il était plus d'une heure quand j'ai refermé à clef derrière moi la porte, dans le grand immeuble d'Enerhaugen. Nous habitions ici depuis quatre ans, Vilde et moi. Nous avions emménagé dans un appartement à fort potentiel, et avions passé près d'une année à poncer les parquets, rénover la salle de bains, repeindre la cuisine et refaire l'installation électrique, avant de dénicher des meubles, des plantes, des étagères, des tapis et un fauteuil de lecture. Je connaissais chaque détail de cet endroit, et pourtant, cette nuit-là, en me débarrassant de mes chaussures dans l'entrée, j'ai eu l'impression d'entrer chez quelqu'un d'autre.

Elle était assise à la table de la cuisine. Elle s'est levée, est venue vers moi, et j'ai lâché ce que j'avais dans les mains.

— Salut !

J'ai embrassé ce visage si pâle.

— Salut, toi, m'a-t-elle répondu en chuchotant, comme si quelque chose n'allait pas.

On s'est assis tous les deux. Elle avait mis une bougie allumée sur la table. Dans un bougeoir que je n'avais encore jamais vu.

— Ça sort d'où, ça ? me suis-je enquis.

Elle s'est contentée de sourire.

— Tu veux une tasse de thé ?

— Volontiers.

Je l'examinais dans la lumière qui tombait du plafonnier.

— Ou tu préférerais quelque chose de plus costaud ?

— Non non, du thé, c'est très bien.

Comme je ne la lâchais pas des yeux pendant qu'elle préparait le thé, elle a protesté. Ça la gênait.

— Je ne t'ai pas vue depuis trois mois.

Elle ne se retournait pas.

— Est-ce que je t'aurais manqué, par hasard ?

Sa voix avait quelque chose d'anormal… J'ai repoussé l'idée, me suis levé, l'ai enlacée de dos et serrée fort contre moi.

Couché auprès de Vilde dans l'obscurité de la chambre, je me blottissais dans la chaleur de son corps en écoutant sa respiration tranquille. Elle s'était vite endormie, mais moi, je cogitais.

Au bout d'une heure, je suis allé dans la cuisine, j'ai ouvert la bouteille de whisky achetée à la boutique tax-free de l'aéroport, m'en suis versé un grand verre et j'ai pris un somnifère. Mon téléphone était resté sur la table. En l'attrapant, j'ai vu que Jasper m'avait encore envoyé un message. J'appréhendais le moment où je devrais l'appeler. Il serait déçu. Il s'attendait à ce que je lui remette un scénario clair, et ce que je lui rapportais n'était que doutes, ambivalences et perplexité.

Puis je me suis assis sur le balcon, et j'ai contemplé Oslo en attendant que les brumes du sommeil me gagnent. En bas, dans la rue, une voiture garée avait laissé son moteur allumé, je distinguais une silhouette sombre derrière le pare-brise.

J'ai sorti une cigarette et l'ai allumée.

Et j'ai imaginé le visage de Jasper. La peau, juste au-dessus d'une pommette, était écorchée ; un filet de pus s'écoulait par la plaie ouverte. Il fermait les yeux et s'écroulait au sol. Puis gisait, muet, à mes pieds.

Je me suis relevé, j'ai jeté le mégot par-dessus la rambarde et suivi des yeux sa trajectoire rougeoyante qui plongeait vers la rue. Pris d'un violent haut-le-cœur, j'ai vomi dans un accès de rage écumante et amère.

"L'horreur… l'horreur", répète Marlon Brando dans *Apocalypse Now*. Une citation que Coppola a puisée dans un fameux poème de T. S. Eliot, *Les Hommes creux*, qui incendie notre civilisation. Le poème d'Eliot, écrit en 1925, fait référence au roman de Joseph Conrad *Au cœur des ténèbres*, qui a lui-même inspiré Coppola et son scénariste Joshua Milius.

*"Missié Kurtz – lui mort."*

Le lendemain de mon retour, j'ai cherché le roman de Conrad et j'ai entrepris de le relire. Allongé sur le canapé du salon, je me sentais comme si on m'avait mis en morceaux, avant de me rapiécer.

Bien sûr, on avait appris aux lecteurs modernes à voir dans ce livre une réflexion critique sur l'époque coloniale, mais le texte faisait aussi du Congo l'incarnation de "l'Autre". Dans l'Afrique "la plus obscure", un homme blanc nommé Marlow est pris dans la violence invisible de courants irrationnels. Le roman de Conrad n'est pas seulement un récit sur l'Afrique en général et le Congo en particulier, mais un voyage dans l'esprit mégalomane qui préside à l'impérialisme.

Dans les années 1970, l'écrivain nigérian Chinua Achebe a reproché à ce livre de déshumaniser les Congolais et de représenter les habitants des rives du fleuve Congo comme des peuplades primitives, dépourvues de langue. Dans le sillage de cette charge, la critique postcoloniale a commencé à considérer le roman de Conrad comme indirectement raciste, et la description de ce peuple "sauvage" comme le plus pur produit de l'arrogance occidentale. Le livre n'en est pas moins demeuré un classique sur l'ignominie du colonialisme.

Pendant toute la matinée, je suis resté plongé dans ma lecture sur le canapé, voguant sur le fleuve Congo à la rencontre de M. Kurtz. Vilde était au travail. Je dormais encore quand elle était partie, en laissant derrière elle un post-it où elle avait écrit : "À tout à l'heure."

J'avais prévu de préparer le dîner pour elle. J'irais acheter de la viande, du vin, ce serait un parfait repas d'amoureux. Comme un rendez-vous. Je promenais mon regard dans l'appartement. L'impression d'un changement dans le décor ne me lâchait pas, mais j'étais incapable de mettre le doigt dessus. Ridicule. C'étaient des idées ridicules. La paranoïa de N'dolo devait continuer à me tourner en tête. Je me suis refait un café, et j'ai recommencé à lire. Pendant que j'étais là, allongé sur le divan, il m'a semblé ressentir la présence de Vilde, comme si elle entrait dans l'appartement, et je me suis surpris à lever les yeux de mon livre, prêt à la voir dans le couloir, en train de m'observer.

Alors que l'agonisant prononçait dans un souffle les fameuses paroles devant Marlow, "l'horreur... l'horreur...", j'ai pensé : c'est peut-être devenu l'une des répliques les plus célèbres de l'histoire de la littérature, mais on n'a pas fini de se demander ce qu'il voulait dire par là, ce brave Kurtz. Dégoût du colonialisme envers lui-même ? Peur de la mort ? Dernière réflexion d'un fou sur le point de mourir, à propos du peuple des rives du Congo ? La qualité du roman de Conrad résidait pour bonne part dans l'ambiguïté du texte, son côté insondable, c'était sa griffe littéraire. L'énigme persistante gardait vivant ce livre, plus d'un siècle après.

J'ai posé le volume par terre et fermé les yeux. Une veine battait dans ma bouche, la rage de dents menaçait. Je revoyais Tjostolv et Joshua devant moi, dans le parloir de N'dolo, et me demandais si leur voyage au Congo aurait été imaginable, sans ce roman. L'inquiétude de Marlow au long de son expédition, la folie de Kurtz… On aurait dit que l'histoire était écrite d'avance, les deux ex-militaires norvégiens avaient rejoué une aventure téméraire condamnée à finir en catastrophe. Le savaient-ils ? Étaient-ils, dans une certaine mesure, lucides sur le caractère inéluctable de ce qui les attendait au bout de ce voyage ? – ce qui aurait expliqué que Tjostolv se penche à l'oreille de Joshua pendant leur marche vers le tribunal de Kisangani, pour lui murmurer à l'oreille :

"C'est aujourd'hui, Joshua, qu'on va devenir des légendes."

La sonnette a retenti, une alarme au son étouffé. Je me suis levé tant bien que mal, j'ai marché jusqu'au couloir et me suis arrêté un instant, les yeux rivés sur la porte comme pour m'assurer que je n'avais pas rêvé. L'appartement était parfaitement silencieux. On aurait pu croire que personne n'habitait l'immeuble. Nouvelle sonnerie. J'ai décroché l'interphone, écouté.

— C'est Jasper.

Je me suis abstenu de répondre.

— Est-ce que je peux entrer ?

Oh, quel enthousiasme dans sa voix.

Il portait un élégant manteau gris, mais les cheveux poivre et sel huileux qui lui retombaient sur la figure lui donnaient un air négligé. La dernière fois que je l'avais vu, son front n'était pas aussi ridé. Arrivé dans le couloir, il m'a serré dans ses bras. J'aurais dû l'appeler la veille, ou l'avant-veille, mais je ne savais pas quoi lui dire.

Il m'a demandé comment je me portais, si tout allait bien. Je me suis excusé de ne pas avoir répondu à ses appels téléphoniques. Je n'étais pas moi-même, à ce moment-là. Pas tout à fait.

Oublie ça, m'a-t-il répondu.

Le principal, c'était que j'aille bien. Il était tellement curieux, il n'y tenait plus. J'ai essayé de sourire.

— Tu veux un café ?

On s'est installés dans la cuisine, et je lui ai raconté tout ce qui s'était passé à Kinshasa.

Il faisait tournicoter sa tasse entre ses mains. Cherchait ses mots.

— Je comprends que ça prenne du temps d'assimiler ce que tu as vécu là-bas… mais en même temps, l'objectif, c'est juste d'écrire, non ?

Je me suis raclé la gorge.

— J'ai l'impression qu'on tourne un peu en rond, a-t-il ajouté.

Il souriait, un de ces sourires enfantins qui contribuaient au charme mystérieux du producteur.

— Enfin, j'ai très hâte de voir ce que tu as écrit.

J'avais résolu de ne rien dévoiler devant lui de mes doutes ni de mon embarras, mais j'ai senti une bouffée de claustrophobie m'envahir soudain le crâne, tandis que je versais du café dans ma tasse et le mélangeais avec le couteau qui était resté sur la table.

Jasper a ri.

— Détends-toi. Je ne te soumets pas à un interrogatoire. À ta tête, on croirait que tu as commis un crime.

— Je n'y arrive pas.

Il m'a regardé, stupéfait.

— Je fais mon possible pour trouver le scénario de film que tu voulais. Je sais que c'était le contrat, et j'ai essayé, j'ai vraiment essayé. Mais je n'arrive pas à trouver un fil de récit bien distinct. Tu auras bien sûr tout ce que j'ai écrit, mais je ne crois pas que ça fasse ton bonheur. Il n'y a pas de protagonistes bien définis. Personne n'est coupable ni innocent. Personne n'est un héros. Je n'en vois pas. Je vois autre chose. Une masse grise, sombre. Qui grouille de paranoïa, de semi-vérités, de soupçons, et… Je suis désolé. Vraiment désolé. J'ai essayé, mais je n'y suis pas arrivé.

Il m'a regardé comme si je venais de le frapper en pleine figure, son sourire a disparu. J'ai vu le moment où il allait se lever et m'agresser, me faire tomber de ma chaise d'un coup de poing, me labourer la figure et réduire en bouillie ma traîtrise pétrie d'autosatisfaction.

Mais il a préféré se lever lourdement de sa chaise, et prendre la porte en évitant mon regard.

— Envoie-moi juste tes fichiers, m'a-t-il lancé en s'en allant.

## OSLO, HIVER 2014
## VILDE

Le repas s'annonçait très agréable. J'avais passé plusieurs heures à faire la cuisine, l'agneau bio, la sauce, les pommes de terre rôties, les légumes-racines, la salade. Tout était parfait. J'avais allumé les bougies, tempéré le vin, attendri la viande. J'ai demandé à Vilde comment s'était passée sa journée de travail, et elle m'a raconté ce qu'elle avait fait. Comme elle devait prendre un poste plus haut placé à l'automne, elle avait eu un entretien avec celui qu'elle devait remplacer. Un homme en fin de carrière qui avait été son mentor, et qui s'apprêtait à partir à la retraite. En parlant de lui, elle avait les larmes aux yeux.

J'ai rempli nos verres. Vilde a bu du vin, puis m'a demandé ce que j'avais fait de ma journée.

J'avais oublié pendant quelques heures mon échange avec Jasper, comme s'il n'avait pas eu lieu, ou si je l'avais simplement imaginé.

— Jasper est passé.

Elle m'a regardé, de l'attente plein les yeux.

— Ah oui ?

J'ai poussé un éclat rire, mais l'effet produit était curieux.

— Pourquoi ris-tu ?

— C'est que je ne peux pas le lui écrire, son scénario de film.

Une ombre est tombée sur la table.

— Pourquoi pas ?

— L'histoire qu'il me réclame n'existe pas.

— Je ne comprends pas. Tu n'es pas allé là-bas pour trouver une histoire à raconter ?

— Mais ce n'est pas comme ça que ça se passe… Je ne peux pas inventer n'importe quoi. Il s'agit de personnes réelles. D'affaires judiciaires réelles. Je ne peux pas fabriquer des vérités sans savoir. Je ne peux pas créer le suspense, comme ça, de toutes pièces.

— Pourquoi pas ?

Elle avait de la déception dans la voix.

— J'ai le sentiment que ce serait mal.

— Tu y es pourtant allé pour ça, non ? Pour créer un film de divertissement, un film à suspense ?

Je la fixais.

— Quoi ?

— Quand tu es parti, tu ne comptais quand même pas "découvrir la vérité" en trois mois ? Tu n'es tout de même pas aussi naïf ? Tu es parti chercher autre chose, non ? Avec l'intention d'écrire une histoire palpitante ?

J'ai plongé du regard au fond de mon verre.

— Je ne sais pas au juste pourquoi je suis parti… Mais quand je suis arrivé sur place, tout avait changé. C'était plus grave que je ne croyais.

— Oui, oui. Je comprends bien. Mais tu n'as pas oublié le but du voyage, si ?

— Quoi donc ?

— Trouver de l'or.

— De l'or ?

Elle affichait un sourire déplaisant.

— C'était un boulot payé, si je ne me trompe. Pas un voyage personnel.

J'aurais voulu répondre, mais les mots ne sortaient pas.

Après avoir avalé une bonne gorgée de vin et rempli son verre, elle m'a de nouveau regardé, tête penchée.

— Tu n'es pas allé t'amouracher de ces deux connards de condamnés, hein ? Ce n'est pas ton genre, ça ?

— Quel genre ?

— Comment dit-on – un romantique ?

Je sentais soudain la colère fuser dans ma poitrine.

— Tu as parlé avec Sara ?

— De toi ?

— Oui.

Vilde a haussé les épaules.

— Qu'est-ce qu'elle t'a dit ?

À présent, elle repoussait son assiette de côté et commentait le repas :

— C'était très bon.

— Qu'est-ce qu'elle t'a dit ?

— Je ne me souviens pas dans le détail. Mais elle se faisait du souci pour toi.

— Du souci pour moi ?

— Je crois qu'elle s'inquiétait de te voir t'enfoncer dans un truc sans même savoir où tu mettais les pieds.

— Et ça te soucie, toi aussi ?

— Je n'aurais pas cru que tu sois aussi…

— Aussi quoi ?

— Que tu puisses t'imaginer capable de résoudre l'affaire.

— Ce n'est pas la question. D'autres choses sont remontées.

— Remontées ?

— Cette vieille histoire… à Rykkinn.

Vilde a soupiré.

— À Rykkinn ?

— Je t'ai raconté. Le mec qui s'est retrouvé à l'hôpital. Parce qu'on lui avait fait la peau. Tu te souviens ?

— Oui, je me souviens. Mais je ne vois pas ce que…

— Ce n'était pas Viktor.

— Comment ça ?

— Ce n'est pas Viktor qui avait cogné.

Elle m'a regardé, j'ai senti ce regard me percer le visage, j'avais soudain très chaud.

— C'était moi.

— Toi ?

— Il m'avait donné la matraque en montrant le type du doigt. Et m'a dit : Vas-y.

— Et tu y es allé ?

J'ai fait oui de la tête.

— Et tu as repensé à tout ça là-bas ?

De nouveau, j'ai acquiescé.

— Tu as fait de l'introspection à la lumière de ces affaires caricaturales, en te disant que tu étais comme eux, à l'époque. Autrefois, moi aussi, je suis tombé dans la violence, j'ai roué de coups un type, et il s'est retrouvé à l'hôpital.

— Oui. C'est remonté.

— Je vois.

Cette façon de soupirer, je n'aimais pas.

— Ça ressemble à un transfert.

— Qu'est-ce que tu veux dire ?

— Un transfert classique. Je n'aurais pas cru…

— Quoi ?

— Excuse-moi. Je ne voudrais pas te…

— Non, non, dis ce que tu as à dire.

— Je ne sais pas. Tu m'as manqué, et je pensais que ça pouvait être une bonne chose – pour nous – une nouvelle impulsion pour toi… une manière de gagner un peu de sous… et puis…

— C'est ça ta réaction spontanée ?

— Oui.

J'ai répondu "OK", mais ma voix n'était pas apaisante comme je l'aurais voulu.

— Et que tu puisses te laisser piéger comme ça ! Tu gonfles un petit épisode de ton adolescence, qui s'est passé il y a des années et des années, tu compares ça avec des faits d'une tout autre catégorie, et voilà que… Je ne sais pas. On dirait que tu es aveugle.

— Aveugle ? J'essaie de mettre les choses en rapport.

— Mais ce n'est pas comparable.

— Tu penses ? Les pulsions étaient les mêmes, non ?

— Putain, c'est arrivé à tout le monde de faire des conneries dans un accès de colère.

— J'aurais pu le tuer, ce type.

Elle avalait sa salive.

— De quoi est-ce que tu parles ?

— Cette fois-là, sur le parking. Il aurait pu y rester, et moi… j'ai eu du bol, je m'en suis tiré. Il n'y a pas eu d'inculpation… pas de condamnation… Je suis sorti de la bande, je n'y ai plus jamais repensé, et plus le temps passait, plus ça me semblait lointain, ce n'était plus moi qui avais frappé… c'était Viktor. Lui, de toute façon, il avait une peine longue à purger pour coups et violence… moi, j'y ai échappé… J'ai bricolé un gros mensonge… et…

— Je ne veux pas le savoir.

Elle s'était levée et se tenait à distance, à côté de la cuisinière. Elle a sorti un verre du placard et s'est servi de l'eau.

— Je ne veux pas en entendre davantage là-dessus.

— Tu ne veux pas que ça soit la vérité, c'est ça… ?

— J'en ai marre de ces saloperies. C'est tout ce que c'est, et j'en ai marre.

— Marre de quoi ?

— Des petits cons.

— Les petits cons ?

— Je croyais que c'était derrière toi. C'est pour ça que j'ai voulu vivre avec toi. Parce que tu avais fait du chemin. Et voilà que…

— Tu en as fait, toi, du chemin ? Est-ce que ça existe, les gens qui font du chemin ?

— Je ne veux plus en entendre parler.

— Ah bon.

Elle s'est rassise.

— Tu as l'air furieuse.

— Je ne suis pas furieuse.

De nouveau, elle a soupiré.

— Tu as passé tellement de temps là-dessus. Tu étais rentré dans le sujet. Peut-être que tu n'aurais pas dû partir. Je n'aurais pas dû t'y encourager. J'ai ma part de responsabilité.

J'ai levé les yeux. Elle continuait :

— Peut-être que c'était trop difficile.

— Quoi ?

— Je t'ai peut-être surestimé ?

Cette fois, c'est moi qui me suis levé de table. J'ai renversé mon verre qui s'est cassé. Le vin rouge s'est répandu sur la nappe.

— Désolée, a-t-elle chuchoté.

— Désolée de quoi, hein ? Il ne fallait pas que tu me dises ce que tu avais sur le cœur ? Il ne fallait pas que tu sois franche ?

— Quand je vois à quel point ça te met en colère…

— Je ne suis pas en colère.

— Je vois bien que si.

— Il n'y a pas trop de quoi s'étonner que je m'énerve quand tu dis que je suis allé là-bas pour en revenir aveugle. Et que tu m'as surestimé. Je n'ai pas besoin de ton approbation pour quoi que ce soit.

— C'était juste une question.

Essayait-elle de me pousser à bout ?

— Tu as dit que tu en avais marre de moi.

— Pas de toi. De tout ça.

— Tout ça – quoi ?

— Ces histoires de mecs.

— Je te trouve bien condescendante. Je ne suis pas une espèce de vampire. Si je suis allé là-bas, ça n'était pas pour faire un stupide film qui distrairait la classe moyenne en Norvège. Je n'en ai rien à foutre de vous. J'ai essayé de trouver du vrai, et je suis tombé sur quelque chose en cherchant en moi-même. Tu peux en rire et me dire que je suis aveugle, mais m'accuser d'être naïf, ça, tu ne peux pas, sale petite conne privilégiée.

Le buste au-dessus du plateau de la table, j'ai senti que je n'étais plus moi.

Elle s'est détournée comme si mon visage exhalait une puanteur.

Et puis, dans le couloir, elle a enfilé son manteau, les joues inondées de larmes.

J'ai voulu lui parler, mais les mots étaient empoisonnés. Une fureur inconnue s'était faufilée à l'intérieur de mes phrases. Je ne me fiais plus à moi-même. Ni à elle, et je doutais qu'elle puisse se fier à moi.

Je lui ai demandé :

— Au fond de ta tête, tu espérais que j'aille à l'échec ?

Elle m'a fixé avec des yeux étonnés.

— Tu es vraiment malade, a-t-elle répondu avec calme.

La colère ne voulait pas me lâcher, tournait et ronronnait en moi. Vilde me regardait, les pupilles noires.

Je ne suis pas tenté par la violence, mais ce soir-là, je lui ai fait peur et l'ai blessée. Je ressentais son calme comme une provocation. Des mots m'ont échappé, des mots que je n'aurais pas dû dire et que je ne prononçais jamais d'habitude. Sans que je comprenne d'où ils sortaient. Ils m'ont fait immédiatement honte, mais je n'ai pas réussi à lui demander pardon.

Quand Vilde s'est mise à préparer son sac, j'étais assis par terre, la tête entre les mains. Elle s'est avancée jusqu'à moi. Avec un calme inouï, elle m'a dit : "Appelle-moi quand tu te sentiras mieux."

Je n'ai pas compris à ce moment-là à quel point c'était généreux.

Je pensais à moi-même.

Maintenant, j'étais un violent, moi aussi.

Je n'avais frappé personne, mais je nous avais blessés tous les deux.

C'était pareil.

J'avais cru tirer des leçons du passé.

J'avais cru devenir un autre homme.

Mais je me trompais.

J'étais toujours celui qui obéissait et cognait.

Elle est partie, l'appartement faisait bien vide. J'ai ramassé les morceaux du verre cassé, me suis coupé et lamenté sur mon sort pendant que je saignais, dans la salle de bains.

Puis j'ai commencé à me demander où elle pouvait être. Je l'imaginais dans sa voiture.

Mes pensées ont déraillé.

Elle n'allait pas chez ses parents.

Elle se garait chez quelqu'un d'autre.

Dormait chez quelqu'un d'autre. Dans le lit de quelqu'un d'autre.

Et je me suis demandé pourquoi elle ne m'aimait plus.

Incapable de me concentrer, je n'arrivais pas à rédiger les dernières phrases du texte que j'avais promis à Jasper de lui envoyer. Toute la nuit, je me suis vautré dans des rêves décousus. Je ne me rappelais pas le contexte de ce qui m'arrivait, mais j'avais fait quelque chose de mal, et j'étais poursuivi par une vengeance.

Jasper m'a appelé le lendemain matin. Il voulait qu'on se revoie, pour regarder ensemble ce que j'avais écrit. Il n'en démordait pas. J'ai répondu que j'étais malade.

— Je suis désolé de n'avoir pas eu le temps de t'envoyer mes fichiers.

— Tu n'auras qu'à m'appeler quand tu iras mieux.

*Compte là-dessus.*

Assis dans la cuisine, j'ai pris mon café seul en me disant qu'il fallait faire quelque chose. J'avais envie d'appeler Vilde, mais il était trop tôt. Je lui ai envoyé un message. Je lui disais mes regrets, lui demandais si elle pourrait me pardonner. Je suis resté longtemps les yeux sur le téléphone, mais la réponse n'est pas venue.

J'ai appelé un vieux copain de Rykkinn pour emprunter sa moto. Je savais qu'il avait une Honda 500 CB qu'il utilisait rarement. La neige et la glace avaient disparu des routes, balayées par la pluie des derniers jours. Qu'est-ce que je comptais en faire ? J'ai répondu que j'avais besoin d'un véhicule. Promis, je respecterais les limitations de vitesse et ne ferais rien d'illégal avec. Il a ri. C'était d'accord, bien sûr qu'il me la prêtait, il ne s'en servait pas, de toute manière.

La veille au soir, j'avais laissé mon imagination divaguer, où pouvait-elle être allée, entre quels bras s'était-elle glissée ? Mais à présent, j'étais quasiment sûr qu'elle avait dû opter pour la maison de ses parents. Puisqu'ils étaient en vacances en France, elle avait dû s'installer à Nordberg.

J'ai garé la moto sur une allée gravillonnée, juste derrière leur villa. J'ai passé toute la soirée, debout près de la bécane, à fixer les fenêtres noires. Pas de lumière, pas le moindre mouvement. Jusqu'à ce que la télé s'allume. J'ai vu la lueur de l'écran, dans le salon. Puis la silhouette de Vilde, près de la fenêtre. Elle était seule. Elle tenait une tasse à la main. Pendant quelques secondes, elle a regardé dehors, comme si elle pressentait que quelqu'un l'épiait dans l'obscurité.

Je suis retourné au centre-ville. Il n'y avait pas une seule voiture dans le tunnel.

Assis sur le balcon, je regardais la rue déserte. Le vent soufflait.

Un sac en plastique tournoyait sur le trottoir.

Je me sentais abandonné. À Kinshasa, j'avais connu la vie solitaire, mais dans notre appartement, la solitude me cernait, collante comme une membrane.

J'étais travaillé en permanence par un moteur qui refusait de s'arrêter, que j'étais incapable d'arrêter.

Une volonté plus forte que la raison.

Le lit : impossible de dormir.

La pluie qui tambourinait contre les vitres.

Les somnifères et leur suite de rêves incohérents.

Y avait-il quelqu'un d'autre ?

Avait-elle eu de la visite dans la maison de ses parents ?

Elle, pendue au cou d'un amant clandestin.

Je m'efforçais d'imaginer le visage du connard en question.

Le lendemain, dès l'aube, j'étais de nouveau posté dans l'allée de graviers.

Le contour de sa silhouette derrière les rideaux de la cuisine.

Elle préparait son petit-déjeuner. Elle mangeait ses tartines, seule à table, en lisant le journal sur sa tablette. Peut-être avait-elle allumé la radio. Elle me manquait. Comme j'étais tapi dans l'ombre sous sa fenêtre, une voiture est passée sur l'allée. Le voisin m'a dévisagé. Un petit gnome pâlichon au regard soupçonneux. J'aurais voulu l'apostropher. Va-te-faire-foutre-avec-ta-sale-gueule-avant-que-je-ne-te-démolisse.

Elle est sortie vers huit heures et demie. J'étais planqué derrière l'angle de la maison, à quelques mètres d'elle. J'ai eu envie de l'appeler, mais ma bouche était paralysée.

Elle s'est assise dans sa voiture et a démarré.

J'ai traversé le chemin à toutes jambes, sauté sur la moto et commencé à la suivre.

Une artère me pulsait dans la gorge.

Tout du long de la route en direction du centre, je savais où elle finirait par atterrir.

Elle allait retrouver son mec.

Elle a pris la direction de Majorstua. S'est arrêtée dans une rue adjacente, est sortie en coup de vent de la voiture pour entrer dans un café. À travers la vitrine, je l'ai vue donner ses clefs à un jeune homme, derrière le comptoir.

Je ne savais pas qui c'était. Ces clefs suspectes… ce geste rapide, impersonnel… ce n'était pas la première fois. Ce petit serveur avec les cheveux dans les yeux et un regard pas net. Le type même du délinquant. Minable.

Je ne savais pas qui c'était.

Puis elle est remontée dans sa voiture et a pris l'avenue Kirkeveien.

Elle conduisait prudemment, avec élégance.

Elle a longé le parc Vigeland, traversé le rond-point. Tourné dans la rue Eckersberg.

Putain, que c'était lent. Les maisons et les jardins défilaient à un rythme insupportablement mou.

Une vieille dame a traversé le passage piétons en poussant son déambulateur.

Vilde s'est garée devant la maison de Jasper Gahn.

J'ai tourné dans une petite rue perpendiculaire et me suis arrêté. Une camionnette, derrière moi, klaxonnait en continu. Le chauffeur gesticulait.

Ma bouche a craché des obscénités.

À travers la visière du casque, j'ai repéré la silhouette de Vilde. Elle traversait la route. Puis elle a remonté sur la pointe des pieds le chemin de graviers qui menait chez lui.

À la maison de pierre de cette enflure, style bobo-classe-des-beaux-quartiers.

J'en perdais le souffle.

Je l'ai vue frapper à la porte, et j'ai vu Jasper lui ouvrir. Je les ai vus échanger une embrassade. La caresse des traîtres. La lâche excitation née des gestes interdits. Debout sous le vieux pommier de son jardin, je les ai observés à travers la fenêtre du salon. Ils discutaient, assis face à face. Mes pensées sombraient dans un puits. Il lui a pris la main. Ils se penchaient l'un vers l'autre, conversation intime. Autant les regarder faire l'amour, nus dans un lit. Et ces visages – si doux, si ouverts, si pleins de compréhension.

Figé de trouille, j'ai ôté mon casque.

J'aurais voulu le décapiter, brûler cette tête et enterrer sa cendre puante dans son jardin.

Plus loin, dans la rue, des enfants jouaient en vociférant. Une ombre est passée devant la fenêtre, et je me suis assis dans l'herbe mouillée. Le désespoir me transperçait, des pieds à la tête.

Sous moi, dans l'herbe, il y avait un bâton pourri.

Quand j'ai de nouveau levé les yeux vers la fenêtre, ils n'y étaient plus.

Je suis resté sous le pommier. Gémissement d'une scie circulaire. On rénovait la maison d'à côté. Un menuisier a traversé le jardin voisin, un marteau à la main. Chez Jasper, les fenêtres étaient éteintes. Des petits secrets minables se retranchaient derrière les carreaux. La porte s'est ouverte. Vilde s'est dirigée à pas légers vers le portail. Le crissement du gravier sous ses chaussures sonnait comme un discret rappel à la réalité que je venais de perdre. J'ai entendu sa respiration. Elle a levé la tête. Comme elle semblait sereine.

Je me suis relevé dans un sursaut, j'ai marché jusqu'à la porte d'entrée, mais au lieu de frapper, j'ai fait demi-tour, longé la maison et sauté sur la terrasse. J'ai ouvert la porte-fenêtre. Personne à l'intérieur. J'étais venu plusieurs fois dans ce salon, quand on avait rendez-vous pour planifier le projet. J'avais pu admirer le bon goût de Jasper – c'est qu'il avait du goût, ce mec.

J'ai regardé autour de moi. Les meubles design. Le gros lustre ancien au plafond. Un objet de famille, celui-là, venu de son père, le célèbre metteur en scène. Il y a des métiers dont on hérite. Certaines personnes naissaient avec la confiance en soi nécessaire pour les exercer. Dans ce canapé où tous deux étaient assis à l'instant, tout près l'un de l'autre, j'avais moi-même passé du temps à écouter Jasper, et je m'étais senti comme un apprenti. Juste au-dessus de la méridienne était accrochée l'affiche du *Mépris* de Godard, où l'on voit Bardot dans sa baignoire, lisant un livre sur Fritz Lang.

De la musique venait de la chambre. De la basse, du piano électrique.

Du jazz.

J'ai suivi le son.

Du côté de la chambre, une porte entrouverte laissait passer un bruit d'eau sur du carrelage. Jasper prenait une douche. Je me suis avancé jusqu'à cette porte, je suis resté planté quelques secondes sur le seuil de la salle de bains en imaginant son corps ruisselant. Ses épaules, ses mains, son cou.

Fais le vide. Appuie sur le bon bouton dans ta tête. Il allait sortir, nu, réduit à de la peau mouillée. J'enlèverais mon casque, je lui fracasserais le front, le nez, la mâchoire, les dents, et il se retrouverait à mes pieds sur le sol carrelé, immobile comme le jeune gardien ivre, dans le parloir de N'dolo.

Jasper est sorti de la salle de bains avec une grande serviette nouée autour des hanches. Ses cheveux trempés lui tombaient sur les yeux. Il a sursauté en me voyant.

Vilde est passée à l'instant, m'a-t-il dit, avec un regard étonné. Je n'ai pas bougé, n'ai rien dit. Jasper a regardé le casque. Ce casque, lourd dans ma main comme une masse de forgeron. Il m'a demandé s'il s'était passé quelque chose, et j'ai répliqué : je ne sais pas, moi, quelque chose s'est passé ? Il ne me comprenait pas, s'est-il désolé.

Il m'est passé sous le nez, est entré dans la chambre, et je l'ai suivi. Ma gorge se nouait. J'avais l'impression que les mots, pour pouvoir sortir, allaient devoir faire sauter un mur. J'ai lâché :

— Je ne sais pas ce qu'il y a entre vous.

Il s'est retourné.

Il était devant moi, torse nu. Il s'est avancé tout près, sa peau mouillée fleurait le savon.

— Écoute, ce n'est pas ce que tu crois, a-t-il répondu.

Et je croyais quoi, à son avis ? Il m'a regardé bizarrement. Puis a hoché la tête.

— Si tu imagines qu'il y a quelque chose entre Vilde et moi, tu fais erreur, a-t-il affirmé.

— Qu'est-ce qu'elle est venue faire ici ?

Il m'a regardé, tête penchée, avant de répondre qu'elle était venue lui parler de moi.

— Je ne sais pas comment les choses se passent entre vous, a-t-il ajouté. Je ne te connais pas si bien que ça, ni elle non plus, mais c'est quand même moi qui t'ai embauché pour ce projet, j'apprécie beaucoup le travail que tu fais, ou que tu essaies de faire, je comprends que ça soit difficile, je sais que je t'ai embarqué dans un sacré voyage.

— Un voyage ?

— Tu vois bien ce que je veux dire.

J'ai scruté son "expression sincère".

— Je ne sais pas ce que je dois croire.

— Je comprends, a répondu Jasper. Tu as l'esprit troublé. Et ça peut déborder. Tu es quelqu'un de sensible.

— Quoi ?

— On pourrait peut-être se mettre dans la cuisine et prendre une bière ou autre chose ?

Attiré de tout mon poids vers le sol, je me suis assis directement sur son lit. Quelqu'un de sensible ? Ça sortait d'où, cet adjectif ? De leur conversation à mon propos ? J'étais... sensible ? Qu'est-ce qu'ils entendaient par là – hypersensible, hystérique ? Allez savoir comment prendre la chose. À leurs yeux – ceux de Vilde, de Sara, de Jasper –, c'était un défaut, ou bien...

Voilà qu'il s'était assis à côté de moi et posait une main sur mon épaule.

— Écoute, ça me fait de la peine si tu as le sentiment que je t'ai flanqué à l'eau en te laissant te débrouiller tout seul là où tu perdais pied.

J'ai hoché la tête en signe de dénégation.

— Ou si tu as l'impression d'avoir été exploité, continuait-il.

J'étais incapable de le regarder.

— Je ne sais pas, ai-je marmonné en fixant le plancher, et soudain, comme sous l'effet d'un coup de poing, mon mutisme a volé en éclats, je me suis écroulé par terre et me suis mis à trembler sans pouvoir m'arrêter.

Jasper s'est assis près de moi et m'a tapoté la tête.

— Allez, allez, chuchotait-il. Allez, allez.

Je devais rendre la Honda à mon vieux copain de Rykkinn le lendemain. Mais avant d'aller chez lui, à Belset, je me suis arrêté sur le parking qui m'avait tant obsédé au fil des derniers mois. J'ai garé la moto et traversé la place jusqu'au cabanon peint en rouge qui s'y trouvait encore. Je l'ai contourné, et j'ai repéré l'endroit où nous avions surpris le petit malin de Grorud. C'était là que Viktor lui avait réduit la gueule en bouillie, pendant que le gamin nous suppliait. Ensuite, Viktor m'avait filé la matraque en ironisant : On dirait qu'il veut qu'on arrête.

C'était la dernière image que j'avais de Viktor et du mouchard qui avait voulu nous arnaquer. Quelques jours plus tard, Viktor avait eu droit à un interrogatoire, puis à la préventive. Moi, entre-temps, j'avais eu mon accident de moto, et tout avait changé.

C'était ici, derrière cette remise rouge, que la fin avait commencé.

Je ne connais pas le nom du pusher. Je sais qu'il a survécu, mais je sais aussi qu'il n'a jamais plus été le même.

Je suis resté à cet endroit pendant quelques minutes et, bizarrement, quand j'ai pivoté sur mes talons pour retourner vers la moto, je me suis senti apaisé. Peut-être simplement parce que ces images m'étaient si souvent revenues en tête les mois précédents, et qu'en retournant enfin sur place, j'avais dû reconnaître que rien n'était réversible.

Ole Jakob, avec qui j'étais resté en contact par téléphone et sur Skype, me racontait la vie en RDC. Il y avait des troubles dans les provinces de l'Est, des combats entre milices et armée régulière, des flots de réfugiés et une crise humanitaire. Lui-même avait commencé à travailler bénévolement dans une ONG à Kinshasa. La grossesse de Jolien était bien avancée. D'ici un mois, ils quitteraient le pays pour rentrer en Belgique. Mais il continuait à rendre visite à Joshua en prison, se tenait au courant de sa situation, et des efforts fournis tant par les autorités norvégiennes que par la mère du détenu. Il m'informait par e-mail, semaine après semaine.

"Il ne dit plus grand-chose."

Dès la première semaine qui avait suivi son procès, Joshua avait complètement cessé de s'alimenter. Un peu plus tard, il avait aussi renoncé à parler. Une nuit, il avait mis le feu à son matelas, et on l'avait placé à l'isolement.

Les médecins norvégiens qui l'avaient examiné en prison décrivaient un état psychotique et une dénutrition grave.

Début mars, Joshua a été hospitalisé. Il ne pesait plus que quarante-neuf kilos. "Je ne sais pas ce qui se passe, mais ça ne sent pas bon", m'a dit Ole Jakob. J'ouvrais mes e-mails en appréhendant chaque fois d'y trouver l'annonce de sa mort. Le matin, je me réveillais en sursaut, comme tiré du sommeil par une décharge électrique. Sûr que quelque chose lui était arrivé.

Pourquoi cette affaire continuait-elle à m'affecter autant ?

Puis les Congolais ont installé Joshua et sa mère dans une maison, en banlieue de Kinshasa, placé le bâtiment sous surveillance, et fait venir du personnel médical norvégien pour le soigner.

Au bout de trois semaines, Kari Hilde est retournée en Norvège pour faire renouveler son visa.

Peu après, son fils a réussi à grimper sur le toit, à sauter dans le jardin et à s'évader sans qu'on le repère. Son plan consistait sans doute à descendre jusqu'au fleuve, et trouver un moyen quelconque pour faire la traversée jusqu'à Brazzaville. Il lui suffirait de quelques heures pour être de nouveau libre. Les militaires l'ont retrouvé caché derrière une voiture. Son appréhension s'est déroulée sans incidents, comme le veut la formule consacrée. Le soir même, il était de retour à N'dolo.

Alors que la pluie tombait sur Oslo, chassant les derniers restes de neige et de glace dans le jardin public devant l'immeuble, je passais beaucoup de temps dehors, sur le balcon, à regarder la ville. Pendant des semaines, je m'étais surpris à imaginer de possibles catastrophes, susceptibles de se produire même dans la somnolente capitale norvégienne : inondation, tremblement de terre, action terroriste. Mais depuis quelques jours, ces idées me paraissaient comiquement excessives. Il m'arrivait de repenser à ma chambre d'hôtel à Kinshasa. Au cœur de la noirceur et de l'agitation de ce pays, j'avais vécu une expérience de proximité intense. À Oslo, j'étais comme un homme nouveau, dans un appartement qui m'était à la fois connu et étranger.

Pourquoi ne découvrons-nous pas ce qui nous arrive avant qu'il ne soit trop tard ?

Un soir, j'étais sur le balcon et lorgnais la rue, quand je me suis aperçu que mon regard guettait du côté du jardin public. J'ai tressailli à la vue d'une écharpe de la même couleur que celle de Vilde, au cou d'une femme qui sortait d'une maisonnette. Vilde à qui je n'avais pas parlé depuis plusieurs semaines. Je savais qu'il faudrait tôt ou tard l'appeler pour affronter un pénible échange.

Sans plus réfléchir, j'ai pris mon téléphone et tapé son numéro.

En entendant sa voix, je n'ai pas pu articuler un mot.

Elle a prononcé mon nom.

J'ai tenté de répondre, mais n'ai produit qu'un son de gorge pitoyable.

— Hé, dis, parle-moi, chuchotait-elle.

Mais que lui dire ?

Comme je me taisais toujours, le portable plaqué à l'oreille, incapable de raccrocher, je l'ai entendue respirer plus fort.

Son souffle semblait si proche, des vagues de minuscules signaux sonores voyageaient dans les airs jusqu'aux antennes qui les transmettaient à mon téléphone, passaient dans mes conduits auditifs, atteignaient mes récepteurs cérébraux. J'ai fermé les yeux, vu remuer sa bouche et battre ses paupières, j'ai entendu palpiter son cœur, vu ses doigts serrant le téléphone, et senti qu'elle était en moi, puis c'était sa silhouette tout entière, elle était assise dans un fauteuil, près de la fenêtre du salon, dans la maison de ses parents, à présent elle se taisait, respirait les yeux fermés, je n'arrivais à rien dire et elle ne disait rien non plus, seul troublait le silence ce souffle lent venu jusqu'à moi par les ondes, qui affluait à mon oreille et m'interdisait de rouvrir les yeux, je ne sais pas combien de temps nous nous sommes l'un l'autre écoutés respirer, mais soudain, j'ai de nouveau entendu sa voix, elle avait quelque chose à me dire, il fallait absolument et, cette fois, j'ai retenu mon souffle.

En bas, une voiture longeait lentement la rue.

— Je ne crois pas que tu comprennes, a-t-elle chuchoté dans le téléphone, mais on dirait que tout ce que je fais, tout ce que j'essaie de faire, tu l'interprètes de la pire manière. Depuis ton retour, il s'est passé quelque chose, tu ne penses plus pareil, je ne peux pas vivre avec toi pour le moment. Non que je ne t'aime plus, mais ta façon de penser est malsaine, ton regard sur le monde est faussé, et tu te fais des idées à mon sujet. Il n'y a personne d'autre dans ma vie. Je t'aime. Mais je suis un peu perdue.

Son souffle, de nouveau.

— J'ai voulu parler avec tes amis, mais Jasper… je ne sais pas si ça a servi, je ne crois pas, je n'ai peut-être fait qu'aggraver la situation, et ça me fait mal… j'espère seulement que tu m'appelles parce que tu n'en peux plus… d'être seul dans ta bulle… que tu as envie d'agir pour en sortir… Je ne te juge pas… c'est ce que tu crois peut-être, mais tu te trompes… si tu as besoin de réfléchir à quelque chose que tu as fait, vas-y, mais je ne connais pas le garçon que tu étais à une certaine époque, celui dont je suis tombée amoureuse, c'est un autre, un type super, un homme adulte, sensible et posé… pas un sale gosse excité et influençable… ce n'est pas toi, ça. Je me fous de cette affaire sur le parking, c'est de la préhistoire… fais ce que tu veux… mais moi je veux te récupérer tel que tu étais avant ton départ.

Pendant qu'elle parlait, qu'elle s'efforçait de dire quelques vérités en une seule longue phrase entrecoupée de silences, de vagues d'inspirations et d'expirations et de petits bruits de déglutition, je voyais un visage dévasté.

Les lèvres, les joues, les yeux, le nez, les cheveux, tout était méconnaissable. Tu te regardais dans le miroir et prononçais ton propre nom, tout en pensant qu'il devait y avoir erreur. Cet homme t'était inconnu. Mais en te penchant pour examiner de près ce personnage défiguré, tu découvrais les restes des traits qui avaient fait autrefois ta fierté, les yeux en amandes et la bouche un rien arrogante, les caractéristiques de ton visage.

C'est toi que voilà.

Cette bouille esquintée, si peu familière, c'était la vérité.

Il y avait à cela quelque chose de beau. De vulnérable, d'orgueilleux, de déchu.

Vilde parlait si bien, j'aurais pu écouter sa voix pendant des heures. Puis j'ai compris qu'elle pleurait, sans bruit. Seul sur le balcon, j'ai pressé le téléphone contre mon oreille, comme si ses pleurs et sa respiration étaient la bouée à laquelle je m'accrochais. Comme si elle pouvait me sauver.

## POST-SCRIPTUM

Ce roman s'appuie sur des faits réels. Il recourt toutefois, pour les besoins de la forme littéraire, à un certain nombre d'éléments fictifs concernant différents épisodes et protagonistes.

OUVRAGE RÉALISÉ
PAR L'ATELIER GRAPHIQUE ACTES SUD
ACHEVÉ D'IMPRIMER
SUR ROTO-PAGE
EN AOÛT 2024
PAR L'IMPRIMERIE FLOCH
À MAYENNE
POUR LE COMPTE DES ÉDITIONS
ACTES SUD
LE MÉJAN
PLACE NINA-BERBEROVA
13200 ARLES

DÉPÔT LÉGAL
1re ÉDITION : OCTOBRE 2024
N° impr. : 105311
*(Imprimé en France)*